国家社科基金
后期资助项目

马克思机器论研究

赵泽林 著

社会科学文献出版社

图书在版编目(CIP)数据

马克思机器论研究 / 赵泽林著. --北京：社会科学文献出版社，2025.7. --ISBN 978-7-5228-4354-4

Ⅰ.B0-0；N02

中国国家版本馆 CIP 数据核字第 2024ZB5474 号

国家社科基金后期资助项目

马克思机器论研究

著　　者 / 赵泽林

出 版 人 / 冀祥德
责任编辑 / 袁卫华
文稿编辑 / 周浩杰
责任印制 / 岳　阳

出　　版 / 社会科学文献出版社·人文分社（010）59367215 　　　　　地址：北京市北三环中路甲29号院华龙大厦　邮编：100029 　　　　　网址：www.ssap.com.cn
发　　行 / 社会科学文献出版社（010）59367028
印　　装 / 三河市龙林印务有限公司

规　　格 / 开　本：787mm×1092mm　1/16 　　　　　印　张：16.75　字　数：265千字
版　　次 / 2025年7月第1版　2025年7月第1次印刷
书　　号 / ISBN 978-7-5228-4354-4
定　　价 / 128.00元

读者服务电话：4008918866

▲ 版权所有 翻印必究

国家社科基金后期资助项目
出版说明

  后期资助项目是国家社科基金设立的一类重要项目，旨在鼓励广大社科研究者潜心治学，支持基础研究多出优秀成果。它是经过严格评审，从接近完成的科研成果中遴选立项的。为扩大后期资助项目的影响，更好地推动学术发展，促进成果转化，全国哲学社会科学工作办公室按照"统一设计、统一标识、统一版式、形成系列"的总体要求，组织出版国家社科基金后期资助项目成果。

全国哲学社会科学工作办公室

目 录

引言　一个被遮蔽的重要研究主题 …………………………………… 1

第一章　马克思机器论的历史生成 …………………………………… 13
　一　从手工劳动到机器生产 ………………………………………… 13
　二　机器与科学技术、哲学 ………………………………………… 20
　三　马克思机器论的发掘 …………………………………………… 27

第二章　马克思机器论的核心范畴 …………………………………… 45
　一　一般工具、机械与机器 ………………………………………… 45
　二　机器、资本及其逻辑 …………………………………………… 59
　三　机器、劳动与社会 ……………………………………………… 69

第三章　马克思机器论的发展理路 …………………………………… 92
　一　资本主义机器大生产 …………………………………………… 92
　二　后工业时代的机器生产 ………………………………………… 104
　三　机器生产的现代分析 …………………………………………… 116

第四章　马克思机器论的前沿反思 …………………………………… 130
　一　机器与人的智力性存在 ………………………………………… 130
　二　机器与社会分工的变革 ………………………………………… 143
　三　机器生产与多样化劳动 ………………………………………… 155

第五章　马克思机器论的理论重构 …………………………………… 169
　一　机器本质的内涵重建 …………………………………………… 169
　二　机器的社会历史逻辑 …………………………………………… 181
　三　机器应用与人类解放 …………………………………………… 193

第六章　马克思机器论的当代旨归 …… 206
　一　机器与生产力的进步 …… 206
　二　机器时代的生产关系 …… 218
　三　机器与共产主义进程 …… 229

结语　走出人机共存的历史迷思 …… 241

参考文献 …… 251

索　引 …… 259

引言　一个被遮蔽的重要研究主题*

18世纪以来，人类社会就几乎越来越处于机器无处不在的历史境遇。机器形态的加速更替，机器功能的急剧完善，机器对人类社会历史发展的影响日益深刻，这要求我们积极思考与探寻如何认识机器、如何与机器相处等一系列重大理论与现实问题。发掘马克思关于机器论述的时代价值，积极回应关于机器的若干理论与现实问题，既是直面当下机器急速更新及其相关问题的时代呼唤，也是丰富、创新和发展马克思主义哲学的当代使命。

从已有的公开文献来看，国内外对马克思关于机器论述的研究，大多是从依循科学技术哲学、政治经济学批判的基本范式展开，这种研究对于我们科学理解马克思关于机器的论述具有重要意义，但也存在着研究视角所带来的某些缺憾。美国著名科学技术史专家贝尔纳（J. Bernal）认为，马克思（Karl Marx）并不是一位出色的机器操作手，也不是一位出色的自然科学家或者科学技术专家，甚至他可能并不明白当时许多机器设备的物理学公式或者力学计算方法。虽然马克思在经济最困难的时候，曾找到了一份铁路职员的工作，但据说是因为他的字写得不好，只干了几天就离职了。① 贝尔纳对马克思这种个人形象看似"事实性"的"素描"，似乎已经成为许多马克思研究者心中无须争辩的既有认知。

然而，贝尔纳从科学技术史、科学技术哲学视角对马克思与机器"关系"的"素描"，深藏着一个值得深思的疑问和推论，即我们能否据此初步推断，马克思对机器及其相关问题并没有深刻的洞见？如果回答是肯定的，那么，这可能意味着马克思及其思想与机器无处不在的当今乃至未来的人类社会现实实践存在着必然的"历史间距"，甚至可以说

---

* 本成果基于笔者历年研究笔记写作而成。本书参考和引用了多位前辈和师友提供的不同语言版本的马克思恩格斯经典文献，在此特别向提供相关研究资料的前辈和师友致敬致谢！

① 参见 J. Bernal, *Marx and Science*, New York: International Publishers, 1952, p.28。

马克思的思想或许并不具有必然的时代穿透性。因此，厘清马克思有关机器的概念、命题和理论学说，梳理马克思关于机器论述的现当代发展历程，揭示马克思关于机器论述的时代价值与当代意义，就显得非常必要。这些问题的提出与回应，不仅直接影响到我们对马克思有关学说、理论的历史评价等重大理论问题的探究，更涉及我们如何科学、正确处理越来越重要的人与机器的关系等重大理论与现实问题。

笔者所做的重点工作就是尽可能穷尽相关研究资料，通过研究收集到的各种资料表明：笔者并不接受类似贝尔纳的这种观点。笔者研究证明，马克思对机器（德语为 Maschinen，英语为 machine）及其相关问题有着深刻的洞见，这种洞见是我们理解马克思，理解人、劳动、资本、异化、剩余价值、社会分工、社会历史、资本主义、社会主义、共产主义等的重要窗口。马克思有关机器及相关问题的论述在今天乃至未来依然具有重要的启示意义和实践价值。只不过，在过去对马克思及其思想的研究中，我们可能因为对于历史唯物主义、剩余价值理论等更为重视，无意中遮蔽了马克思对机器及相关问题深刻洞见的应有光芒。简言之，笔者的研究目标是从马克思对机器的基本论述出发，尝试重新发掘一个更具丰富性和完整性的"新马克思"，一个更具时空穿透力的马克思。

事实上，马克思非常重视机器及相关问题的研究。1863 年 1 月 28 日，马克思在给恩格斯（Friedrich Engels）的信中写道："我正在对论述机器的这一节作些补充。在这一节里有些很有趣的问题，我在第一次整理时忽略了。为了把这一切弄清楚，我把我关于工艺学的笔记（摘录）全部重读了一遍，并且去听威利斯教授为工人开设的实习（纯粹是实验）课（在杰明街地质学院里，赫胥黎也在那里讲过课）。我在力学方面的情况同在语言方面的情况一样。我懂得数学定理，但是需要有直接经验才能理解的最简单的实际技术问题，我理解起来却十分困难。"[1] 马克思正是在这个研究过程中发现，在当时，英国的数学家、力学家、"德国的蠢驴们"[2] 在机器与工具的区别这个问题上有很大的争议，这种争议引发了许多问题。马克思说："对纯粹的数学家来说，这些问题是无关

---

[1] 《马克思恩格斯文集》第十卷，人民出版社，2009，第 199 页。
[2] 《马克思恩格斯文集》第十卷，人民出版社，2009，第 200 页。

紧要的，但是，在问题涉及证明人们的社会关系和这些物质生产方式的发展之间的联系时，它们则变得非常重要。"① 在马克思看来，区分机器与工具，不能把机器与工具仅仅当作抽象的个体性存在来看，而应该把机器与工具放在人类社会历史这个大视野中去理解。机器并非仅仅是物理学家、数学家等自然科学家的研究对象，同时也应该是社会学家、历史学家、哲学家等人文社会科学家必须关注的"历史事物"、客观对象。

马克思敏锐地发现并断定机器与人类社会历史之间具有必然而紧密的逻辑关联。在马克思看来，任何时期的人类社会，都只能在前一代人所遗留下来的历史环境中创造新的人类社会历史。因而每一代人所进行的活动既具有历史的继承性，也具有历史的变革性，人类社会历史不仅得到了时间上的应有延续，还实现了活动空间上的拓展，将不同民族、地区的"人类社会局部史"演变为人类社会的世界史。② 例如，英国发明了一种机器，这种机器在英国或者英国以外应用，就有可能夺取当地无数生产劳动者原来的就业机会，并且这种机器的应用可能改变整个英国乃至整个人类世界的发展历史，这个发明便成为一个具有世界历史性的事实。③ 贝尔纳认为，马克思通过与恩格斯更密切的联系与沟通，看到和批判性分析了资本主义机器大生产的实际历史过程，并将其与资本主义经济社会发展的历史进程联系起来，为深刻揭示资本主义的历史发展规律提供了重要基础。关于这一点，在马克思伟大的著作《资本论》第一卷第十三章"机器和大工业"、第二卷第八章"固定资本和流动资本"等章节中有着非常明确的体现。④

马克思在《资本论》第一卷第十三章的论述极其清晰和具有穿透性，其思想在今天看来也是极其深刻和富有前瞻性的。马克思对机器生产本质的理解远远超过了他那个时代的任何人。只要研究一下英国科学家查尔斯·巴贝奇（Charles Babbage）⑤ 的思想，我们就会发现马克思更为全面的哲学和经济的方法，使我们对机器及机器时代的理解有

---

① 《马克思恩格斯文集》第十卷，人民出版社，2009，第 200 页。
② 参见《马克思恩格斯文集》第一卷，人民出版社，2009，第 540~541 页。
③ 参见《马克思恩格斯文集》第一卷，人民出版社，2009，第 541 页。
④ 参见 J. Bernal, *Marx and Science*, New York: International Publishers, 1952, p.30。
⑤ 此处译名巴贝奇（Charles Babbage），中文版《马克思恩格斯全集》通常译为拜比吉。

很大进步。① 如果说巴贝奇只看到了机械或者机器应用的个别例子,那么,马克思则看到了与机器相联系的人类社会历史连续不断的转变过程及其内在驱动逻辑。这个历史过程开始于马克思对手工艺者与手工艺者所使用的工具的分析。当许多手工艺者都开始使用相应的工具,并且将各种工具部件重新组合在一起成为更加实用的新工具时,就出现了新的劳动分工,这种劳动分工大大降低了劳动成本。新的"工具"也占据了人类社会工业生产的重要位置。马克思认为,一个新的资本主义机器大生产大工业时代由此开启。

面对飞速发展的资本主义机器大生产,马克思发现了资本家积累财富的秘密,提出了剩余价值理论,这一理论的提出实际上与马克思对资本主义机器大生产的深入剖析密不可分。马克思在人文社会科学领域的思想或者说历史唯物主义、剩余价值理论极具影响力,这种影响力极大地遮蔽了后来马克思研究者对马克思有关机器及其相关学说的历史发掘。贝尔纳认为,马克思是少数几个在自然科学和以公共生活为研究重点的人文社会科学领域中都处于人类思想前列的伟大人物之一。他把自然科学和以公共生活为研究重点的人文社会科学紧密地结合在一起,除非我们同时把他看作伟大的科学家和共产主义战士,否则我们永远不会理解马克思的全部思想。② 马克思思想的这种特点,也给后来人们对马克思思想的理解与阐释带来了一些困扰。

马克思对人类社会历史的社会和经济基础有极其深刻的洞见,这种洞见已经以多种途径和形式渗透到所有现代思想、启蒙主义以及众多思想者的思想之中。马克思的思想始终无法被历史所忽视或者说他的思想让我们始终无法忘记。在人类社会历史上所有的思想体系中,马克思的思想依然是一项伟大的智力成就。③ 也可能正是马克思的思想所具有的这种"双重性",使无数的人文社会科学家特别注意到了马克思在认识人类社会历史等方面的伟大成就,而遮蔽了马克思在有关机器这些看似是自然科学领域方面所取得的同样伟大的成就,这种状况显然是令人遗憾的。长此以往,我们将不能揭示一个更加完整而真实的马克思。马克

---

① 参见 J. Bernal, *Marx and Science*, New York: International Publishers, 1952, p. 28。
② 参见 J. Bernal, *Marx and Science*, New York: International Publishers, 1952, p. 35。
③ 参见 J. Bernal, *Marx and Science*, New York: International Publishers, 1952, p. 6。

思的基本观点告诫我们,每一门科学都必须为其自身的发展而培养接班人。当我们从事科学研究时,我们不应该为可能的后果而烦恼,而是要将科学技术的发展与社会、人类社会历史结合起来。马克思对机器及其相关问题的研究和论述本身就是这种结合的典范,是我们今天从事科学研究的最佳榜样。

马克思关于机器与人类社会历史相结合的研究和论述,可以大大加深我们对机器及机器在场的人类社会历史本身的理解和认识,使我们更加接近于马克思的真实思想图景,更加有可能还原一个完整而真实的马克思。恩格斯所发表的《在马克思墓前的讲话》向我们展示了恩格斯眼中的马克思。恩格斯认为,马克思就像达尔文发现了自然进化规律一样,发现了人类社会历史发展规律,成为历史唯物主义的主要创立者。[1] 历史唯物主义认为,人们首先需要进行各种物质生产,然后才会因此而进行各种精神生产,并生产出各种精神产品。因而,我们所看到的上层建筑,只能通过人们所建立的物质性的经济基础来解释,而不是从精神生产来解释人们的物质生产。此外马克思还通过对资本主义生产方式的剖析,发现了资本家获取社会财富的秘密,提出了剩余价值理论。马克思发现的这两个"秘密",已经被人们逐渐接受。许多人可能不知道的是,马克思在数学等领域,其实也是有着非常独到的发现,而且马克思在这些方面所取得的成就还很多。恩格斯说,马克思还是一位伟大的科学家,"在马克思看来,科学是一种在历史上起推动作用的、革命的力量。任何一门理论科学中的每一个新发现——它的实际应用也许还根本无法预见——都使马克思感到衷心喜悦,而当他看到那种对工业、对一般历史发展立即产生革命性影响的发现的时候,他的喜悦就非同寻常了。例如,他曾经密切注视电学方面各种发现的进展情况,不久以前,他还密切注视马塞尔·德普勒的发现"[2]。

马克思不仅是一位伟大的哲学家、社会学家、历史学家,还是一位伟大的科学家,是一位对人类社会历史有着深刻认识的思想家。只不过马克思所从事的这种科学研究,不同于我们传统认知和一般视野中的科学研究,

---

[1] 参见《马克思恩格斯文集》第三卷,人民出版社,2009,第601页。
[2] 《马克思恩格斯文集》第三卷,人民出版社,2009,第602页。

马克思的这种研究显然已经具有科学的性质。贝尔纳认为，马克思从探究最困难的科学，即关于人类社会历史发展的科学开始，逐渐理解并揭示了整个科学以及人类社会历史的运行过程和内在逻辑。如果马克思只是想弄清楚人类社会历史这些领域内的一般知识，那么他很可能只是一名记者、社会学家、历史学家或生态学家、经济学家。然而，马克思还非常热爱社会政治活动，终生奉献于探求整个人类的解放之路。从他的理论和实践看，马克思又是一个非常具有智慧的思想家。他将我们今天称为社会科学和自然科学的不同思维方法完美地统一到了一起，① 从而为推动人与社会自由而全面发展，指明了他所认为科学的、可能的理想道路。

马克思发现，不同的生产工具产生了不同的社会生产关系以及社会形态，"手推磨产生的是封建主的社会，蒸汽磨产生的是工业资本家的社会"②。机器的出现则创造了新的人类社会历史，这种历史暴露了蒲鲁东（Pierre Joseph Proudhon）"哲学的贫困"及其对人类社会历史认识不足的戏剧性现实。无论我们对"机器"给出怎样的定义，机器自己并不能创造所有的历史。海尔布罗纳（Robert Heilbroner）认为，在研究机器及相关问题时，我们面临的挑战是，我们能否对这个问题有系统性的认识，能否对有关问题给出排序，使有关机器的问题变得清晰可控。要做到这一点，首先需要对我们的任务进行仔细的梳理与阐明。机器创造人类社会历史的具体方式在这里并非我们的研究重点。我们可以研究机器对政治历史进程的影响，如研究机器在战争中的重要作用或者我们可以研究机器对历史演变背后的社会态度的影响，如我们可以思考广播或电视对政治行为的影响，或者我们可以把机器作为影响一个时代到另一个时代的生活内容变化的因素之一来研究：当我们谈到中世纪或今天的"生活"时，我们定义了一种存在，其结构和物质在很大程度上与当前的机器技术秩序密切相关。③ 笔者在这里需要再次特别强调的是，拙著是要通过对机器与工具、资本、劳动、剩余价值、异化、社会分工、资本主义、社会主义、共产主义等理性、深度哲学聚焦，尽可能还原更加丰富、

---

① 参见 J. Bernal, *Marx and Science*, New York：International Publishers, 1952, p.5。
② 《马克思恩格斯文集》第一卷，人民出版社，2009，第 602 页。
③ 参见 R. Heilbroner, "Do Machines Make History?" *Technology and Culture*, Vol.8, No.3, 1967, p.335。

更加完整、更加真实的马克思，一个将机器与人类社会历史紧密结合起来的马克思，而不是狭义的科学技术哲学研究中的马克思，更不是单纯的社会学、历史学研究中的马克思。如果非要给出一个具有范围意义的研究定位，笔者更愿意接受的最接近的定位是：这是一项对马克思关于机器及相关问题论述的社会历史哲学研究。

马克思对机器的研究并非临时起意，而是基于对现实生产生活实践中的资本主义机器大生产的系统历史考察和深刻洞见，有着相当深远的思想渊源。凯尔索（Louis O. Kelso）认为，马克思是在英国农业经济瓦解、人类社会生产工业化呈现历史大重组的背景下，把改变机器工厂劳动工人的命运作为自己的终身使命和历史任务。在18世纪的前75年里，劳动人民的生活生产境遇发生了前所未有的变化，这种变化在18世纪的最后25年和19世纪的上半叶逐渐全面展开并达到顶峰。最先发生转变的是，人类社会的生产劳动分工得到明显的加强，后来是工人逐渐进入手工与机械作业的工厂或者直接进入机器工厂。在这一历史阶段，资本主义社会诞生了一个又一个的新工厂，然后是机器生产逐步推进，并逐渐实现手工操作与机器操作的分离，随后走向机器动力源的改进，这包括了从畜力普遍转向水力和风力，并走向蒸汽作为机器基本动力源的人类社会历史过程。劳动人民的生活因此而发生的改变对当时而言是相当惊人和可怕的。在当时，只有少数能迅速适应机器生产的劳动者，才能避免生产方式的迅速过时而引起的深远而根本性的历史性变化的影响。此时，工人与机器的关系出现了一种相互破坏的历史冲动。机器隐隐地使工人的传统生产劳动状态发生了新的改变，而工人也觉察到了这种改变，并试图通过连续不断地破坏等方式损坏机器。[1] 这些迅速转变所产生的历史影响，超出了开始转向工业城市谋生的农业人口所能安全消化和吸收的范围，对于当时的工人而言，社会革命变得异常紧迫。

马克思不仅看到了身在机器工厂的工人革命的需要，而且创立了指导工人革命的新理论。尽管因为其革命立场，马克思浩瀚的著作并非受到所有人欢迎，但马克思依然和任何理论家一样成功，一样有影响力，

---

[1] 参见 L. O. Kelso, "Karl Marx: The Almost Capitalist," *American Bar Association Journal*, Vol. 43, No. 3, 1957, p.235。

甚至超过了绝大部分理论家的实际影响力。如何衡量和解释这样的成功？托马斯（Paul Thomas）认为，当我们问这个问题时，这幅图景不仅看起来更令人印象深刻，而且看起来更加矛盾，我们所遇到的悖论与马克思接受人类文明成果的广度和深度有关。① 政治评论家沃林（S. Wolin）认为，不寻常的事实是，马克思成功地证明了自己理论的力量远远超过了他的任何前任思想家理论的力量。如果是适当地估量一下马克思的理论成就，评估一下马克思的思想在多大程度上成为"硬通货"，我们就会发现，已有无数马克思的追随者和门徒，受到马克思著作启发，创造性地发展了经济学、政治学或社会学，批评者和诽谤者的数量也同样不少。最重要的是，从理论对普通人和现实社会生活的影响来看，没有任何其他理论家——即便是柏拉图（Plato）、亚里士多德（Aristotle）、马基雅维利（Niccolò Machiavelli）、洛克（John Locke）、斯密（Adam Smith）或李嘉图（David Ricardo）——能与马克思相提并论。如果说柏拉图是理论永恒受挫的象征，那么马克思就是理论胜利的英雄。② 沃林还认为，马克思是不寻常的、独特的理论家，马克思创立了一种具有革命性的新政治理念，他关注全世界的无产阶级，这种无产阶级革命是世界范围内的、国际性的。③ 马克思应该被全世界的人所铭记，而不应把他当作一个"书虫"（像他自己对他的女儿所自嘲的那样），然后把他遗忘在历史的长河中。④ 恩格斯认为，"马克思首先是一个革命家"⑤，这不仅体现在看得见的工人运动上，更是体现在他对人类社会历史现在与未来的深刻洞见上，体现在他的思想影响以及深刻地改变了无数后来者对人类社会历史的基本认识上。

温德林（Amy E. Wendling）在其著作中提醒我们，"当我们读马克思，尤其是读他后期的作品时，我们必须像读克尔恺郭尔（Soren Aabye Ki-

---

① P. Thomas, "Critical Reception: Marx Then and Now," in T. Carver (ed.), *The Cambridge Companion to Marx*, Cambridge: The Cambridge University Press, 1991, p. 26.

② 参见 P. Thomas, *Karl Marx and the Anarchists*, Vol. 60, New York: Routledge, 2010, p. 13。

③ 参见 P. Thomas, *Karl Marx and the Anarchists*, Vol. 60, New York: Routledge, 2010, p. 13。

④ 参见 D. McLellan, *Karl Marx: His Life and Thought*, London: The Macmillan Press Ltd, 1985, p. 334。

⑤ 《马克思恩格斯文集》第三卷，人民出版社，2009，第602页。

erkegaard）和尼采（Friedrich Wilhelm Nietzsche）那样，以同样的谨慎态度来对待他。我们必须理解马克思，理解马克思不能简单地写出资本主义的真相。马克思提供了一种对他所接受的世界的战略性干预，他想内在地批判这个世界，因为马克思知道他只能在这个世界特有的概念中工作"①。马克思关于机器的论述篇幅最长的是《政治经济学批判（1857—1858年手稿）》"资本章"。奈格里（Antonio Negri）、温德林等西方学者习惯将这个部分称为"机器论片段"（The Fragment on Machines）。他们认为，正是在这个片段中，马克思揭示了一个"异化的"（alienated）资本主义机器生产世界。温德林说，已经异化的资本主义生产方式导致了工人生产劳动强度的增加和工人的过度疲劳，机器的大规模应用加剧了这种现象。在资本主义机器大生产中，人机是一种寄生关系，而不是共生关系。这种寄生性存在于工人和机器所处的资本主义生产方式中，而不存在于生产手段本身或人与机器本身的关系中。在这种人与机器对立关系的表象之下，实际存在的是一种深层的阶级结构，它反映出无产阶级与无产阶级、无产阶级与资产阶级之间的阶级亲缘关系。资本主义机器大生产中这种寄生、对立的人机关系，表明工人阶级需要寻找一种使人机关系更好的不同的生产方式和社会结构，来结束这种异化状态。②

温德林认为，对于马克思来说，向这种新生产方式的转变，是通过对资本主义生产方式本身所产生的生产资料的重新分配来实现的。资本主义生产只是一个必要的历史过渡阶段，资本主义生产本身就是物质财富的生产，而物质财富的私有制将导致资本主义生产的解体。在这种所有制解体之后，工人们不再需要砸烂机器，而是拥有自己的机器，因为这样做，他们就能获得他们应该获得的生产劳动财富，③ 摆脱现实的资本主义机器大生产对工人的异化。温德林强调，马克思在《政治经济学批判》中对异化和客观化进行了技术上的区分，这有助于解释资本主义机器大生产中人机界面同时存在的不和谐现实表象和潜在的不和谐结构，

---

① 参见 A. Wendling, *Karl Marx on Technology and Alienation*, London：Palgrave Macmillan, 2009, p. 9。

② 参见 A. Wendling, *Karl Marx on Technology and Alienation*, London：Palgrave Macmillan, 2009, p. 100。

③ 参见 A. Wendling, *Karl Marx on Technology and Alienation*, London：Palgrave Macmillan, 2009, p. 100。

他还解释了人机交互的资本主义机器生产界面是如何依赖于人类和机器而诞生的生产模式以及它们形成的新生产方式。生产资料的公平再分配将使技术异化成为简单的物化。揭示这一切是如何发生的这项工作本身并不简单，马克思对这些问题的阐述也并不多见。生产资料的再分配是关键的出发点与基本归宿。按照马克思的推论，在这种再分配完成之后，无产阶级将进入一个新的人类世界，即共产主义社会。在这个社会里，无产阶级将不再像异化状态下的资本主义社会那样，而是每个人实现了自由而全面的解放。从资本主义私有制到共产主义公有制的革命性转变只是一种手段，而不是最终的目标。① 在资本主义机器大生产中，工人阶级已经肩负着一种"改造世界"的历史使命。

在《资本论》中，马克思已经意识到当时某些政治经济学家对人的劳动、劳动力、商品、价值、财富等方面神秘化倾向的认识局限，他阐明了他自己对人类劳动这种人的基本存在方式的理解，并将这种理解与劳动力、商品等新概念内涵相结合，对资本主义机器大生产中的劳动、劳动力做出了不同于当时资产阶级政治经济学家的理解，展现出他对当时资产阶级人文主义的诊断，以及他自己与众不同的人文主义理解与关怀。马克思写道："劳动首先是人和自然之间的过程，是人以自身的活动来中介、调整和控制人和自然之间的物质变换的过程。"② 缝和织看起来是两种不同形式的生产劳动，但实际上两者都是人的脑、肌肉、神经、手等的生产耗费，都是通过人的主观能动性对生产劳动资料进行加工，并产生出不同生产劳动产品的物质交换过程，从这个意义上看，缝和织二者只是耗费人类劳动力的两种不同的形式，③ 并无本质差别。在这些论述中，马克思对劳动、劳动力进行了区分，即前者具有定性的特征，后者则具有某种定量的特征。

马克思在坚持对资本主义机器大生产中人的劳动进行这种质性考察与区分的同时，还坚持从人的现实实践的角度来考察和分析，从这一角度看到的不是大脑、神经和肌肉的生产耗费这种自然生理属性，而是人

---

① 参见 A. Wendling, *Karl Marx on Technology and Alienation*, London: Palgrave Macmillan, 2009, p. 101.
② 《马克思恩格斯文集》第五卷，人民出版社，2009，第207~208页。
③ 参见《马克思恩格斯文集》第五卷，人民出版社，2009，第57页。

的劳动的社会历史属性。马克思批判并超越了当时资产阶级经济学家对活的人的劳动、人类劳动、商品等资本主义机器生产的神秘化解读,揭示了资本主义机器大生产中的价值与财富的真正来源。马克思指出,既然缝和织都具有共同的本质,即人类劳动力的耗费,我们对采用缝和织等不同劳动形式所生产的产品也只需要从这个本质去考察,即从劳动所创造的实际价值去考察,这并不神秘。① 所谓商品的价值和财富无论如何不是来自人类劳动的某种天生的神秘性质,② 而依然只是人类劳动产出的历史结果。

　　资本主义机器大生产的出现提醒我们,我们对人类劳动、劳动力等相关概念应该有更加规范的理解。马克思发现,资本家之所以雇用工人进行生产劳动,并不是因为工人提供了劳动力,而是因为工人能够通过生产劳动发挥出劳动力的职能,既为资本家提供裁缝劳动、鞋匠劳动、纺纱劳动等形式的有用劳动,使这种新生产的生产劳动产品具有了不同于其他产品的属性和使用价值,也将工人所拥有的劳动力价值转移到了新生产的劳动产品上,并形成新的生产劳动产品价值。马克思认为这一点是普通意识所不能领会的。③ 在这里,马克思不仅没有取消活力论者（vitalist）的概念,而且直接从李比希（Justus von Liebig）的动物生理学中借鉴了人类劳动的"动物精神"（animal spirits）这一概念,试图通过这一概念实现人的精神与动物或者其他可能成为主体的精神的区分。之所以这样做,是因为马克思不仅要揭示资本主义机器大生产中工人劳动的"神秘性",更需要去解释和改变这种"神秘性"。马克思坚持认为当时某些政治经济学家对资本主义机器大生产中人类劳动的某些论述已经陷入了神秘主义,而马克思认为自己需要去揭示并祛除这种由资产阶级政治经济学家所营造的神秘性。

　　今天我们已经知道,马克思对资本主义机器大生产中工人生产劳动的考察与剖析,恰恰揭示了资本主义是如何依赖工人生产劳动并将之作为一切价值和财富的源泉的。温德林认为,这不仅仅是马克思早年和当时许多工人的困惑,这也是资本主义对过时的人类生产劳动形式不合时

---

① 参见《马克思恩格斯文集》第五卷,人民出版社,2009,第73页。
② 参见《马克思恩格斯文集》第五卷,人民出版社,2009,第589页。
③ 参见《马克思恩格斯文集》第五卷,人民出版社,2009,第620页。

宜的理解与依赖。随着人类社会生产力的发展与人类认识的深化,人类劳动必然在某种程度上再次区别于机器和动物所表现的活动,也区别于前几代劳动工人所表现的"自我灭亡式"的一般性生产劳动。为了把人类劳动与机器生产的劳动区分开来,从事机器生产的资本主义运用了一种残余的、有效的人文主义和活力主义的方式,来激励工人不断地进行各种生产劳动。尽管资本主义并没有公开承认这种人文主义和活力主义的激励方式,但这种激励方式仍然现实地存在着,[①] 这种方式也的确在一定程度上缓解了资产阶级与工人阶级的现实矛盾,揭示和研究这种客观存在的奥秘、创造更加美好的人机时代,是自马克思以来不同时代的马克思主义者寻求人与社会自由而全面的解放的重要历史使命。

[①] 参见 A. Wendling, *Karl Marx on Technology and Alienation*, London: Palgrave Macmillan, 2009, p. 133。

第一章 马克思机器论的历史生成

马克思机器论的生成具有一个历史过程。对马克思的思想形成具有重要影响的德国旧唯物主义哲学家费尔巴哈（Ludwig Andreas Feuerbach）已经认识到，人在展开任何理性思考之前都是需要吃穿住用的。随着人类需求的增长，人们必须通过控制土地、水、工具、人力、技术、机器等物质生产手段，来充分保证这种需要的满足。从人类社会一开始，自然资源的稀缺性以及不同社会人群的差异性，似乎就注定一部分人能够控制那些缺乏生活和行动能力的人，直到后者利用各种生产工具进一步使自己变得更强大。与费尔巴哈不同的是，对马克思思想的形成影响较大的另一位哲学家黑格尔（Georg Wilhelm Friedrich Hegel）对资本主义生产资料私有制下的市民生活的思考则转向了另一条路径，即纯粹的精神生产。在黑格尔那里，整个人类文明也只不过是世界精神发展的不同阶段。马克思则不同，他在面对任何问题时，从未忘记任何认识对象的社会历史性，并将其置于社会历史之中展开考察。马克思对机器及其相关问题的论述也是这样，具有非同一般的独特性，这种独特性主要表现为马克思把机器这种认识对象恰当地置于人类社会历史之中、置于哲学史之中、置于马克思的整个哲学体系中来思考，显然，这种"放置"的完成并非易事。这也提醒我们，在处理马克思的文本时，不仅要记住费尔巴哈、黑格尔、社会主义理想主义者和政治经济学家的遗产等，还要记住启蒙主义、浪漫主义、人文主义、人道主义等西方哲学思潮针对劳动、生产、技术、自然等与机器相关的概念和命题的思维博弈。厘清这些问题，需要我们进一步追溯各种思潮的历史分野与现实聚合，追溯古典世界和现代社会之间的历史过渡或者某些重要的历史踪迹。

一 从手工劳动到机器生产

在人类社会早期，人们的生产生活实践主要依靠手工劳动。无论工人们多么灵巧，无论工人们手工劳动的成品多么令人赏心悦目，与马克思一样,18世纪的社会历史观察家们一致认为,手工劳动是原始而低效的。阿达斯(Michael Adas)认为,在欧洲乃至整个人类社会发展历史中,工业秩序的崛起比"工业"和"革命"这两个词的标准组合所显示的渐进和累积效应要多得多。在某些领域,使蒸汽动力的工厂生产成为可能的力量早已存在,甚至在英国,直到19世纪下半叶,传统手工艺制造业在大多数行业中都占主导地位。但从18世纪80年代开始,英国机器生产技术的发明速度加快了,从一般工程施工到矿物开采、制造和运输,新发明和早期进步的技术应用越来越多。① 这种历史性转变在19世纪结束前,就已经被许多敏锐的历史学家观察到。当时的英国农业经济学家亚瑟·杨格(Arthur Young)说,他几乎目睹了蒸汽驱动机器从棉花行业向羊毛纺织业的整个扩散过程,并认为"一场革命正在酝酿",这场革命正在深刻地改变"文明世界的面貌"。② 托尼(R. H. Tawney)认为,18世纪以来工业化的最初几十年给英国带来了自上次地质剧变以来最深刻的"物质面貌"重塑,这相当戏剧性地凸显了亚瑟·杨格的预测在多大程度上得到了历史性的实践证明。③ 这些历史发展过程及其历史性记述体现出人类社会从手工工艺劳动向机器工业生产的重要历史性转变。

法比奥·格里金地(Fabio Grigenti)在分析了工业革命中机器生产代替手工劳动的历史进程后指出,根据社会学、历史学家已有的历史考证,早在1733年,约翰·凯(John Kay)就已经将飞梭引入纺织过程,开启了一个不可阻挡的历史实践过程,即通过机械手段不断地取代人的手工生产劳动,提升纺织品的生产效率,这些发展几乎花了整整一个世纪才完成。1830年,英国最后一批手工织工放弃了对使用机械织布机的现实抵抗,人力、畜力、风力和水力逐渐让步于蒸汽引擎所带来的机械动力。斯特恩斯(Peter N. Stearns)在最新的著述中认为,到18世纪70年代,蒸汽动力机械已经可以与一些为手工纺织工人设计的半自动发明

---

① 参见 M. Adas, *Machines as the Measure of Men*, London: Cornell University Press, 1990, p. 133。
② 参见 H. Heaton, "Industrial Revolution," in R. Hartwell (ed.), *The Causes of the Industrial Revolution*, New York: Routledge, 2017, p. 46。
③ 参见 H. Heaton, "Industrial Revolution," in R. Hartwell (ed.), *The Causes of the Industrial Revolution*, New York: Routledge, 2017, p. 51。

装置连接在一起。由于蒸汽动力是集中的，不能远距离传输，工人们不得不在发动机附近集合起来工作，小工厂也就此取代了家庭生产场所。① 瓦特（James Watt）在1775年改良的蒸汽机很快就被应用于所有工业生产的基本领域。格里金地认为，在人类生产劳动过程中每一个重要的历史节点，人类生产劳动的历史进程因机器的引进发生了重要的改变，所有建立在手眼协调技术应用和人类控制自然能源能力基础上的技术部门，也都因此发生了翻天覆地的历史性变化。仅仅有如普罗米修斯般从事基础性生产劳动的人的手工劳动没有被机器所取代，产品制造过程中涉及的元素及其一般用途暂时保持不变，而其他的传统工人则跟着整个社会不同行业一起经历了深刻而具有历史性的结构性重组。②

机器在生产劳动中的逐步引入，成为影响人类社会历史进程的一个空前的、深刻的革命性事件。格里金地，人类在提取原材料尤其是煤和铁，以及提升加工它们的能力上的每一个进步，都主要是由于管理热量和轧制金属的手段上的无穷无尽的创新而得以实现的。人工制品、机器在生产过程的基本方面第一次开始取代人类的部分生产劳动，取代了以前使用的生产工具，这些生产工具现在已从人类手中取下，以不同方式附着在机械上。几千年来，机器在人类的世界里一直占据一个不起眼的位置，以谦逊、低调的方式发挥着作用，但从18世纪以来，机器逐渐成为新的时代主导人类生产劳动实践的重要角色。③ 格里金地引用戴森（G. B. Dyson）对机器的定义并认为，第一次工业革命之后的机器大生产，促成了对"机器"这个词更为恰当的解释："机器的名称适用于所有的生产系统，这些系统的目标是传递力、功，因此，机器能够修改所述力的强度，并根据其强度、速度和方向改变运动。运动部件所覆盖的路径的变化使机器特别适合于各种工业生产用途。"④ 机器的广泛应用深刻地改变了人类社会在那个时代所呈现出来的历史特征。格里金地认为，当机器生产逐渐代替手工劳动后，机器使力、功的传递强度和速度

---

① 参见 Peter N. Stearns, *The Industrial Revolution in World History*, New York: Routledge, 2021, p. 29。
② 参见 Fabio Grigenti, *Existence and Machine*, Cham: Springer, 2016, p. 8。
③ 参见 Fabio Grigenti, *Existence and Machine*, Cham: Springer, 2016, p. 8。
④ 参见 Fabio Grigenti, *Existence and Machine*, Cham: Springer, 2016, p. 9。

产生变化，承载各种新物理、化学等基本科学原理的"机器哲学"形成，并以一种"新的语言"的速度传播开来。尽管人类在那个时期还没有创造出今天人工智能时代所拥有的机器语言，也还没有精确的机器编码，但这是一种描述一个时代真实经历的"通用语言"，即使是现在，也很难衡量那个机器生产的初始时代的精确轮廓和结果。① 但我们能够肯定的是，一个不同于手工生产劳动时代的机器生产时代已经悄然开启。

从手工劳动向机器生产的转变引起了不同观察家和思想家的热切关注。阿达斯在考察这场以机器生产代替手工劳动为特征的工业革命时特别提到，1849 年，一位匿名散文家在《爱丁堡评论》（*Edinburgh Review*）上撰文称，欧洲人成功地将几乎所有有实用性的各种形式的物质的每一种品质都以机器的方式呈现出来。几十年后，利顿勋爵（Lord Lytton）认为，没有物质上的进步，精神上的进步是不可能的。利顿发现，地球上曾经被浪费或未被利用的资源在许多方面都被转化成了能量，这种对自然资源的利用超出了任何东方天才的想象，成为自然这位隐士的诗歌。利顿认为，工程师的设计和开采地球资源的机器是人类表达存在的最高形式，是将人与野兽区分开来的崇高能力的最清晰展示。直到 20 世纪末，民粹主义者都一直将人类自然控制力的增强视为那个世纪最伟大的历史成就。阿尔弗雷德·华莱士（Alfred Wallace）断言，工业革命时期的科学家和发明家所做的贡献超过了石器时代以来所有思想家和创新者在利用自然力量造福人类方面所做的历史贡献。詹姆斯·布莱斯（James Bryce）认为，华莱士这个人已经彻底了解了他在地球上的家。华莱士、布莱斯和他们的法国同行亨利·埃德蒙德·克罗斯（Henri Edmond Cross）甚至很直接地认为，控制和利用自然力量的能力是欧洲在现代社会历史中能够迅速取得独特性历史进步的关键所在。②

机器生产时代的来临促使不同的思想家开始关注机器生产的历史影响。阿达斯在考察机器进入人类社会生产劳动领域的历史后认为，托马斯·巴宾顿·麦考利（Thomas Babington Macaulay）颂扬了当时那场以机器为核心的历史性革命的独特性，尤其是源起于英国的独特性。麦考利

---

① 参见 Fabio Grigenti, *Existence and Machine*, Cham: Springer, 2016, p. 9。
② 参见 M. Adas, *Machines as the Measure of Men*, London: Cornell University Press, 1990, p. 214。

认为，英国人是有史以来最伟大、最文明的民族，他提请人们注意当时英国庞大的海上舰队及其强大的帝国实力。麦考利说，这支舰队可以在一刻钟内同时歼灭（工业化前的）泰尔、雅典、迦太基、威尼斯和热那亚的海军。麦考利还强调，当时的英国在医学、交通以及每一项机器艺术、每一项制造业都取得了巨大进步，达到了人类祖先难以想象的境界。在早期的一篇文章中，麦考利还自豪地说，英国人比以前任何一个国家的人都吃得好、穿得好，因为机器生产的工业化使物质财富的巨大增长成为可能。然而，约翰·斯图亚特·密尔（John Stuart Mill）① 没有像麦考利那么极力赞扬源起于英国的这场工业革命，而是表达了他对工业化不利影响和潜在危险的内在担忧。密尔表达了英国绝大多数中产阶级的一种感觉，即机器的广泛应用的确为人类社会的生产劳动进步，提供了以往的生产劳动所没有的新手段，但也可能存在着其他我们尚没有发现的历史影响。在1848年首次出版的《政治经济学原理》（*The Principles of Political Economy*）中，密尔强调了随着工业化的推进和传播，科学和技术的融合变得越来越重要，而机器就是科学与技术融合的现实实例。②

在当时，机器生产的一些弊端逐渐暴露出来，这引起了更多观察家和思想家对机器生产现实影响的热烈关注。托马斯·卡莱尔（Thomas Carlyle）是当时对机器生产的工业化历史进程的最具影响力的批评者之一，他也表现出了与密尔类似的矛盾心理。卡莱尔谴责了机器工业生产劳动阶级的堕落，谴责了矿业生产和工业城镇的污秽，同时又没有放弃对生产新机器的潜力的信心。卡莱尔鄙视工厂组织把工人从熟练的工匠变成机器的附属物，但他避开了对工业本身的批评。卡莱尔对英国的工业气息很感兴趣。他相信，在适当的监督和一种不同的生产劳动组织形式下，英国能够创造出一个劳动生产率和成就感都大大超过以往任何时期的新社会。卡莱尔甚至有一种想退回到中世纪或17世纪的内在冲动，但是被英国的工业主义、进步和劳动，同样是理想主义的而且常常是帝

---

① 约翰·斯图亚特·密尔（John Stuart Mill），在中文版《马克思恩格斯全集》中被译为约翰·斯图亚特·穆勒，后文凡直引自中文版《马克思恩格斯全集》处均写作"约翰·斯图亚特·穆勒"。
② 参见 M. Adas, *Machines as the Measure of Men*, London: Cornell University Press, 1990, p. 137。

国主义的想法所冲淡。他斥责在曼彻斯特这样的工业中心只能看到烟雾和灰尘、骚乱和有争议的肮脏的人。卡莱尔在他1839年的论文《宪章运动》(Chartism)中敦促他众多的读者透过工业景观的丑陋表象,以令人敬畏的精神和力量,即人类战胜一切的精神和力量,与他一起为工厂所代表的自然欢呼。他坚持认为,这是一场如魔法般的造物运动,人控制了自然,自然获得了更加美丽的包装,自然的美丽、自由只有在另一种情境下才能与人彼此相见。①

还有一些代表性人物也对当时以机器生产代替手工生产劳动带来的历史影响表达了担忧。阿达斯说,以罗伯特·欧文(Robert Owen)和威廉·布莱克(William Blake)、查尔斯·狄更斯(Charles Dickens)、伊丽莎白·盖斯凯尔(Elizabeth Gaskell)为代表的群体,对当时的工业化的影响远没有那么乐观。来自不同领域的评论家都在关注工业城镇的环境污染,以及工人们的悲惨处境(尤其是纺织厂的工人,在工业时代的早期,妇女和儿童的比例都很高)。他们谴责机器生产带来了英国乡村的萎缩以及冲淡了自己与家庭、亲友之间的关系等。许多当时的保守党和知识分子、激进的改革者都认为,引入机器生产的新工业成就包含着各种形式的机器滥用,这种滥用造成了政治等社会制度的混乱与缺陷。马克辛·伯格(Maxine Berg)就认为,工人阶级和激进分子对以蒸汽为动力的铁怪物所带来的社会秩序的混乱和痛苦表示痛惜,他还认为把适应合作生产需求的机器作为工人们渴望创造的乌托邦社会的基本要素加以推广是一件令人担忧的事情。欧文和他的追随者则强调了机器化生产可以在许多方面减轻工人(无论是男性还是女性)的负担,它把劳动者从锯、磨、煮和洗等日常的苦差事中解放出来。②

兴起于英国的工业革命并不只是影响了英国的社会历史发展进程,还影响着整个欧洲、美洲、非洲和亚洲等地的历史发展走向,这种影响在很大程度得益于机器在交通中的应用。阿达斯说,与其他任何技术创新相比,铁路体现了与第一次工业革命相关的巨大物质进步,并突出了

---

① 参见 M. Adas, *Machines as the Measure of Men*, London: Cornell University Press, 1990, p. 138。

② 参见 M. Adas, *Machines as the Measure of Men*, London: Cornell University Press, 1990, pp. 137–138。

这一历史过程在欧洲人和所有非西方国家人民之间造成的社会差距。在各种以机器为生产工具的生产劳动实践中，以蒸汽机为动力及核心发明的西方工业化社会历史转型，大胆地展示了人类社会在冶金和机器工具方面的最新进展。随后许多采用机器的工程技术大大改变了欧洲大片地区的社会历史面貌，并从欧洲蔓延到美洲、非洲和亚洲。这种人类社会历史过程造就了无数堪称奇迹的大桥，使以煤棚和煤堆为特征的铁路堆场成为世界各地中心城市的常见特征，也使铁路成为新技术最具特色和最有效的表现形式。[1]

阿达斯引用里奥·马克斯（Leo Marx）的话说，铁路作为一个系统，包含了新兴工业秩序的大部分基本特征，即用金属代替木材建筑，机械化的动力，地理规模大幅扩大，速度、理性、客观，以及精确计时受到空前重视等，从19世纪20年代被引入英国开始，铁路就被认为是那个时代最伟大的奇迹。塞缪尔·斯迈尔斯（Samuel Smiles）在为乔治·斯蒂芬森（George Stephenson）撰写的传记中写道，利物浦至曼彻斯特的铁路线吸引了全国各地的民众前来观看。斯迈尔斯在19世纪中叶说，25年前，目睹一列火车，是人生中的一件大事。在铁路建成后的几十年里，铁路始终是那个时代最普遍和最引人注目的核心对象。[2]

铁路运输的出现，极大地推动了整个欧洲乃至整个世界的工业革命进程。在斯特恩斯看来，新的运输和通信技术——轮船、电报和横贯大陆的铁路——为加强全球联系奠定了基础。[3] 阿达斯认为，煤炭和蒸汽驱动的开采、生产、运输和消费史无前例地被压缩到非常短的时间内。与之前所有时代的历史性变化相比，这些历史性的社会转变是如此迅速和彻底，以至于只有乔治笔下那些目光最短浅或最孤立的人物，才能保持不知情或不受影响。[4] 阿达斯引用大卫·兰德斯（David Landes）的话

---

[1] 参见 M. Adas, *Machines as the Measure of Men*, London: Cornell University Press, 1990, pp. 221-222。

[2] 参见 M. Adas, *Machines as the Measure of Men*, London: Cornell University Press, 1990, pp. 221-222。

[3] 参见 Peter N. Stearns, *The Industrial Revolution in World History*, New York: Routledge, 2021, p. 225。

[4] 参见 M. Adas, *Machines as the Measure of Men*, London: Cornell University Press, 1990, p. 136。

说，当时的人们并没有被英国大部分地区纯净的空气所欺骗，他们知道自己经历了一场革命。《泰晤士报》(The Times) 在1808年的一篇专文中认为，机器力量的非凡作用已经为世界所知，机器对时间和速度的新奇、独特和强大的应用使每一位科学家的头脑中产生了钦佩之情。理查德·菲利浦斯 (Richard Philips) 讲述了他在伦敦的一次行走给他留下的生动印象："机械的胜利"和"动作的精确和壮观，真是令人叹为观止"，令每一位旁观者都感到惊讶。[1]

1853年至1870年，马克思生活的德国也完成了自己的"工业革命"。格里金地说，也因此，这个国家很快就向现代化迈进了一大步，如果把它简单地说成模仿英国模式，那就错了。在当时的德国，特别是在冶金工业方面，德国并没有把自己限制在对从英吉利海峡对岸运来的机器进行改装这个历史范围之内。相反，当时的德国进行了一场非凡的创新式全面努力，直到19世纪90年代，这种创新使德国能够与英国在世界范围内平等竞争。德国社会的这一历史性进展并非没有代价。在一代人的时间里，德国人深刻而不可逆转地改变了自己国家的历史进程。他们消除了领土分割、对自由企业的限制、有限的财政资源、专业协会的传统制度等一系列"历史的限制"。在机器生产还没有成为现实的那个时代，这些因素在客观上往往对资本的发展构成几乎无法克服的障碍。因为机器工业时代的来临，德国传统社会结构的这种巨变，同样引发了德国思想家对于机器等相关问题的激烈争论。[2]

二 机器与科学技术、哲学

以机器生产为主要特点的工业革命在整个欧洲的蔓延，引起了德国哲学界的注意。格里金地在梳理这段历史的时候做了这样的记述：1877年，一位几乎没有人注意到的上了年纪的绅士恩斯特·卡普 (Ernst Kapp) 在布伦施威格出版了《技术哲学纲要》(Grundlinien einer Philosophie der Technik) 一书。卡普在长期流亡美国后回到德国，在杜塞尔

---

[1] 参见 M. Adas, *Machines as the Measure of Men*, London: Cornell University Press, 1990, p.136。

[2] 参见 Fabio Grigenti, *Existence and Machine*, Cham: Springer, 2016, p.9。

多夫大学担任了讲师职位。在当时，几乎没有人注意到这本书的存在。今天，我们逐渐知道卡普是德国著名的地理学家、博物学家、植物学家亚历山大·冯·洪堡（Alexander von Humboldt）的追随者，是对德国自然哲学文化做出重要历史贡献的最具独创性的思想家之一，是一位能够以意想不到的、新颖的方式进一步发展黑格尔哲学的著名思想家。甚至有学者认为，卡普是技术哲学的先驱。①

卡普认为，由瓦特设计和制造的这台机器，在没有任何关于其潜在用途的精确认识的情况下，迅速传遍了全世界，很快就成为"所有机器的机器"。由于人的手可以使用各种工具，蒸汽机可以连接到各种机械上，其根本特点在于它的通用性。它的另一个特征和它与各种能源之间的关系有关。蒸汽机使地球上的土、水、风等自然元素有了新的用途，提供了一种巨大和不间断的动力。②格里金地引用卡普的话说，机器的能量不是内在的，也不属于机器。蒸汽机的加煤工和火车头里的司机就像骑在马上的骑手一样控制着他们的机器。相反，自我统一的生命体的意志和智慧是内在的，是生命的组成部分。作为抽象的物理功能，人与机器保持着某些相同的部分。许多时候，机器需要修理，而人体内的物质能够不断变化并自我再生和修复。③格里金地由此指出了机器与人的身体的根本不同。在格里金地看来，机器和人的身体有着不同的起源，前者的创造归功于人类设计师和制造商的意志，后者则依靠自身的发展，从一开始就遵循着内在的规律，这些规律支配着一件具有自组织能力的事情。没有一种机器能够自我产生和自治，它的存在和目的完全依赖于人类。④

19世纪的唯物主义对机器的理解与类比，远不止我们通常所理解的"机器是宇宙的复制品，而宇宙本身就是一台机器"那样简单。卡普认为，机器的产生存在某种潜意识的因素。发明者设计新的机器设备时，他们可能并没有意识到自己正在创造某种东西、以某种方式复制或重新恢复他们自己身体的某种能力，他们只是把注意力集中在减少某些人类

---

① 参见 Fabio Grigenti, *Existence and Machine*, Cham: Springer, 2016, p. 21.
② 参见 Fabio Grigenti, *Existence and Machine*, Cham: Springer, 2016, p. 24.
③ 参见 Fabio Grigenti, *Existence and Machine*, Cham: Springer, 2016, p. 24.
④ 参见 Fabio Grigenti, *Existence and Machine*, Cham: Springer, 2016, p. 24.

活动所需的体力劳动，或者使机器更经济有效地运行等其他目标上。即使是新机器投入使用后的更新，似乎也不受任何意识器官投射的引导。瓦特发现连接蒸汽引擎某些驱动元素会导致机车的发展和铁路的扩张，只是在当时可能没有人会想到最终的结果是铁路网络的巨大发展，而不只是铁路网络的一般性规模扩张。今天的铁路网就像一个巨大的循环系统覆盖了地球表面。

格里金地认为，卡普不断地回到这种类比中，充分地描述了机器应用的效果，因为他坚信，人造工具和机器可能会在无意中成为表征和判断的对象，从而也在精神层面上体现出更强的自我意识。卡普认为，机器为人类提供了表达人类本性的机会，并使人类看到他们为自己的目的而创造的工具和机器这种"工艺品"。人类不仅在人工制品的结构设计和自己的身体器官之间产生了奇怪的类比，他们还认识到自己是能够在技术上使世界更加人性化的特殊生物体。[①] 格里金地与卡普的论述揭示了机器的诞生所深藏的复杂性。

面对当时机器生产所具有的"无限能量"，拉宾巴赫（Anson Rabinbach）认为，此时的机器融合了自然界、技术和社会中的各种生产劳动形式，形成了机械劳动的单一形象，将能量模型普遍化，并将其扩展到被认为是巨大的、完整的生产系统的自然界。[②] 这种机器的出现否定了力量在时间中开始和结束的旧的形而上学认知，展现了一种永恒力量的新的形而上学。在这种新的形而上学中，人、动物和机器的力量在本体论上是模糊的，他（它）们所表达的能量的程度是不同的。路德维希·毕希纳（Ludwig Büchner）认为，化学上的发现表明，有机和无机物体是由相同的元素组成的。我们只需要考虑化学，就能理解人、动物与机器在这种本体论上的模糊，因为化学能够使化学元素或基本材料在有机和无机世界中是完全相同的这一事实不容置疑。[③] 在当时的德国，使有机物质充满活力的生命力的概念被看作多余的假设，甚至被嘲笑为神学的

[①] 参见 Fabio Grigenti, *Existence and Machine*, Cham: Springer, 2016, p. 23。
[②] 参见 Anson Rabinbach, *The Human Motor: Energy, Fatigue, and the Origins of Modernity*, New York: Basic Books, 1990, p. 25。
[③] 参见 Ludwig Büchner, *Force and Matter or Principles of the Natural Order of the Universe: With a System of Morality Based Thereon*, trans. by J. Frederick Collingwood, New York: P. Eckler, 1920, pp. 339-341。

残余。在新的形而上学中,所有的能量最终都来自整个物质性的自然界。伴随热力学而来的是宇宙学、地质学和人类学方面的科学发现,这些科学发现使地球与周围的宇宙天体保持本体论的连续性,并将其起源日期确定在遥远的过去。在热力学之前的自然图景中,这些不同的力和物质可以被认为是在某个时间点上开始和结束的。在热力学之后的自然图景中,力、物质或能量不会消失,只是转换成不同的形式。①

那个时代制造蒸汽机的工程师们所面临的问题是,如何以最小的热损失来调节这些发动机,使其达到最大的生产效率,为了使发动机不爆炸或自毁,又必须有一定的热损失。设计是使这场力的守恒和损失得到有效平衡的关键因素。机器的设计不仅要达到最大的生产力,要在非生产性耗费中损失最少的热能,还必须防止能量的突然减少、机器磨损或自毁。②蒸汽机的这种能量守恒现象也直接影响了人们对生命、物质、劳动、力量的理解以及潜能的概念化认知。路德维希·毕希纳认为,生命既不创造新物质,也不创造新力量。它只喜欢无数的变化,这些变化毫无例外地根据能量守恒定律或所有动力的相等性进行转化。肌肉的每一次收缩,机体所做的每一种工作,都包含着完全确定的等量热的消失。③随后诞生的生理学所进行的人体实例与机械实例分析,均采用了相同或者相似的术语。温德林认为,"这意味着,人们已经基本接受了以热力学为基础的机器在人类社会历史的客观存在"。④

机器生产不仅改变了人们对能量来源与应用的形而上学认知,而且改变了人们关于劳动、懒惰等社会历史现象的文化话语与时代表达。在拉宾巴赫看来,古人对劳动的厌恶是出了名的,他们崇尚一种英雄般的懒惰,这是神给诗人的礼物。这种懒散的形式自中世纪以来一直是贵族

---

① 参见 A. Wendling, *Karl Marx on Technology and Alienation*, London: Palgrave Macmillan, 2009, p. 76。

② 参见 A. Wendling, *Karl Marx on Technology and Alienation*, London: Palgrave Macmillan, 2009, p. 77。

③ 参见 Ludwig Büchner, *Force and Matter or Principles of the Natural Order of the Universe: With a System of Morality Based Thereon*, trans. by J. Frederick Collingwood, New York: P. Eckler, 1920, p. 340。

④ 参见 A. Wendling, *Karl Marx on Technology and Alienation*, London: Palgrave Macmillan, 2009, p. 77。

的特权，与谴责它的基督教传统以一种不舒服的关系共存。① 当机器代替手工的生产劳动之后，人们发现工人们抗拒劳动，不是因为懒惰，不是因为精神或意志的失败，而是因为缺乏能量、失去了无法补偿的热量。根据拉宾巴赫的观点，19世纪50年代，早期现代性的特征，基督教修道院"懒惰"概念的世俗化，或对懒惰的禁止，让位于为工人提供抗疲劳保险。这种对劳动的理解从13世纪持续到19世纪中期，基督教作家、牧师和中产阶级道德家都将懒惰视为有序生活和工作纪律的克星的世俗化过程。② 这样一来，基督教作家既反对贵族的理想，也反对古典传统对休闲的强调。他们努力使原始工业生产劳动人口养成劳动的美德。到19世纪末，这种方法已经取得了很大的成功，但是懒惰也正在被疲劳所取代，成为生产劳动的克星。③

拉宾巴赫认为，懒惰作为对生产劳动的抵抗的主要概念化理解逐渐衰落，这种衰落的原因如下：古老的基督教对懒惰的训诫正在失去对城市工人和实业家的吸引力；工厂系统技术不仅需要外部强加的纪律和指导，还需要一个与机器相辅相成的内部受管制的机构。因此，由精神权威或直接控制或监督指导的工人理想，让位于由生产劳动系统自身内部机制指导的身体形象，即人类的"马达"。几乎同时，疲劳和精力作为一种更现代的概念框架出现，用来表达工作和身体之间的关系。工作的概念经历了一个关键的转变：疲劳，而不是懒惰，它在此时表现为工人对工业化生产劳动的主要不满……一种更加科学的工作评价，往往强调唯物主义，并逐渐取代了旧的道德论述。这些新的话语将工作主体置于关注的中心，并将身体的劳动视为从工作条件或政治经济和贸易或职业的特定品质中抽象出来的生理过程。④

拉宾巴赫的论述揭示了那个时期机器的广泛应用对人们形而上学认知

---

① 参见 Anson Rabinbach, *The Human Motor: Energy, Fatigue, and the Origins of Modernity*, New York: Basic Books, 1990, p. 27。
② 参见 Anson Rabinbach, *The Human Motor: Energy, Fatigue, and the Origins of Modernity*, New York: Basic Books, 1990, p. 26。
③ 参见 A. Wendling, *Karl Marx on Technology and Alienation*, London: Palgrave Macmillan, 2009, p. 78。
④ 参见 Anson Rabinbach, *The Human Motor: Energy, Fatigue, and the Origins of Modernity*, New York: Basic Books, 1990, pp. 35-36。

的影响。不过，拉宾巴赫对机器生产中这种形而上学转变的论述可能有些激进。温德林认为，新的科学唯物主义对劳动的评价并没有完全取代旧的道德话语，尤其是在殖民文学中，旧的道德话语在21世纪仍然盛行。在科学上，劳动的热力学模型也随之产生，新的解释模式确实在关键方面挑战了旧的解释模式。劳动既不是精神的产物，也不是不受物质要求挑战的实践。劳动必须结合一定的休息，这不仅是为了保护劳动者，也是为了保证劳动本身的最大生产力。疲劳的工人容易犯错误，不是由于道德上的过失，而是由于精力消耗所限的必然性的铁律。因此，对劳动的抗拒就从道德解释调整为科学的解释。这种转变开创了一种关于劳动的新的"道德解释"话语。将身体物化并确定其能量限度，成为界定不公平劳动行为的一种解释方式，在这种物化形式之后，雇主的社会责任也随之产生。[1]

温德林引用丹尼斯·福斯特（Denis Forest）的话说，当生命体的新科学为这个身体提供了一个实用的定义时，新科学也被赋予了如何使用肉体机器的发言权。因为新的科学声称，身体所处的特定条件和同一身体的重要需求之间不相容。"不伤害"不再是一项医学原则，而是一项生物化学的戒律，后一门学科将挑战不顾一切地使用生产力这种错误的生产劳动观念。从那一刻起，对这种塑造身体的模式有一种基本的矛盾心理，即人类既希望不断地进行生产劳动，但又必然地受身体条件的自然限制。疲劳的客观发现依赖于一个模型，在这个模型中，身体是一种纯粹的生产劳动手段，通过它所进行的工作来理解，身体成为生产劳动的一个函数因子。它的生产只能及时表现出来，只有在生产能力不受保护的情况下，才能在成功的努力中重新开始。根据一个人对它的存在、需要和极限所给予或拒绝的关怀，身体只会产生它被允许产生的东西。使用和护理是相互联系的，工作科学的理念和对工作所造成损害的担忧也是如此。机械论和医学社会论也是如此，这是因为身体得到了一个客观的阐述，身体提供的工作可以像普通马达一样被欣赏，同时，人也因为工作可能超过身体所能承受的极限而应该受到法律的保护。[2]

---

[1] 参见 A. Wendling, *Karl Marx on Technology and Alienation*, London: Palgrave Macmillan, 2009, p. 79.

[2] 参见 A. Wendling, *Karl Marx on Technology and Alienation*, London: Palgrave Macmillan, 2009, pp. 79-80.

拉宾巴赫对机器、劳动的形而上学分析,将人、机器的比较,人与机器某些外在结构、特征的不同类比分析,再次纳入了人、机器及其内在的动力、能量、物质、精神、劳动等相关社会历史的视野。温德林认为,工人与普通机器的可比性,即把他(她)的官能降低到最抽象的能量单位,成为他(她)争取保护的手段。矛盾的是,尽管是以精力而非精神的方式将人类的劳动纳入有蒸汽机存在的生产劳动模型中,也还是会使工人得到更多的让步。必须允许工人吃饭和休息,不是因为他们的人性或重要的精神,而是因为所有的机器都需要燃料和维护才能正常工作。①马克思对这些生产劳动的改革运动持怀疑态度,他认为,这样的改革只是通过推迟资本主义生产所面临的社会危机,而延长了资本主义制度的基本寿命,并没有改变资本主义基本社会制度中所包含的基本的工资、劳动结构。此外,这样的改革需要我们理解从交换价值到使用价值的价值评估模式。从19世纪50年代开始,马克思也关注疲劳,他开始运用精力充沛的劳动概念来定义资本家从工人那里得到的而没有给予报酬的东西,即剩余价值。在对剩余价值概念的成熟定义中,马克思区分了劳动者在劳动过程中对资本的放弃与以工资形式获得的回报之间的不平等程度。由此,马克思阐述了劳动(arbeit)和劳动力(arbeitskraft)这两个相区别的概念。②

尽管在科学技术的视域下,劳动概念本身的内涵受到新能量主义观念的调和,劳动的道德含义似乎在削减,而其能量的科学含义及其基于科学的唯物主义主张在增强。但是,劳动在已有的意义上仍然是马克思的道德观念。马克思对庸俗唯物主义持怀疑态度。马克思尤其不接受新科学关于潜在能量场的假设以及这个形而上学的推论,也不接受需要人、动物和机器的本体论层次的第二个形而上学的推论。虽然人、动物和机器所从事的劳动可能有一些共同点,因为他(它)们都可以被看作能量场的代表,但马克思的立场是,人类劳动不同于动物或机器劳动,他拒绝把人类的生产劳动完全吸收到动物或机器的生产劳动模型中去。马克

---

① 参见 A. Wendling, *Karl Marx on Technology and Alienation*, London: Palgrave Macmillan, 2009, p. 80。

② 参见 A. Wendling, *Karl Marx on Technology and Alienation*, London: Palgrave Macmillan, 2009, p. 81。

思指出："机器不在劳动过程中服务就没有用。不仅如此，它还会受到自然的物质变换的破坏力的影响。"① 而人的"活劳动"本身就是生命之火，机器被人的劳动的火焰笼罩着，被人的劳动当作自己的躯体加以同化，被赋予活力以在人与机器共同存在的生产劳动过程中执行着与它的概念和使命相适合的职能。②

温德林认为，即使在《资本论》中，马克思也经常用"至关重要"这个词来描述人类的劳动。这可能源自马克思在生理学概念上对李比希有关动物化学基本认识的依赖。李比希支持对形而上学的批判，但拒绝从他对动物生活的描述中消除既非神也非物质的生命力的概念。李比希经常成为第二代科学唯物主义者寻求支持的目标。温德林认为，马克思保留了基督教的懒惰观念。马克思被保尔·拉法格（Paul LaFargue）1880年的著作《懒惰的权利》（The Right to Be Lazy）吓坏了。在这本书中，拉法格要求无产阶级回归自然本能，把基督教伦理、经济伦理和自由思想伦理的偏见踩在脚下。而马克思则以相反的态度严厉地提醒我们，劳动不能像法国社会主义乌托邦主义者查尔斯·傅立叶（Charles Fourier）希望的那样，成为游戏。③ 马克思意识到，劳动应该成为人类独有的存在方式，即使机器这种看起来很神奇的客观存在物，也只不过是人类生产劳动的历史产物。

三　马克思机器论的发掘

面对当时从英国逐渐蔓延开来的工业革命，马克思意识到，机器在生产实践中的广泛应用已经带来一个新的时代。在这个新的时代，男人、女人、儿童等不同身份的社会成员在整个社会生产劳动中所扮演的社会角色发生了深刻的变化。机器的存在为无数妇女、儿童参与各种规模化的工业生产劳动提供了新的机会。大量贫困的农村人口不再只是依赖农业而劳作，而是流向具有不稳定性就业机会的工厂。贫穷使成千上万的

---

① 《马克思恩格斯文集》第五卷，人民出版社，2009，第214页。
② 参见《马克思恩格斯文集》第五卷，人民出版社，2009，第214页。
③ 参见 A. Wendling, Karl Marx on Technology and Alienation, London: Palgrave Macmillan, 2009, p. 82。

父母带着自己的孩子进入有机器存在的现代工厂。凯尔索认为，妻子们忽视了家庭而成为工厂的雇员。人与机器、商人、制造商、国家之间的激烈竞争在那些对竞争的含义一无所知的人们中间瞬间爆发了。几乎完全没有办法使生产者能够合理地了解市场情况，因为那不是他们能够关心得到的。在那个机器大生产的初期，像今天我们已经熟知的反对产品掺假的法律等各种市场经济运行制度并未出现，工人们也还不知道工业安全守则和补偿受伤工人家属的方法。在世界各地，早期机器工厂的卫生条件很糟糕。在工厂里，工人、妇女和儿童每天至少工作12个小时，每一位雇主都是家长主义者。对外贸易使供应商与他从未见过或听说过的外国生产商展开激烈的市场竞争。[①] 工业革命已经促使一场全球性的普遍交往日益迫近，机器正在发挥着改变整个世界的特殊作用。

对于马克思生活的19世纪而言，机器工业与现代科学的力量已经开始活跃起来，这是任何人都无法否认的时代特点，也是迄今为止可能还没有引起任何质疑的伟大历史事实。马克思注意到，在机器崛起的时代，也有由此而引起的衰落的迹象，甚至这种"衰落"远远超过了罗马帝国后期的恐怖记录。机器在场的时代，一切似乎都孕育着相反的东西。机器天生具有缩短人类劳动并使其结出果实的神奇力量，但我们眼睁睁地看着因此而出现不同的工人被迫挨饿和更加超负荷地工作的现象。这些新奇的财富来源，被某种奇怪的咒语变成了人类空闲时间越来越匮乏的原因。机器时代艺术的胜利似乎是用丧失个性来换取的。我们所有的科技发明与进步似乎都给物质力量赋予了精神生活，并使人类的生活僵化为一种物质力量。一方面是蓬勃兴起的现代工业和社会生产力的高度发展，另一方面是这种现代工业与社会生产力高度发展给工人所带来的苦难。一些人可能会为此哭泣，而另外一些人可能希望摆脱机器时代的生活艺术，以摆脱机器革命与人的生存状态之间的可能冲突。为了更好地发挥社会新生力量的作用，所有的机器需要被新生的人所掌握，这就是工人。[②] 在《〈黑格尔法哲学批判〉导言》中，马克思认为，工业革命与机器生产的历史开启，使一种要求废除普遍异化的革命性力量正在生成，

[①] 参见 L. O. Kelso, "Karl Marx: The Almost Capitalist," *American Bar Association Journal*, Vol. 43, No. 3, 1957, p. 235.

[②] 参见《马克思恩格斯文集》第二卷，人民出版社，2009，第580页。

这种力量来自不断涌现的无产阶级。在此基础上，真正的人文主义哲学以科学社会主义的形式，找到了它适当的社会实践路径，找到了实现和超越自身的现实手段。马克思说："哲学把无产阶级当做自己的物质武器，同样，无产阶级也把哲学当做自己的精神武器。"[①] 马克思反复告诫因为机器生产而存在的无数工人，无产阶级只有通过现实的革命，才能解放自己。

可能也正因如此，在19世纪40年代以后的马克思文本中，有关机器的论述变得越来越多、越来越重要。在这些年里，马克思对机器的描述经历了大量的补充和概念上的修改。在《德意志意识形态》中，机器和货币还被马克思视为"现存关系"中的破坏性力量，"现存关系"的概念在资本主义运动中也逐渐被"生产方式"这一概念所取代。马克思并没有沉浸于资本家对机器、货币充分利用的资本主义狂欢之中，而是认为资本主义的诞生已经使人类社会生产力发展到了一个新的历史阶段，在这个新的历史阶段，机器和货币的资本主义利用并不是人们所想象的生产力的发展，而是带来了灾难，是一种新的破坏性力量。[②] 这种破坏性力量有着多重表现，其中最为重要的就是机器和货币的资本主义利用加重了对工人的束缚，工人"无产"的社会属性不断增强，这些无产者只能被迫像机器一样地工作，他们的财产以及他们固有的人的本质之所以丧失，并不是由于游手好闲，而是由于他们在机器生产中过度的疲劳。[③]

到了1848年，马克思在《关于自由贸易的演说》中特别提醒人们注意资本主义机器应用对工人的深远影响。马克思说，由于机器生产的出现，工人的工资被迫不断降低，如果说，起初这种工资迫使人为了活下去而去劳动，那么，到最后就把人变成机器人了。[④] 在《共产党宣言》中，马克思和恩格斯再次强调了资本主义机器大生产对无产者深远而巨大的历史影响。马克思和恩格斯指出："由于机器采用范围的扩大和分工程度的增加，无产者的劳动已经失去了任何独立的性质，因而也就失去

---

① 《马克思恩格斯文集》第一卷，人民出版社，2009，第17页。
② 参见《马克思恩格斯全集》第三卷，人民出版社，1960，第77页。
③ 参见《马克思恩格斯全集》第三卷，人民出版社，1960，第546页。
④ 参见《马克思恩格斯全集》第四卷，人民出版社，1958，第456页。

了对工人的任何吸引力。工人已变成机器的简单附属品……他们每日每时都受机器，受监工，首先是受各本厂厂主资产者本人的奴役。"① 马克思和恩格斯号召全世界的无产者联合起来创造新的人类社会历史。马克思和恩格斯批判了封建的社会主义、小资产阶级的社会主义、德国的或"真正的"社会主义、保守的或资产阶级的社会主义、批判的空想的社会主义等社会思潮对资本主义不切实际的幻想，这些乌托邦社会主义者认为机器预示着劳动的终结，并认为工人要像机器一样工作，工人需要做的不是付诸现实的革命行动，而是借用和平的手段以及那些马克思认为不会成功的社会实践来为新的社会福音开拓新的道路。

为了找到一条科学的解放道路，在有生之年，马克思发展了他关于机器应用与社会分工、工人运动的理论，揭示了资本主义机器大生产的奥秘。在《共产党宣言》中，马克思和恩格斯主要揭示了资本主义生产实践中机器劳动的消极方面，还没有明确指出资本家是如何利用机器来剥削工人的。在19世纪50年代早期，马克思则通过分析资本主义机器生产中的工人工资得出结论：资本的增长、资本主义社会生产力的发展、技术的进步、机器的广泛使用，所有这一切，都只会加重对无产阶级的剥削，使物质财富的生产者，即被雇佣的工人阶级变得更加贫困。在19世纪50年代后期《政治经济学批判》的一系列手稿中，马克思花了很多笔墨来描述机器与资本、工资、货币、固定资本等方面的内在逻辑关系，但此时有关机器的问题尚未被完全组织在一个单独的标题下，也没有被系统地呈现出来。在1861年至1863年的经济学手稿中，有关机器的话题逐渐成为马克思剖析资本主义机器生产及其运动规律的重要工具。在这之后，在1867年版的《资本论》第一卷第四篇第十三章"机器和大工业"中，马克思专门讨论了有关机器的问题。机器也从一个与其他更关键的术语并列的次要主题，变成了"政治经济学批判"中非常重要的部分。

马克思逐渐拓展了自己的理论与分析，将机器置于人类的社会生产实践之中来理解，并开始明显超越费尔巴哈、黑格尔等同时代的哲学家。这种超越包含了马克思对资本主义生产方式中起重要作用的机器的论述，

---

① 《马克思恩格斯全集》第四卷，人民出版社，1958，第473页。

也包含了马克思对劳动、自然和革命等重要概念内涵的修改和发展，也体现出马克思不同于单纯的科学技术哲学家对机器以及相关问题的研究。马克思吸收了当时自然科学中能量守恒定律的最新研究成果，辩证地改造了黑格尔关于劳动的哲学理论。在马克思那里，劳动不再是纯粹主观的精神活动，而是人与自然的桥梁与自我表征。在这种对人、劳动与自然的理解中，人类的劳动不是在任何一种主观的真空世界中的劳动，而是置身于大自然的人就在大自然身上劳动。机器只是这种劳动的历史产物，是人的本质力量的对象化、自然化的历史产物，是人的客观化、自我创造的客观表达。人的力量也只是自然力量的一种表现形式。人与机器的关系在其本质上不应该是对立的，而是具有某种辩证统一性和能量传递等方面的连续性。在马克思的这种理解中，劳动已经不再是黑格尔哲学中某种神秘而抽象的存在，而是已经现实化为人在自然界的生产活动。劳动既是区分人与动物的重要概念，也是消除人与自然的特殊区别的重要概念。

在后期的作品中，马克思表现出 19 世纪劳动观念的一些基本转变，这些转变正是来自他对机器生产实践的思考。从概念上讲，劳动逐渐从自我创造的行为，转变为一种具有异化属性的现实活动。工人劳动本来是为了获得更加自由而全面的发展，但是这种劳动却在资本主义的社会运行中成为剥削工人的重要路径。在这种情形中，劳动已经不是像洛克所说的那样即个体拥有劳动的所有权，而是工人劳动的成果被资本家所占有，工人所面临的恰恰是要从这种劳动中解放出来。在这种资本主义运行机制中，社会和政治地位不是从劳动中产生的，而是从资本食利的闲暇中产生的，这是资产阶级价值生产模式对劳动内涵的根本性逆转。马克思继承了"异化"（alienation）这一概念的基本实质，并由此开始了他对机器生产的深入分析。马克思对异化和物化（objectification）的理解，影响了他对资本主义机器生产的分析，对资本主义机器生产的分析也影响了他对异化和物化的理解，这使得马克思在对机器、异化等不同语境的论述中强调了不同的东西，究竟更强调什么，这取决于他是在处于异化的语境还是客观化与物化的语境。在后一种背景下，马克思越来越赞同社会主义乌托邦式的设想，即机器代替人类进行艰苦的劳动。与社会主义乌托邦主义者（Socialist Utopians）不同的是，马克思不仅关心幻想的场景，还要为这种可能性打下科学的基础。[1] 1848年以后，马克思对机器的理解逐渐受到热力学等自然科学概念的影响，这些影响塑造和改变了马克思关于人与自然世界相互作用的一些基本前提，改变了马克思后期政治哲学中"劳动"和"革命"两个基本概念的含义，机器逐渐成为马克思经典文献中具有核心意义的概念。

马克思在1863年1月28日给恩格斯的信中表明，他正在研究机器中的哪一部分是最具"革命性"的因素，也就是说现在的机器究竟与过去的工具有些什么根本的不同，最可能消除人类劳动而完全由机器生产的因素是什么。[2] 马克思决定重新审读并整理他在此之前关于工艺学的笔记和摘录，去杰明街地质学院里听威利斯教授为工人开设的实习课，并对论述机器的这一节做些补充。正是在对这种问题的追溯中，马克思对机器做出了更为全面和系统的考察。马克思在他逝世后才出版的《资本论》第三卷中，探讨了与机器生产紧密相关的社会生产力的理论问题，包括社会生产力的发展趋势、机器生产与利润率下降等与此相关的资本主义生产体系，并断言资本主义的生产体系迟早是无法维持自身发展的。[3] 温德林研究发现，直到19世纪80年代早期，也就是在马克思逝世之前，马克思对电气化及其生产实践表现出了浓厚的兴趣。在马克思看来，作为一种新的能源供给和社会生产形式，分散式的电气化生产在沟通、转换和其他人类社会的解放方面具有重要的功能。一个期待解放的人类社会，离不开电气化。通过研读马克思的后期著作，我们甚至可以得出这样的结论：机器的社会和政治生产力，仍然是马克思成熟时期著作的主要关注点之一。从马克思19世纪50年代和60年代的摘录笔记中就可以看出，马克思对人、机器以及二者之间的动态互动所产生的劳动的理解是基于科学的，并且是面向未来的。这些摘录笔记不是经过润色的文本，相反，它们是马克思在阅读和研究时所作的摘录笔记，是马克思最为真实的所思所想。这些笔记提供给学者的是马克思的研究记录和

---

[1] 参见 A. Wendling, *Karl Marx on Technology and Alienation*, London: Palgrave Macmillan, 2009, p.59.

[2] 参见《马克思恩格斯文集》第十卷，人民出版社，2009，第199页。

[3] 参见《马克思恩格斯全集》第二十五卷，人民出版社，1974，第276页。

研究发生的时间，这对理解马克思后期作品的形成和真实寓意至关重要。[①]

19世纪50年代和60年代，马克思关于机器的重要笔记涵盖了那个时期几乎所有重要的人物和学说，充分反映了那个时期不同学者对机器及其相关问题的理解。这些笔记和摘录涉及李比希的农业化学，查尔斯·巴贝奇的机器经济，罗伯特·欧文（Robert Owen）的乌托邦式的工厂模式，依莱·惠特尼（Eli Whitney）、波普（J. H. M. Poppe）的18世纪技术史，安德鲁·尤尔（Andrew Ure）的工厂哲学、技术词典等。这份清单还只是涉及马克思阅读目录中最重要的人物。在《资本论》第一卷第四篇第十三章"机器和大工业"和著名的"机器论片段"中，我们能够更加明确地发现马克思已经较为全面而系统地展现出他对机器的诸多更为重要而富有价值的理解。这些重要的笔记摘录也出现在马克思的《经济学手稿（1861—1863年）》中。据记载，这是马克思在撰写《政治经济学批判》和《资本论》之间留下的重要手稿。这些手稿已经包含了马克思关于机器若干重要思想的一些基本细节，这些细节在《政治经济学批判》中还没有得到充分发展，后来由于其结构安排的需要而从《资本论》中删除。事实上，马克思对工业革命后劳动形式最明确的设想已经包含在其中。马克思还把1861至1863年的大部分经济学手稿称为"关于科学和资本"。只不过，最终我们见到的是，标题中的"科学"部分在公开出版的《资本论》中被删除了。[②]

马克思对机器的分析以及相关笔记摘录，同样也分散在他的众多其他类型的文本中，使得这些摘录难以识别、分类和研究。马克思在写《资本论》时，其中的一些摘录笔记还没有出版，只是以手稿的形式保留下来。温克尔曼（Rainer Winkelmann）和穆勒（Hans Peter Müller）试图出版马克思关于机器的有关笔记和摘录，然而，他们所能获得的资料仍然非常有限。穆勒和温克尔曼主要是把他们的历史写成对20世纪技术的评论。弗兰茨·博尔克瑙（Franz Borkenau）和海因里希·格罗

---

① 参见 A. Wendling, *Karl Marx on Technology and Alienation*, London: Palgrave Macmillan, 2009, p. 180。

② 参见 A. Wendling, *Karl Marx on Technology and Alienation*, London: Palgrave Macmillan, 2009, p. 180。

斯曼（Heinrich Grossman）则把马克思关于机器的论述解读为一种技术哲学，这表现出穆勒和温克尔曼基于某种选择来处理马克思摘录文档的独特方式，这个原则倾向于那些有助于实现这些目标的笔记摘录。

温德林认为，这种对马克思机器论做出的技术哲学节录的有限处理，并没有把马克思机器思想作为一个整体来对待。部分原因可能是，那时的人们只是认为马克思关于机器及其相关问题的分析与论述，本身就还只是片段、摘录，而非一个自然的整体。20 世纪 20 年代，马克思文献的第一位重要编辑戴维·梁赞诺夫（David Broisovic Rjazanov）从他们所编纂的马克思文集中删除了这些摘录。他们认为，那些摘录或者说片段是毫无价值的涂鸦。20 世纪 30 年代，在斯大林（Иосиф Виссарионович Сталин）的指示下，梁赞诺夫有限的关于马克思 1927 年到 1935 年的作品选集项目被取消了，甚至连梁赞诺夫本人的相关工作任务也被取消了。1953 年斯大林去世后，对马克思著作的研究重新出现，但当时已经处于冷战的意识形态压力之下。直到 20 世纪 90 年代，随着国际上马克思、恩格斯全集项目的重新启动，这些尘封已久的笔记摘录才开始慢慢出现在世人面前。即使是在现在，它们也只被收录在德语版本的文集中，而没有被收录在英语版本中。①

近些年，许多研究者从马克思的手稿及笔记摘录中再次发现了马克思对查尔斯·巴贝奇的注释。巴贝奇是 19 世纪英国的数学家，当他还在剑桥大学读书时就有用机器计算数字表的想法，并获得了当时英国财政大臣的资助。随后，他又逐渐有了构建一个"分析机"（analytical engine）的想法，并寻求政府的资助。尽管在 1862 年的国际展览会上演示了分析机的一小部分，并且分析机运行得非常令人满意，但巴贝奇终究未能获得政府更多的支持。② 马克思关于巴贝奇大量的笔记、著述主要产生于 1845 年到 1860 年这个时间段。他在《政治经济学批判》这一文献的原有论述以其更加完善的形式，重新出现在"资本的生产过程""资本和利润"等文献中，但马克思在这里没有明确提及巴贝奇，如果

---

① 参见 A. Wendling, *Karl Marx on Technology and Alienation*, London：Palgrave Macmillan, 2009, p. 181.
② 参见 L. Day, I. McNeil（ed.）, *Biographical Dictionary of the History of Technology*, New York：Routledge, 1998, p. 58.

读者对巴贝奇有一定了解的话，从马克思的笔记摘录中多少能看到巴贝奇思想的影子，这些笔记摘录部分重新恢复了马克思对机器的描述及其对巴贝奇"欠下的债"。① 否则，在马克思的摘录笔记和他将以资本形式给出的机器的论述之间，这个谱系可能会出现逐渐消失的窘境或者某种思想上的断裂，这显然不符合马克思本人思想的融贯逻辑和思维的合理性。

马克思在笔记摘录中对机器及其相关问题的论述还表现出，在旧的劳动道德话语体系之外，科学的能量概念及其守恒的含义已经融入马克思的机器论中。马克思不再只是用道德的话语去论述不断增长的劳动强度给工人带来的疲劳，而是试图用科学的语言来解释工人的劳动。在《资本论》中，马克思引入当时自然科学中不同能量转换和守恒的基本科学语言来重新定义劳动，他将劳动视为能量的传递与转换。马克思说："缝的形式同织的形式一样，都是人类劳动力的耗费。"② 拉宾巴赫认为，19世纪的思想并没有像当代思想那样，把关于自然界的发现和它们在社会中的应用区分开来。在达尔文揭示了支配自然史和人类种群转变的科学机制后，热力学也揭示了支配自然和劳动力部署的特殊机制。由于达尔文的著作启发了进化理论的社会含义，"达尔文主义"的保守、自由以及社会主义版本获得了更多的信任。热力学允许了同样广泛的解释，从进步的社会改革到尼采对历史形象的描述，都得出了更具有启示意义的结论。拉宾巴赫甚至认为，马克思是19世纪吸收热力学知识最重要的思想家。马克思后来的著述受到热力学的影响，热力学完善了马克思对劳动的理解，决定性地影响了马克思对"劳动力"的界定。③ 当马克思开始运用劳动的热力学模型来分析机器在场的工人劳动的时候，也可能面临着一种矛盾，即如果将劳动仅仅理解为一种能量的转换和传递，则人类将有可能退化到生产机器的状态。马克思一方面需要重新整合自然科学中能量转换与守恒定律等科学认识为理解劳动提供的有益思想资源，

---

① 参见 A. Wendling, *Karl Marx on Technology and Alienation*, London: Palgrave Macmillan, 2009, p.182.

② 《马克思恩格斯全集》第二十三卷，人民出版社，1972，第73页。

③ 参见 Anson Rabinbach, *The Human Motor: Energy, Fatigue, and the Origins of Modernity*, New York: Basic Books, 1990, pp.69-70.

另一方面也需要对关于能量转换和传递的自然科学成果进行形而上学的哲学抽象，并将这种思维范式和概念内涵有机地渗透到他对机器及其相关问题的分析与论述中去。

当马克思将能量转换和能量守恒等自然科学成果，引入对资本主义机器生产的分析之中后，马克思文本中的"劳动"概念也逐渐发生了一些微妙的变化，这种变化既是因为马克思吸收了能量转换和能量守恒等自然科学成果，也是因为他继承和发展了以往的哲学家"劳动"概念的内涵。拉宾巴赫认为，马克思对热力学的科学认识决定性地改变了他对劳动概念的理解。新的劳动内涵根据工业技术的规律使劳动现代化，并根据新的物理定律使劳动自然化。约翰·洛克和亚当·斯密（Adam Smith）是17世纪和18世纪杰出的哲学家和经济学家，也是权威的劳动力所有权理论的代表性人物，他们将人力工作置于社会劳动分工，强调人类工业和个人自主的身份。这种劳动形象适用于前工业时代，它仍然保持着劳动作为财富的源泉或财产与劳动作为负担的传统区别。然而，这种理解在19世纪下半叶发生了一个惊人的变化，过时的劳动观念被机械能量学模型所取代。任何机械所做的功，从手指到发动机的齿轮或行星的运动，本质上都是相同的。随着工作意义的语义转变，所有的劳动都被减少到它的物理属性，没有内容和内在的目的，也因为机器的存在，工人的生产劳动被逐渐普遍化。[①] 最初，"劳动"还只是描述了将化学能或者热能转化为机械能的机器所释放的力。冯·赫姆霍尔兹（Von Helmholtz）扩展了"劳动力"的含义，用它来描述包括人类劳动在内的所有自然现象，[②] 这种扩展对于劳动的社会和政治概念化是至关重要的，因为劳动的概念得到了明显的修改，劳动成为自然界能量转换和传递的一部分。"劳动"在理论上也变得应该可以被测量，而描述这个可以被测量的量的概念就是"劳动力"。

"劳动力"是马克思在19世纪50年代后剖析资本主义机器生产最主要的发现之一。温德林认为，在马克思的话语体系中，"劳动力"概

[①] 参见 Anson Rabinbach, *The Human Motor: Energy, Fatigue, and the Origins of Modernity*, New York: Basic Books, 1990, p. 47。

[②] 参见 Anson Rabinbach, *The Human Motor: Energy, Fatigue, and the Origins of Modernity*, New York: Basic Books, 1990, p. 46。

念是工人利益在科学基础上的一个有用论据，它是一种以退化和异化论述人类活动的有效方式。马克思语境中的"劳动力"作为描述劳动的新概念，与洛克、斯密或黑格尔的哲学体系中扮演精神或想象的角色的劳动截然不同。工业生活所产生的劳动的热力学普遍化改变了劳动所代表的力的类型。早期资产阶级政治理论家所代表的政治地位和自治劳动也发生了类似的变化。马克思对政治经济学的批判之所以成为可能，是因为洛克、斯密和黑格尔分别建立在劳动概念之上的自治、财产和主体性发生了不可逆转的变化。劳动使人与自然和自然力保持连续性，而不是使人崇高，不是使人处于宇宙的顶端，不是通过一种性质不同的人的力量使自然精神化。[①] 马克思吸收了当时自然科学中能量转换和能量守恒等成果，并将其引入他自己有关人类劳动的论述中，从而开始对"劳动"和"劳动力"做出区分。"劳动"逐渐转变为描述人类生产实践活动状态的概念，对这种生产实践状态的能力的抽象以及像能量一样的量化单位则是"劳动力"。这样一来，看似神秘的工人生产劳动变得像工人消耗的食物、机器消耗的油料等一样可以被测量和计算，这为后来马克思发现资本家的秘密、提出剩余价值理论奠定了重要基础。

在《政治经济学批判》中，马克思开始采用相区分的"劳动"与"劳动力"概念，来剖析资本主义机器大生产的运行机制，也由此逐渐找到了工人阶级摆脱资本主义机器大生产奴役的科学路径。当然，此时"劳动力"概念的内涵尚未得到充分发展或整合，《政治经济学批判》文本中还保留了他早期文本的许多特征，也包括他早期对"劳动"概念的理解。1865 年，马克思在《工资、价格和利润》中运用了"劳动力"这一概念，19 世纪 60 年代在包括《资本论》在内的著作中，逐渐完善和发展了他对"劳动力"的概念表达。

马克思认为，现代工业的发展本身，不是越来越有利于工人的生存与发展，而是越来越有利于资本家实现自己的目标。纵然资本家会根据当时的情况调整工人的工资，也只会使劳动的价值降低到它的最低限度。

---

① 参见 A. Wendling, *Karl Marx on Technology and Alienation*, London: Palgrave Macmillan, 2009, p. 84.

1859年以后，马克思逐渐将劳动的定义从人与自然物质的代谢交换转变为自然力的转换。人类劳动既表现出自然的力量，也参与着自然界不同力量的转化和传递，作为自然力转换与传递的生产劳动过程便不再神秘，不再是部分人的特权，而是所有人都可以完成的以生产使用价值为目的的人与自然的能量交换过程。马克思认为，在资本主义机器生产中，工人和机器的区别在于，工人在劳动过程的停顿中消耗他的粮食，而机器在工作的时候消耗对它来说必不可少的东西。[①]

在马克思重新定义劳动、劳动力之后的所有论述中，机器本身被调和为自然力的一种客观存在形式，就像自然力和人类劳动通过与热力学机器的接触而被重新概念化一样。在1857~1858年，《政治经济学批判》从马克思对政治经济学和乌托邦社会主义的研究和批判中诞生，马克思在19世纪40年代后期就开始了这项工作。与《资本论》的相关文本相比，《政治经济学批判》的文本以及一些笔记和摘录还是很粗糙的。传统的马克思主义者认为，《政治经济学批判》是《资本论》的写作大纲或者粗略的思考。部分研究马克思思想的学者直到20世纪中期才开始了解《政治经济学批判》的手稿。20世纪30年代，有一些俄罗斯学者接触过与此相关的马克思的摘录和笔记。直到1953年斯大林去世后，这些笔记和摘录才以德语形式正式公开出版，解读这些文本并将它们与马克思在大英博物馆的众多文献联系起来的工作才由此真正进入一个新的历史阶段。马克思主义哲学的一些最新著作是基于《政治经济学批判》创作的，尤其是奈格里和摩西·普殊同（Moishe Postone）等学者的著作。奈格里和普殊同等学者都为他们选择《政治经济学批判》作为解释马克思思想的文献基础进行了辩护，他们认为《政治经济学批判》包含着被《资本论》的艰难结构所阻碍的可能性内涵和合理建议，[②] 而重新发掘这些文献之间的逻辑和联系是理解和发展马克思理论的最新路径。

在以《资本论》为代表的后期著作中，马克思对资本主义机器大生产的论述，与其说是一种对资本主义机器大生产奥秘的描述性揭示，倒不如说是一种对资本主义机器大生产的思想性展示。正是在这些著述中，

[①] 参见《马克思恩格斯全集》第十六卷，人民出版社，1964，第160~161页。
[②] 参见 A. Wendling, *Karl Marx on Technology and Alienation*, London: Palgrave Macmillan, 2009, pp. 98-99.

出现了活劳动、使用价值、交换价值等一些特有的概念和论述。这些概念和论述勾勒出一个现实的、不同于黑格尔所论述的那个异化的资本主义世界。在温德林看来，马克思通过对当时资本主义机器生产实践的考察，勾勒异化资本主义世界的选择不仅是概念性的，更是由历史事件促成的。在马克思生活的年代，工人阶级对资本主义生产方式及资产阶级的反抗失败了，马克思被逐出欧洲大陆，流亡到英国，他见证了第一代不受管制的自由资本主义和随之而来的社会苦难，以及从这种生产方式中涌现出来的第一波社会学数据。马克思把注意力转向19世纪60年代的现实改变。马克思开始解释异化的细节，因为它存在于经济生活交换价值的世界中，异化被视为资本主义世界存在的"事实"。进而，马克思开始思考如何摆脱这种异化，开启新的人类社会生活。马克思对未来美好生活的预言在《资本论》中并不多见，在《政治经济学批判》中与经济分析同时出现的内容还包括关于消除异化的革命性处方和充满希望的愿景，但其没有被选在后面的著作中作第二次陈述。马克思的哲学人类学以及人类与机器共生可能带来的人类地位的积极变化也都消失了。启蒙运动关于物化的承诺被异化的现实所掩盖，这使我们看到，在资本主义社会中，最初人与机器的共生关系只会给工人阶级带来畸形、可怕的生活方式，而不是财富、享受或自由时间。[①]温德林认为，在马克思的论述中，资本主义机器大生产中的人与机器并没有什么根本上的不同，二者都只是服务于资产阶级不断实现资本积累的工具，是能量传递和能量交换的一个组成部分，是资本主义机器大生产流水线上的一个环节。此时的劳动者已经被异化为一个被商品关系牵着走的木偶、一个没有自由的可怜虫、一个闭塞的人和被困的受剥削者或工厂的一个齿轮。[②]在这种资本主义机器生产中，从事生产劳动的工人阶级对资本主义的反抗是必然的，这种必然既是人回归自身本质的内在需求，也是资本主义机器大生产的外在历史条件使然。

正如温德林所发现的那样，尽管《资本论》与《政治经济学批判》

---

① 参见 A. Wendling, *Karl Marx on Technology and Alienation*, London: Palgrave Macmillan, 2009, p. 130。

② 参见 A. Wendling, *Karl Marx on Technology and Alienation*, London: Palgrave Macmillan, 2009, pp. 130–131。

有一定的概念继承和思想发展的基本关系，但是二者面对资本主义机器大生产的论述还是表现出了许多的不同。一方面，马克思在《资本论》中对资本的阐明比在《政治经济学批判》中更加完整。在《资本论》撰写之时，马克思已经基本完成了他始于 19 世纪 40 年代对机器及其相关问题的研究，马克思以比较成熟的方式利用了这些材料。《资本论》包含了马克思对机器最全面、最详尽的历史描述，可参见第 15 章第 6 节，这一章相对系统、完整的特点与《政治经济学批判》中零碎的特点截然不同。① 另一方面，马克思发现了机器与过去的生产工具的不同，以及它对人类社会历史发展的重要影响。在当时的许多自然哲学家看来，蒸汽机是一种完全受人类意志支配的动力装置，是自然服从人类命令的培根主义的一个实例。② 但是，马克思认为："只是在大工业中，人才学会让自己过去的、已经物化的劳动的产品大规模地、象自然力那样无偿地发生作用。"③ 在过去的人力劳动中，力量发挥很容易受到自然力量的限度制约，更像一种自然的过程，而在蒸汽机驱动的生产劳动中，人类已经可以利用人之外的自然力量。蒸汽机之所以优于人的自然力，不仅因为它的动力更大，而且因为它能够被控制，可以随意开关。④ 在温德林看来，此时的马克思关于机器劳动对工人阶级普遍意识发展的论述，尚未成为他对革命后机器生产力作用的积极评价。为此，我们必须继续查阅《经济学手稿（1861—1863 年）》。⑤

1860 年，马克思来到伦敦，他再次对巴贝奇的著述做了摘录和笔记，这次是从英文版开始的，这些摘录和笔记比 1845 年的摘录和笔记短。马克思的这些摘录和笔记从其他人中断的地方开始，勾勒出巴贝奇对产生和传递力量的机器之间区别的论述。然后，马克思对巴贝奇著述的下半部分进行了总结，这部分内容在 1845 年的摘录和笔记中没有出

---

① 参见 A. Wendling, *Karl Marx on Technology and Alienation*, London: Palgrave Macmillan, 2009, pp. 135-136。
② 参见 A. Wendling, *Karl Marx on Technology and Alienation*, London: Palgrave Macmillan, 2009, p. 136。
③ 《马克思恩格斯全集》第二十三卷，人民出版社，1972，第 425 页。
④ 参见 A. Wendling, *Karl Marx on Technology and Alienation*, London: Palgrave Macmillan, 2009, p. 136。
⑤ 参见 A. Wendling, *Karl Marx on Technology and Alienation*, London: Palgrave Macmillan, 2009, p. 186。

现，这些文本继续强调机器相对于包括人力和精密技术手持工具等的优越性。① 在1861至1863年的经济学手稿中，马克思用原材料来解释了由机器生产而产生的相对剩余价值。马克思一定程度上肯定了巴贝奇关于机器是工具的组合的表层理解，即机器是一些工具的组合。② 马克思发现，引起工业革命的机器正是由那些古老的劳动工具在工场手工业基础上的分工发展而来的。在使用机器生产达到一定的规模后，利用机器生产机器也就变得很自然了。马克思认为，当机器的动力开始用水、蒸汽等自然力来替代人力，人的生产劳动开始由机器来决定的时候，人类生产就已经迈出了历史性的一步。③

马克思认为，如果不正视采用机器生产带来的巨大历史改变，而仅仅着眼于机器生产劳动的动力革命，那就会忽视在历史上曾经是转折点的东西。④ 为此，马克思把视野转向了比较采用蒸汽机等机器的生产与采用古老工具的生产。在马克思看来，蒸汽所产生的纯动力在数量和质量上都不同于人类力量和风、水等其他纯粹的自然力量所产生的动力。有了蒸汽机，人类把过去积累的生产劳动成果转化为新的生产劳动成果，用机器所体现的人类智慧取代了自然力。蒸汽机所体现的力量的巨大增长，是劳动生产力广泛而集中的发展成果。蒸汽机参与人类生产劳动过程后，24小时不停地运转机器使工厂的生产利润保持高位增长，而机器几乎还是新的。马克思继承了巴贝奇关于机器生产的论述，他说巴贝奇在《论机器和工厂的节约》中使我们看到，"工厂主很快就发现，在付出同样多的原有资本的情况下，只要少量增加他们的流动资本，他们就能使同一台机器在24小时内工作"⑤。对于马克思来说，资本主义的大规模机器生产劳动迅速创造了大量的剩余价值。马克思已经明确意识到机器给工人生产劳动带来的重大历史性改变。

至此，马克思笔下的机器已经具有了某种改变社会历史的力量，机器的存在与人类社会命运在马克思的理论中由此产生了必然性关联。在

---

① 参见 A. Wendling, *Karl Marx on Technology and Alienation*, London: Palgrave Macmillan, 2009, pp. 186-187.
② 参见《马克思恩格斯全集》第四十七卷，人民出版社，1979，第412页。
③ 参见《马克思恩格斯全集》第四十七卷，人民出版社，1979，第414页。
④ 参见《马克思恩格斯全集》第四十七卷，人民出版社，1979，第415页。
⑤ 《马克思恩格斯全集》第四十七卷，人民出版社，1979，第252页。

马克思看来，资本主义机器大生产中的机器，已经是一种非常重要的现实的社会性存在物，而不是单个、孤立存在的物理性工具，而是人类社会历史中的重要组成部分，是科学、技术与社会必不可少的基本构成。这使得机器不仅跟资本主义的社会历史发展相关，还与实现人类自由而全面解放的社会主义、共产主义命运具有了必然的逻辑联系。马克思用机器发展了高生产率的抽象劳动，从而奠定了共产主义生产方式的理论基础。而在已经存在的资本主义社会，资本主义机器大生产使妇女、儿童等每一个家庭成员都变成了雇佣工人，因此，尽管总人口没有变，但工人人数却相对增加了。马克思认为："在资本的统治下，生产力的发展使全年生产的生活资料数量增加了，并且使生活资料如此之便宜，以致平均工资可以用于在更大规模的基础上再生产工人，尽管平均工资的价值已经下降，代表较少的物化劳动时间量（只要平均工资的价值量不是完全按照劳动生产力提高的比例而减少）。生活水平也就会下降。"[①] 马克思得出结论说，在这样的资本主义机器大生产中，"资本通过使用机器而产生的剩余价值，即剩余劳动，——无论是绝对剩余劳动，还是相对剩余劳动，并非来源于机器所代替的劳动力，而是来源于机器使用的劳动力"[②]。由于资本增殖逻辑的驱动，资本家就会变本加厉地迫使工人不断地超越自己生产劳动时间的自然界限。在这种情况下，工人只能奋起推翻这种社会制度，建立一种新的社会制度，才能从资本的统治中获得解放。

马克思并没有否认机器的广泛采用给人类社会带来的多层面的历史性进步。马克思认为，机器在17世纪的间或应用也是极其重要的，因为即使是这种间或应用，也为当时的大数学家创立现代力学提供了实际的支点和刺激。[③] 马克思发现，正是这种现实的物质生产的改变，带来了经济、政治、文化、哲学等人类社会历史领域的诸多重大变化，产生了现代力学和数学这样一些现代科学样式，产生了资产阶级和无产阶级这样一些新的社会阶级。随后，机器、化学等现代科学技术通过工人的生产劳动，被广泛应用于现代资本主义机器生产中，又促使整个资本主义

[①] 《马克思恩格斯全集》第四十七卷，人民出版社，1979，第344~345页。
[②] 《马克思恩格斯全集》第四十七卷，人民出版社，1979，第371页。
[③] 参见《马克思恩格斯全集》第二十三卷，人民出版社，1972，第386~387页。

社会生产的基础发生了新的历史性变革。这样,科学技术与社会生产的历史结合,不断地使社会内部的生产劳动分工发生革命,加速了资本与工人的部门间流动。① 正是在这种特定的社会生产活动过程中,每个人因此而产生了相互区别的特定的社会生产关系。马克思认为,揭示社会结构和政治结构同社会生产的联系,不应当带有任何神秘和思辨的色彩,而应该在现实的社会生产生活实践经验中去探寻答案。② 这些都是马克思唯物主义哲学立场的重要体现,同时也是马克思将唯物主义立场运用到人类社会历史领域的重要体现。

马克思既强调了资本主义机器大生产中的机器是资本主义社会制度得以运行的重要物质基础,也强调了资本主义政治、文化等意识形态是从这种物质生产基础上诞生的,并不具备那些"神秘家族"所说的任何神圣的属性。马克思在唯物主义的哲学立场下,通过考察磨坊和钟表的历史,提出了机器的概念和机器的发展规律;通过对纺织机械历史的分析,明确了工业革命的起点;论述了各种制造业的时期、概念和内容,并对其进行了自己的界定;论述了关于制造时代机器与科学的关系;在《资本论》中"机器和大工业"章阐明了机器与资本主义机器大生产的关系。③ 至此,马克思对机器及其相关问题的论述在机器与人、劳动、资本、科学、技术、社会分工、生产力、生产关系、资本主义、社会历史等语境中成为一种寓意深刻的理论。

马克思机器论是机器与人类社会历史深度融合的重要历史产物,它渗透着马克思对资本主义机器大生产的深度理性思考,同时也反映了马克思对不可逆转的机器时代的前景忧虑和辩证探索,甚至包括了人类在机器面前可能的"降级危机"。马克思在《资本论》中的论述已经提醒我们,资本主义作为一种社会制度,既不符合人们对于美好生活的愿望,也并不具有必然的合理性,它只是封建社会制度没落的时代性产物。在这种社会制度下,工场手工业工人只能作为资本家工场的附属物进行生

---

① 参见《马克思恩格斯全集》第二十三卷,人民出版社,1972,第533~534页。
② 参见《马克思恩格斯全集》第三卷,人民出版社,1960,第28~29页。
③ 参见 D. MacKenzie, "Marx and the Machine," *Technology and Culture*, Vol. 25, No. 3, 1984, pp. 473-502。

产活动，因为他已经无法独立完成需要社会协作才能完成的生产劳动。①在工场手工业中，工人表现为一个活的生产劳动机构的行动肢体。在现代资本主义机器工厂中，死机构独立于工人而存在，工人被当作活的附属物，并入死机构进行新的生产劳动。② 资本主义机器大生产把人的劳动和人的劳动权利作为一个特殊的实体，使人被降低到物化的机器层面，失去应该有的活力和生机。马克思告诉我们，导致这种结果的正是资本主义对资本积累、生产利润的无限追逐。为了维护这种社会制度，资产阶级就离不开一种强有力的、被神化了的观念以控制其发展，这就是现实的资本主义制度及其意识形态。从资本主义机器大生产一开始，就已经存在着人自由而全面的发展与资本家不断榨取工人生产劳动价值之间的阶级矛盾，存在着资本家用机器完全取代人类生产劳动之间的内在矛盾，消除这种矛盾就成为机器时代人类面临的必然问题。这也预示着，关于机器及其相关问题的论述不可能完结，这些问题将会成为人机共存中一个不可忽视的重要研究主题。马克思已经开始的工作，正是我们研究机器及其相关问题不可多得的重要思想资源。

---

① 参见《马克思恩格斯全集》第二十三卷，人民出版社，1972，第399页。
② 参见《马克思恩格斯全集》第二十三卷，人民出版社，1972，第463页。

第二章 马克思机器论的核心范畴

马克思对机器及其相关问题的论述是独具特色的，这种特色集中地体现为马克思并不是把机器"孤立起来"，而是基于自然科学对机器的研究成果，对机器展开了人文社会科学的研究。他将机器置于人类社会历史之中，视为具有某种形式的社会历史性存在，对机器、资本、劳动、剩余价值等问题展开了深入的分析，从而超越了自然科学和一般科学技术哲学对机器的思考。这种历史性超越并没有否定科学技术哲学对机器及其相关问题的研究价值，而是将机器背后的社会历史揭示出来，使我们对人类社会的历史与逻辑有了更清晰和更完整的认识。马克思的这种研究是围绕机器、资本、劳动等基本概念而展开的。马克思的机器论不仅仅是对机器性质和作用的社会历史性论述，更是对资本主义社会人类劳动和机器力量的情境性分析。在这种情境性分析中，一般工具、机械、资本、劳动、社会构成了马克思对机器及其相关问题展开详尽论述的范畴内核，它们是我们理解马克思机器论的思维节点，是我们通向马克思机器论以及机器时代的重要路标。

一 一般工具、机械与机器

马克思看到，"资本主义生产方式所特有的工业革命，正是起源于同加工的材料直接接触的那一部分工具的改革，并且为把每台走锭精纺机上的纱锭数量从6个增加到1800个铺平了道路"[1]。马克思说，工业革命首先涉及的是机器上进行工作的那一部分，工人所要完成的工作由机器来决定，人只需要很小的力量就可以直接参与生产。现在有了机械工具和机器生产，而动力以后可以用水、蒸汽等来代替。[2] 在马克思看来，

---

[1] 《马克思恩格斯全集》第四十七卷，人民出版社，1979，第414页。
[2] 参见《马克思恩格斯全集》第四十七卷，人民出版社，1979，第414页。

工业革命的兴起，并不是因为任何革命性的新发明，而是因为生产劳动实践中部分生产环节的机械性工具替代了以前的生产工具，是因为纺纱机等机械装置连接起来的珍妮纺纱机的出现。工业革命并不是人类社会历史的"突然性变革"，而是一个渐进的人类社会历史过程。马克思非常精辟地向我们展示了在珍妮纺纱机出现之后的所谓的工业革命，是如何引起了人类社会历史性变革的。首先是一部分生产者把各种不同的机械工具组合在一起构成更复杂的机械装置，使它们朝着半自动甚至是全自动的方向共同发展，这恰恰是20世纪工业生产的重要特点。其次是逐步增强部分机械工具的实际功能，使之能够完成个人力量所不能完成的生产环节，这首先并主要发生在钢铁等重工业领域。这一过程使生产者逐渐认识到现代工业必须自己掌握机器，掌握其特有的生产工具，并一台接一台地制造能够替代甚至超过人的自然力量限度的现代机器。直到它做到这一点，资本主义生产方式才为自己建立了一个合适的技术基础，并站稳了脚跟。

马克思之所以能够理解机器在工业革命中的这种社会历史功能，是因为他把机器发展的每一个阶段都与它的实际经济用途以及社会历史影响联系起来。在马克思之前，密尔就对当时的生产者使用一切机械发明的实际动机提出了质疑。密尔说："值得怀疑的是，一切已有的机械发明，是否减轻了任何人每天的辛劳。"① 马克思认为，那些资本家之所以要发明并应用各种新式的现代机器，只不过是为了追求更多的生产利润。马克思更加坚定地认为密尔应该说：在资本主义生产的基础上，使用机器绝不是为了减轻或缩短工人每天的劳动，而是为了降低商品的价值和价格，使商品变得更便宜，而无论如何不是为了缩短工人生产这种更便宜的商品的必要劳动时间。② 在马克思看来，机器技术进步的主要作用是在同等生产劳动力条件下提高生产劳动产品的价值，并通过增加原材料的数量来提高生产劳动利润率。马克思进一步发现，在已经出现的资本主义机器大生产中，越是节省生产劳动力的机器，就越能吸引更多的工人来从事机器生产的工作，工人就越是容易受到更多的剥削。

---

① 《马克思恩格斯全集》第四十七卷，人民出版社，1979，第359页。
② 参见《马克思恩格斯全集》第四十七卷，人民出版社，1979，第359页。

第二章 马克思机器论的核心范畴

马克思对绝对剩余价值的生产的分析是《资本论》第一卷中最为重要的部分，正是在这一部分，马克思揭示了资本主义生产方式的重要秘密。在此之前，马克思通过分析商品、商品交换、货币与商品流通、货币转化为资本这一资本的生产过程，得出结论：资本主义机器大生产的过程，既是工人劳动力不断被消耗的劳动过程，同时也是资本生产新的商品和剩余价值的生产过程。工人劳动力不是在任何生产劳动产品的流通领域，不是在任何商品的交易市场被消耗，而是在各种产品的生产劳动过程之中，在资本家所开设的现代工厂中被消费掉了。因此，马克思认为，如果要探寻资本主义生产的秘密，不是要到嘈杂的、表面的、显而易见的公共社会领域去探寻，而是要到资本家和工人都存在的现代工厂中去探寻，去资本家不愿意被我们所看到的资本主义机器工厂内部去探寻。马克思相信，从商品这种资本主义社会最为广泛存在的客观对象入手，我们不仅可以看到资本主义增殖的真实过程，还能看到不同形式的资本是怎样被生产出来的，这样一来，我们就能发现资本家赚钱的秘密。[1] 这一章节，对于理解马克思对机器的讨论是至关重要的，因为正是在这一章节中，马克思揭示了机器对于资本主义生产方式的特殊作用。

马克思认为，对于任何生产劳动过程的分析，首先要撇开各种特定的社会形式。[2] 马克思列出了劳动过程的三个"简单要素"，其一是有目的的活动或劳动本身，其二是劳动对象，其三是劳动资料。[3] 在马克思看来，劳动、劳动过程本身是一种普遍的人类现象。人的手、腿、头部等身体各部分的运动，是人维持其生存与发展的重要方式。当人通过自己的身体运动，改变他身体之外的自然界的时候，也在改变着人自身。正是在这个活动过程中，人将自然界存在的东西据为己有，并实现了人对人自身以及对整个自然界的改造。人的这种活动过程，即人的生产劳动过程本身就是人类生活的一切社会形式所共有的组成部分。[4] 劳动、劳动过程又必然是在人类社会历史中不断变化发展的。对于任何生产劳动过程的分析，首先不是去叙述一个劳动者与另一个劳动者的关系，而

---

[1] 参见《马克思恩格斯全集》第二十三卷，人民出版社，1972，第199页。
[2] 参见《马克思恩格斯全集》第二十三卷，人民出版社，1972，第201页。
[3] 参见《马克思恩格斯全集》第二十三卷，人民出版社，1972，第202页。
[4] 参见《马克思恩格斯全集》第二十三卷，人民出版社，1972，第209页。

是要从人类的生产劳动实践本身去展开分析，一边是人及劳动，另一边是自然及其物质变换，人的劳动过程本身就是人与自然界的物质交换过程。

在马克思最开始的文本中，机器只是工具。马克思在考察资本主义生产实践中的机器时发现，当时所有发达的机器都是由三个本质上不同的部分组成，其一是发动机，其二是传动机构，其三是工具机或工作机。发动机主要是为保障机器各部分的正常运行提供动力支撑，这种动力可能是蒸汽，也可能是电力等。传动机构则主要是运用物理运动原理，构造出各种齿轮、杠杆、轮轴等，再利用皮带、绳索等链接装置，将发动机所产生的动力源源不断地传递给工具机，驱动工具机能够实现人持工具一样的生产劳动。这样一来，在发动机、传动机构和工具机的配合下，整个机器就能够实现过去像人一样的生产劳动。构成机器的发动机和传动机构，仅仅是把运动传给工具机，由工具机抓住劳动对象，并按照一定的目的来改变它。[①] 马克思发现，当时正在使用的工具机，大体上还是手工业者和工场手工业工人所使用的那些器具和工具。马克思在早期文本中对机器的这种分析，借鉴了巴贝奇对机器组成部分的粗略划分。与巴贝奇不同的是，马克思对构成工具机的不同部分进行了更加明确的功能阐释，从而揭示了引起19世纪工业革命的关键因素之一是工具机动力机制的改善。

巴贝奇强调了机器能够产生的强大动力，而马克思阐释了机器产生动力部分与传递动力部分的区别。马克思根据工具机的这种进步认为，17世纪和18世纪早期的工业革命革新了工具机中力和能量的传递机制，使社会生产劳动分工得到了一定的发展，而18世纪晚期和19世纪的工业革命则革新了工具机的动力产生机制。马克思天才般地预见并回答了20世纪科学技术哲学家对工业革命从何时开始的关键争论。马克思在给恩格斯的信中说："如果我们研究一下机器的基本形式，那就毫无疑问，工业革命并不开始于动力，而是开始于英国人称为 working machine 的那部分机器，就是说，并不是开始于譬如说转动纺车的脚被水或蒸汽所代替，而是开始于直接的纺纱过程本身的改变和人的一部分劳动的被排除，

---

① 参见《马克思恩格斯全集》第二十三卷，人民出版社，1972，第410页。

而人的这部分劳动不是单纯的力的使用（譬如踩轮子的踏板），而是同加工、同对所加工的材料的直接作用有关的。"① 马克思《资本论》第十五章的绝大部分篇幅都在论述蒸汽机及其动力的改善对工业革命的重大历史影响。温德林认为，在整个 19 世纪，没有任何改变像动力的更新那样频繁。化学和热力学被应用到已经发生革命的力学中，使各种各样功能更加强大的手工工具成倍地增加。发动机类型的改变，在工作机器的物理实体中引起回响，② 这些物理实体必须适应这些力，从而导致冶金学的新发现和硬件的标准化，这种创新和标准化的历史进程又促使机器能够更加高效地被制造出来，并把这种创新和"标准化"传递给每一位劳动工人，如此往复，不断更新。

温德林认为，在马克思的笔记摘录中，马克思研究机器构造主要是为了了解新马达的技术工作原理。电机将现存的力引入或传递到操作臂，它是使整个机器运动起来的东西，它复制了附属于任何原动力的因果关系的所有逻辑问题。③ 在《资本论》第一卷中，马克思甚至用哲学术语"自动的原动机"来表示最初的那个能够自我移动的马达。马克思说："一个机器体系，无论是象织布业那样，以同种工作机的单纯协作为基础，还是象纺纱业那样，以不同种工作机的结合为基础，只要它由一个自动的原动机来推动，它本身就形成一个大自动机。"④ 这很容易使人回想起黑格尔在《哲学史讲演录》中对亚里士多德（Aristotle）自然界第一动因的形而上学追溯。黑格尔认为，亚里士多德所追寻的第一动因确实是一个令人感动的未知力量。⑤ 与黑格尔和亚里士多德不同的是，马克思并没有援引机器与上帝之间的联系，也没有援引机器与不动的原动力相关的形而上学悖论之间的联系，而是诉诸当时的热力学等科学成果。对于第一代用户来说，蒸汽机一定拥有一种神奇的能源，尤其是与风力

---

① 《马克思恩格斯全集》第三十卷，人民出版社，1975，第 318 页。
② 参见 A. Wendling, *Karl Marx on Technology and Alienation*, London: Palgrave Macmillan, 2009, p. 138。
③ 参见 A. Wendling, *Karl Marx on Technology and Alienation*, London: Palgrave Macmillan, 2009, p. 139。
④ 《马克思恩格斯全集》第二十三卷，人民出版社，1972，第 418 页。
⑤ 参见黑格尔《哲学史讲演录》第一卷，贺麟、王太庆等译，上海人民出版社，2013，第 161 页。

和水力相比，风力和水力的机械结构更容易被人看到，而且其动力依赖于大自然的恩赐。这导致了人类社会对机器如何工作以及它从哪里获得能量和价值的困惑，以及对机器作为物体的集体崇拜，这就是当时机器拜物教的雏形及其基本的产生缘由。①

在马克思看来，马达要么是自成体系的，要么是由自然造成的；要么是一个热力发动机，要么是一个利用风力或水力的装置。蒸汽机是马克思时代一种新的生产工具，它取代了磨坊或车轮这些旧的生产工具。表面上看，这种能够自动运行的热力发动机是一种更加令人新奇的发动机，好像是某种神奇的自然力量所为。实际上，马达只是自然力量的传递机构。只有当这些力量是可利用的，即当风吹或水流冲击时，它才能发挥作用。温德林认为，马克思的机器有三部分，而不是两部分，在他把发动机描述为工厂的动力来源时，他真正考虑的是18世纪末19世纪初热力学发动机的发展。② 在马克思看来，新机器是由工场手工业时期的工具机被重新组装成新装置的历史产物。有时这些单个组件被放大或小型化，但它们的形状和功能并不是新的，它们已经在以前的设备中被赋予了大量的功能。从技术系统来看，在一个给定的技术系统领域内，如果我们用机器这个术语指的是与过去存在的事物之间的不连续或不可通约性，那么所要制造的最新机器就永远不能被称为革命性的。这并不能改变这样一个事实，即机器可以引起巨大的变化，如果把这种变化称为一场革命，其程度甚至可能被大大低估。

马克思在《资本论》中表达了他对新旧机器的辩证认识。马克思认为，引起工业革命的新机器一般都是由三部分组成：驱动元件、传动元件和机床或工作机。驱动元件带动整个机器运动，它可以由人体或动物提供动力，也可以由水和风等自然能源提供动力。在其发展的极端阶段，这种动力是由其他机器提供的，这些机器将蒸汽或电磁能转换成电能，以保证以前由外力提供的能量几乎是恒定的。传动元件包括一组部件，如车轮、传送带、滑轮和轴，这些部件传递和分配动力，使机床移动、

---

① 参见 A. Wendling, *Karl Marx on Technology and Alienation*, London: Palgrave Macmillan, 2009, p.139.

② 参见 A. Wendling, *Karl Marx on Technology and Alienation*, London: Palgrave Macmillan, 2009, p.139.

改变方向或改变速度。工作机本身即整个机械装配存在的理由，它持有并加工工件，从而完成生产过程。根据马克思的观点，工业生产方法在18世纪末发生的巨大变化是由对机器的最后一部分的改进引起的。① 马克思非常精确地描述了引起工业革命的新机器的基本结构。马克思说，现在的工具机或真正的工作机大体上还是手工业者和工场手工业工人所使用的那些器具和工具。②

不过，这些新的工具机相对于过去的生产工具也有一些新的变化，这种新变化主要体现为现在它们已经不是人的生产劳动工具，而是一个机构的工具或机械工具了。有的机器是旧手工业时期生产劳动工具的机械化改装，有的机器是旧式生产劳动工具被安装到了新的物理装置上，有的可能是几种旧的生产工具的物理组合，等等。这种新的工具机表现出一个共同的特点，即新的工具机最为核心的部分都是从旧的手工业生产演变而来，依旧发挥着原来的生产劳动功能，只不过这些旧式手工业生产中的工具被重新组装到了一个新的物理装置上，成为新的物理装置的一部分。因此，现在进入人类社会生产劳动领域的工具机，在取得适当的运动形式后，能够完成过去工人用类似的工具所完成的那些操作。③ 现在出现的新的工具机已经不是以往手工业或者工场手工业时期的简单工具，而是新的复杂的机械装置。这些机械装置就像有机体一样，机器的部件是共生的，一个部件的变化导致另一个部件的变化并进入人类的生产劳动过程。

从人、劳动、自然、物质变换的生产劳动过程来看，复杂工具机即机器的出现逐渐改变了人类生产劳动方式，正是这种生产劳动方式的改变使得新的生产关系出现。马克思认为，工场手工业与机器大工业具有不同的生产方式变革起点，前者是劳动力，后者是生产劳动资料，研究机器大工业首先就需要研究生产劳动资料是如何从工具转变为机器的，或者说，机器和手工业工具有什么区别。④ 当机器进入人类社会生产劳动实践领域时，我们操作的不是人，而是不断更新的机械发明。在马克

---

① 参见 Fabio Grigenti, *Existence and Machine*, Cham: Springer, 2016, p. 12。
② 参见《马克思恩格斯全集》第二十三卷，人民出版社，1972，第410页。
③ 参见《马克思恩格斯全集》第二十三卷，人民出版社，1972，第411页。
④ 参见《马克思恩格斯全集》第二十三卷，人民出版社，1972，第408页。

思看来,"机器的这一部分——工具机,是十八世纪工业革命的起点。在今天,每当手工业或工场手工业生产过渡到机器生产时,工具机也还是起点"①。机器本身就是一种机械装置,在它开动之后,工人用机器工具进行劳动和以前工人用类似工具进行相同的操作,从而完成本质上相同而表现形式不同的人类生产劳动过程。马克思揭示了这种有机器参与的生产劳动过程的本质。马克思说,作为工业革命起点的机器,其关键点不在于采用了什么样的动力形式,重要的是新的机器用一种物理装置代替了过去工人的部分肢体劳动。不仅如此,新的机器还能用同一个动力源,同时驱动多个工具代替以往多名工人所进行的同一肢体劳动。在这里的人类生产劳动实践就有了机器,但它还只是机器生产的简单要素。②生产规模的扩大,促使机器尺寸和工作工具数量同样得到扩大和增加,这就需要更大的动力和机械装置来驱动这些生产工具,而人只需要从事那些操作机器的简单劳动。当新的工具机代替了人的工具,自然力也可以作为动力来代替人。③马克思认为:"各种经济时代的区别,不在于生产什么,而在于怎样生产,用什么劳动资料生产。"④ 在马克思那里,机器不仅是开启新的生产方式的工具,同时也是开启新的人类社会历史时代的工具。

在马克思看来,资本主义生产方式中的机器,不仅是资本主义生产中的生产工具,也是资本主义生产中的生产资料,它同资本主义生产中的石油、棉花等其他原材料一样,逐渐地把自己的价值转移到了新的商品上。只不过,在这个生产劳动过程中,机器转移的价值不会大于它在这个过程之外所具有的价值。马克思把机器视为一种生产资料,要比把机器视为一种生产工具似乎更具普遍性和历史穿透性,因为"生产资料"表征了任何时代制造任何产品时都必须具备的物品,而不仅仅局限于某个时代的一般性视野。这样一来,机器就并不是某个特殊时代的历史产物,而是人类社会发展到一定阶段的历史产物,也是会随着人类社会历史的发展而发展变化的人类劳动的历史产物,是富含人类劳动价值

---

① 《马克思恩格斯全集》第二十三卷,人民出版社,1972,第410页。
② 参见《马克思恩格斯全集》第二十三卷,人民出版社,1972,第413页。
③ 参见《马克思恩格斯全集》第二十三卷,人民出版社,1972,第413页。
④ 《马克思恩格斯全集》第二十三卷,人民出版社,1972,第204页。

的物理性载体。马克思的这一认识很重要，因为它可以帮助我们看到机器的一些典型特性，的确超越了人们对机械或者机械仪器等的狭隘理解，并以历史的方式理解机器所富含的人类劳动价值，使之与石油、谷物等一般原材料相区别。从一般的角度看，人类生产劳动所制造的各种物品，即供人类消费的产品基本上都是相同的实物，如衣服、食品、住房等；但从更个别的角度看，不同物品又确实带有不同时代各种生产工具、生产资料以及相应的生产方式的时代印记。在资本主义机器工厂中出现的机器，已经不同于在此之前人类社会所出现的机器，也已经不同于旧式手工业生产中所出现的生产劳动工具。新的机器是一种把水、风、蒸汽、人力转变为社会生产劳动力量的现代装置，它已经作为一种生产资料，现实地参与到了资本主义机器大生产中。

马克思对机器参与资本主义现实生产实践的考察，使马克思对机器本质的分析逐渐延伸和拓展到了人与机器的关系上。马克思首先对比了工场手工业中的工具机与资本主义工厂中的机器。在资本主义机器生产中，机器部件只不过是使用了与人手生产中不同大小、材质的工具。如果我们把机器看作一个整体，包括它的驱动和传动元件，我们可以说它没有什么创新之处，它只不过是不同时期生产工具的技术革新与不同组合。我们只是看到人手劳动的部分功能正在被机器的某些部件所替代，还很难想象到人的整个生产劳动过程会被机器所替代。与早期的人类生产劳动一样，人需要与工具相结合才能完成各种各样的生产劳动。马克思发现，运用机器进行生产的劳动过程及其结果，有可能会永久性地逆转人与机器在生产劳动中的不同地位。在过去，一个人一次只能有效地使用一种生产劳动工具，现在机器可以与数量多得多的生产劳动工具同时工作。在马克思的时代，人们看到即使是不那么有创新性的纺纱机也能同时使用12个、18个或者更多个纺锤，而即使是最能干的人类劳动工人也只能处理1个纺锤。这就是机器生产劳动与以往工具机和手工生产劳动的重大区别，机器生产一开始就摆脱了工人的手工工具所受的器官的限制。[1]

马克思认为，当资本家发现机器能够提高整个社会生产的效率时，

---

[1] 参见《马克思恩格斯全集》第二十三卷，人民出版社，1972，第411页。

机器生产的社会本质就会促使更多的生产劳动过程出现,从单个劳动者的生产劳动转变为一种新的社会化生产劳动。这种新的社会化生产劳动最突出的特征是,许多劳动者通过社会机制被组织起来完成不同的生产劳动过程,从而使社会产品成倍增加。马克思举例说,在现代的手工工场中,一个信封的生产,如果完全用手工完成,依次需要经过折纸工人的折纸操作、涂胶工人涂胶水,然后由其他工人完成折叠信封封面和印制信封封面的手工操作。有了制作信封的机器就不同了,一台制作信封的机器可以很快完成这四个人所能完成的所有工作,此时它每小时已经能够制成3000多个信封。1862年,伦敦工业展览会上展出的一台美国纸袋制造机,每分钟已经可以自行生产300个纸袋,[①] 其生产效率大大高于手工生产效率。从生产劳动过程看,这种社会化生产劳动改变了工场手工业中劳动生产的操作顺序,以及人、人手参与生产劳动过程的基本方式。现在,一台各种工具组合而成的工作机,就能够完成过去在工场手工业中需要分成几种操作顺序进行才能完成的生产劳动。[②] 在工场手工业中,那些最初是一只手传递到另一只手,通过一系列步骤才能完成的生产劳动过程,现在可以在配备不同工具的同一台机器上完成。工人与机器、工人与工人之间构成了一种新的生产劳动协作关系,许多机械织机、缝纫机集结在同一厂房内组成织布工厂、缝纫厂,以及各种各样不同于工场手工业的现代资本主义机器工厂。[③] 在这些机器工厂中,不同的工具构成了各种工具机的局部器官,许多的工具机构成了由同一个发动机驱动的生产机器的各种局部器官,[④] 这些器官各自发挥着不同的生产职能,有的弹毛,有的梳毛,有的起毛,有的纺毛,等等,[⑤] 它们与工人一起被资本集中组织在同一个工厂中,共同生产着同一件产品。

在工场手工业与资本主义机器生产的比较中,马克思发现了人在资本主义机器生产中存在地位的重要变化。马克思认为,工人在工场手工业的生产劳动遵循着一种主观性原则,因为工人在这种生产劳动过程中,

---

① 参见《马克思恩格斯全集》第二十三卷,人民出版社,1972,第416页。
② 参见《马克思恩格斯全集》第二十三卷,人民出版社,1972,第416页。
③ 参见《马克思恩格斯全集》第二十三卷,人民出版社,1972,第416页。
④ 参见《马克思恩格斯全集》第二十三卷,人民出版社,1972,第416页。
⑤ 参见《马克思恩格斯全集》第二十三卷,人民出版社,1972,第417页。

每个产品的生产都依赖于工人自己完全的手工操作,工人具有较强的劳动自主性。而在引入机器的工厂中,工人的生产劳动则遵循着一种客观性原则,因为在这种生产劳动过程中,每个产品的生产是由多个人和机器共同完成,工人所需要的是根据整个产品的生产要求和生产流程完成其中一个部分的生产,这个时候工人的生产劳动,不是像工场手工业中的生产劳动那样让生产产品的生产劳动过程适应工人,而是工人必须适应客观的生产劳动过程。在机器生产中,力学、化学等在技术上的应用解决了每个局部过程如何完成和各个局部过程如何结合的问题。① 在这种机器生产中,曾经在工场手工业中出现的人的生产劳动的每一个环节,陆续被各种机械装置所替代,现在的每一个生产劳动环节,都被视为一个器官能够执行一个特定的功能,工人按照产品的制作流程,一个步骤一个步骤地操作,每个工作步骤都克服了他们的个人能力、物质形态、相互距离等主观影响,充分发挥了机器生产的客观性优势,并使每个产品的生产劳动过程具有最大的连贯性。马克思说,资本主义机器工厂中起支配作用的各种特殊生产职能的连续性,已经代替了在工场手工业中起支配作用的各种生产职能的分离。② 这正是采用机器生产的生产劳动效率能够得到大幅提高的生产秘诀。

可能也正因如此,在当时许多的政治经济学家看来,工人只不过是机器生产劳动过程中的一部分,这使马克思感到了某种担忧。从使用工具的手到连接在机械支架上的手,这一过程最初只让工人做两件事:提供驱动机器运动所需的能量,并直观地监控机器的性能。马克思认为,将人手可能的操作转变为机械工具,从而提高了人手操作的标准化质量和单位时间内进行重复劳动的强度,这导致工场主开始寻找新的动力源,这导致蒸汽机连接到机械织布机,而不是反过来。如果不能把机械工具的"劳动"过程转变成一种生产劳动机制,瓦特的发明本身就不能把工场手工业的生产劳动过程转变成一种社会化的机器生产机制。在马克思看来,"创造了工具机,才使蒸汽机的革命成为必要"③,"工作机规模的

---

① 参见《马克思恩格斯全集》第二十三卷,人民出版社,1972,第417页。
② 参见《马克思恩格斯全集》第二十三卷,人民出版社,1972,第417~418页。
③ 《马克思恩格斯全集》第二十三卷,人民出版社,1972,第412页。

扩大和工作机上同时作业的工具数量的增加，需要较大的发动机构"①。当发动机完全摆脱人的自然力量，转而利用其他自然力推动更多的工作机同时工作时，动力机制也获得了一种独立的形式，完全摆脱了人类力量的束缚。我们迄今所考虑的个别机器，便成为机械生产的一个部分，现在，许多机器可以同时使用同一个动力源。原来的发动机、传动机构和工作机也逐渐以不同方式组合在一起，发展成一个庞大的机器体系。②在这种生产劳动方式的社会整体性转变中，各种曾经需要人的自然力完成的工作，逐渐被各种相同、相似功能的工具机所替代，并可以以各种方式联合起来，作为同时被激活的同质机器的集合体，或者作为不同或部分机器的生产劳动链条，为最终产品做出贡献，每台机器完成总工作量的一部分。在前一种情况下，整个产品是由同一台机器完成的，不同的工具都被纳入同一生产劳动体系。

马克思认为，越来越大的工作机器和越来越多同时工作的工具，很快就使得开发更大的驱动手段成为必要，而这反过来又需要人类和动物都无法提供的能量。在这种历史性的改变中，所有生物都被巧妙地从机器的操作回路中驱逐出去，人类最终只需要充当生产劳动监督者，仅仅作为机器现在完全可以独立完成的一系列操作的外部观察者而存在于整个生产劳动过程之中。马克思发现，在工场手工业中，工人利用生产劳动工具来生产不同的生产劳动产品，而在资本主义机器生产中，工人是根据机器生产的需要和节奏服务于机器生产来生产出不同的生产劳动产品。前一种生产劳动中工人利用生产劳动资料，工人具有一定的自主性，而后一种生产劳动中工人从属于生产劳动资料，工人已经没有自主性。在资本主义机器工厂中，死机构独立于工人而存在，工人被当作活的附属物并入死机构。③ 马克思引用恩格斯在《英国工人阶级状况》中的话说："这种苦役单调得令人丧气，就象息息法斯的苦刑一样；劳动的重压，象巨石般一次又一次地落在疲惫不堪的工人身上。"④ 被马克思称为"棉纺织厂主选中的喉舌"的埃德蒙·波特（Edmund Potter）甚至直接

---

① 《马克思恩格斯全集》第二十三卷，人民出版社，1972，第413页。
② 参见《马克思恩格斯全集》第二十三卷，人民出版社，1972，第415页。
③ 参见《马克思恩格斯全集》第二十三卷，人民出版社，1972，第463页。
④ 《马克思恩格斯全集》第二十三卷，人民出版社，1972，第463页。

把工人也视为一种机器。波特认为，有一种机器是资本家通过货币资本购买回来放在工厂中的机器，还有一类是白天在机器工厂中从事生产劳动，而夜晚或者休息时间住宿在机器工厂外小屋中的"机器"。前者是死机器，后者是活机器。死机器随着机器的使用磨损而不断贬值，而且由于科学技术的进步和资本增殖的需要，旧的机器将逐渐会被新的机器所替代。活机器则相反，只要有维持其生产劳动的生活资料，他就可以不停地进行生产劳动，并且在这种生产劳动过程中不断积累生产劳动经验，从而创造更多的生产劳动价值。[①]

此时的机器，已经将人、工具机两种元素的积极方面有效地结合了起来，并拥有了超越人手、人的生产劳动能力的可能。以前，生产劳动过程由人手完成，现在，机器不仅可以执行同样的旋转、缝合等工作，而且可以在单位时间内达到更高的生产劳动效率，制造更多的劳动产品。机器成为新的生产劳动过程的中心，而工人正在由生产劳动的中心转变为机器生产的附属物。马克思认为，工人应该受到保护，因为他们是人，而不是工具。机器不是工人，但它可以代替工人，因为它的操作就像工人一样。但是，不能因为这种替代而损害人的自然主体性。面对已经开始的资本主义机器生产，马克思更关注这种生产的最终趋势。马克思认为，现在的机器已经可以像一个巨大的人类工人一样工作，配备了大量的手，所有机器都能以比人类工人快得多的速度工作。在这种生产劳动过程中，机器的本质在于它仅仅是一种工具概念，即技术手段将永远被抛弃，人们也逐渐忘记了这种机器与不同社会成员间内在的相互作用。在马克思看来，"大工业的起点是劳动资料的革命，而经过变革的劳动资料，在工厂的有组织的机器体系中获得了最发达的形式"[②]。机器专注于更有效地复制人类生产劳动的结构特征和运动过程，从而达到更高的生产劳动性能和水平，与人类一样，现在机器也能像工人一样在工作场所进行各种生产劳动协作。

在马克思看来，正如达尔文所揭示出的人类自然进化史一样，劳动产品的生产工艺也应该有一部自然进化史。前一部历史是自然界遵

[①] 参见《马克思恩格斯全集》第二十三卷，人民出版社，1972，第632页。
[②] 《马克思恩格斯全集》第二十三卷，人民出版社，1972，第432~433页。

循客观的自然规律而诞生的历史，后一部历史是人类自己利用自然界的力量不断改变生产劳动工艺的历史，是一部基于自然进化史的人类社会历史。自然进化史和生产劳动工艺史具有共同的自然基础，却有着不同的本质和发展规律。马克思赞同历史学家维科的基本观点，认为人类史与自然史的区别在于，人类通过自己的活动创造了属于人类自己的历史，而纯粹的自然界有着非人参与的历史。工艺学的诞生，揭示出人对自然历史的干预，揭示出人对自然界的能动关系，揭示出人利用人自己的主观能动性改造现实世界、展示人的生活的直接生产劳动过程，以及人的社会生活条件和由此产生的精神观念的直接生产过程。① 在马克思的著作中，机器是科学与技术的结合体，是不同机械的组合，更是自然史与人类史的辩证统一。法国哲学家福柯（Michel Foucault）和德勒兹（Gilles Louis Réné Deleuze）在自己的理论框架中肯定了马克思对机器技术结构的基本分析，并认为这些机器是社会性的，而不仅仅是技术性的。

或者，更确切地说，人类本身已经掌握的技术先于以不同物质为表现形态的技术而存在。不同的是，在福柯和德勒兹那里是图式和抽象的机器，在马克思那里是"生产方式"。② 温德林认为，在马克思的著作中，科学的广义和狭义的含义与技术的类似含义在机器这种现代物理实体中达到了历史性的耦合和统一。马克思可能是第一个把技术理解为包含大量机器设备的抽象名词的思想家之一，而不是简单地把它理解为一类被称为单一的"机器"的对象指称。有狭义上的机器在资本主义世界应用，也有广义上的机器，它是一种增强人的能力的现代物理装置。在一个以交换价值为主导的资本主义世界里，人与机器是可以互换的，而且两者都要接受对其可量化价值的抽象计算。在这样一个世界里，人类可能比机器更没有价值，因为与之相比，人类的能量是微不足道的。③ 揭示并辩证分析现实资本主义机器生产中工具、机器与人类不同地位的历史性改变，是马克思机器论的重要历史任务。

---

① 参见《马克思恩格斯全集》第二十三卷，人民出版社，1972，第 409~410 页。
② 参见 Nicholas Thoburn, *Deleuze, Marx and Politics*, London: Routledge, 2003, p. 74。
③ 参见 A. Wendling, *Karl Marx on Technology and Alienation*, London: Palgrave Macmillan, 2009, p. 11。

二 机器、资本及其逻辑

史丹利·阿诺维兹（Stanley Aronowitz）在反思20世纪以来的马克思主义研究时认为，现代马克思主义对马克思思想的理解最严重的失误可能就是在20世纪70年代陷入了一种对资本逻辑的历史性遗忘。资本逻辑理论的兴起是对马克思理论研究的重要补充。如果把资本逻辑理论理解为人类社会具体历史过程的一种理论抽象，这种理论抽象却又不能简单地归入资本逻辑理论的自有规律之中。资本逻辑不是对资本主义发展过程的经验描述，它更像是商品拜物教中对商品本身的认识一样，资本本身也有自身的运动历史与逻辑。[①] 马克思认为："资本是死劳动，它像吸血鬼一样，只有吮吸活劳动才有生命，吮吸的活劳动越多，它的生命就越旺盛。"[②] 在马克思看来，劳动过程的核心是人与自然的关系以及人与人在生产劳动过程中形成的各种生产劳动关系。无产阶级革命的目标就是要把工人的生产劳动从资本的占有中解放出来，摆脱资本的社会性支配。工人的生产劳动形成一种新的社会协作关系，形成具体的劳动合作社和抽象的社会生产力。一方面，这是在不提高商品价格的情况下应用机器等重要发明所必需的现实条件，而且这始终是首要考虑的问题；另一方面，只有达到一定规模的机器生产，才能使那些脱离合作生产消费的经济得到发展。另外，只有联系生产劳动者的经验，才能发现经济的来源和方式、运用经验的最简单方法、缩小理论模型与现实生产实践的实际差距等。在资本的组织下，一般性生产劳动和协作性生产劳动之间是有区别的，这两种劳动在生产过程中都发挥着各自不同的作用，它们相互区别却又不断改变着自身。一般性生产劳动都是科学的、自然的、活动的，这种生产劳动的条件是有生命的同胞之间的合作和那些已经死去的人的生产劳动，而协作性生产劳动是活生生的个人之间直接而又现实的合作。[③]

---

① 参见 S. Aronowitz, "Marx, Braverman, and the Logic of Capital," *Insurgent Sociologist*, Vol. 8, No. 2-3, 1978, p. 141。
② 《马克思恩格斯文集》第五卷，人民出版社，2009，第269页。
③ 参见 J. Bernal, *Marx and Science*, New York: International Publishers, 1952, p. 32。

阿诺维兹提醒我们，近年来马克思主义研究最大的进展之一，就是重新发现资本在社会性生产劳动过程中的支配与中心地位，以理解发达资本主义国家为什么能够在20世纪作为一种资产阶级霸权而持续性存在。哈里·布雷弗曼（Harry Braverman）、史蒂文·马格林（Steven Marglin）、凯西·斯通（Kathy Stone）、安德烈·高兹（Andre Gorz）等人的工作探索了这种资本逻辑统治资本主义社会的各个方面，特别是在历史上出现了被称为泰勒主义（Taylorism）、福特主义（Fordism）的东西，等等。当路易·阿尔都塞（Louis Althusser）等人坚持意识形态也是一种物质生产实践时，他们提出了一种既新颖又令人沮丧的吸纳机制。由于资产阶级意识形态在资本主义社会中具有霸权性，它在工人阶级生活的公共和私人领域内的物化，使资本的统治超越了工作场所或政治、法院等的压迫制度。拉尔夫·米利班德（Ralph Miliband）采用了资本主义一体化的理论，其例证是现代资本主义国家满足工人阶级改革要求的能力，在结构层面包括了工党和社会党管理资本主义国家的可能性。继阿尔都塞之后，尼科斯·普兰查斯（Nicos Poulantzas）将国家的概念外延扩展到包括家庭和工会等在内的一切社会生产生活领域。这些国家职能的意识形态工具，通过渗透一度自治的工人阶级活动领域，来维护资本主义的统治。有关这些现象的具体研究在马克思那里实际上就已经存在，只不过在马克思逝世之后的很多时候，这些现象被许多社会主义运动的研究者忽视了。其中，最为关键的就是以资本主义机器生产方式兴起的现代工业。[1]

伴随大规模机器生产的引进和科学技术作为关键生产力的应用，资本主义机器生产并不是一个价值中性的社会历史过程。现代机器工厂是以资本主义生产方式为主要表现形态而存在的，以流水线生产方式的引入为代表的资本主义生产劳动过程合理化导致的社会性结果是工人传统生产劳动技能的消解和不合格，这种消解的基本机理在技术上得到了充分的揭示。现实的生产劳动分工成为精神劳动与体力劳动的分离，或者正如布雷弗曼所说的从执行社会生产劳动分工的概念开始，发展到工人

---

[1] 参见 S. Aronowitz, "Marx, Braverman, and the Logic of Capital," *Insurgent Sociologist*, Vol. 8, No. 2-3, 1978, pp. 129-147。

的劳动职能最终朝着有效监督和管理机器生产每一个细节的方向发展，这种历史变迁与科学进步一起摧毁了以往的手工生产劳动方式以及工人在生产劳动实践中所积累的生产劳动技能。在新的资本主义机器生产中，技术工人必须服从于资本的统治，并加快集体生产劳动的出现。工人阶级在很大程度上丧失了原来在工场手工业中已经形成的各种具有自己特征的生产劳动技能，而任由资本摆布，其职能被削弱为资本的一个方面或者一个组成部分。与大众的信仰和当代资本主义的意识形态相反，工人在现代机器工厂里的生产劳动已经变得墨守成规、枯燥乏味、重复性强。这种以资本逻辑为核心的资本主义机器生产，把人的能力压缩到一个单一的维度，一遍又一遍地执行同样的机械性操作。现代资本主义机器大生产的这种直接后果并不限于工厂之内，而是已经渗透到整个资本主义世界。[1]

在资本逻辑的驱动下，资本家通过不断压缩和隐匿工人的活劳动在资本主义社会生产中的作用，而强化资本家和资本在整个社会生产劳动中的作用。一方面，工人在高度合理化、任务专业化的生产劳动实践中，不得不将自己的劳动缩减为生产劳动过程中的某一个方面或者一个组成部分，以便使活劳动在生产劳动中的地位降到最低，以至于活劳动不可能再被概念化为某个生产劳动过程，相反，这些概念职能被系统地移交给资本的管理人，从而使资本的管理人的地位得到进一步提高，而作为活劳动的工人的地位进一步下降。正如布雷弗曼、玛格琳所表明的那样，在资本的逻辑驱动下，资本家的作用就是使活的劳动力不断降级，使其仅仅作为一种可自由而廉价买卖的商品参与到生产劳动实践中，从而减少资本驱动的生产对工人的活劳动的现实依赖。这种资本逻辑的合理化意味着传统劳动边界的消除，从而重塑工人阶级自我组织的历史、文化和技能。资本的能力倾向生产本身，也就是生产以自身为目的。另一方面，机器的引进，使生产过程中的劳动者也具有了与机器相竞争的社会历史属性。机器虽然还不能完全取代生产实践中的活劳动力，但它已经能够替代活劳动力在生产实践中的部分劳动功能，从而按照合理化和专

---

[1] 参见 S. Aronowitz, "Marx, Braverman, and the Logic of Capital," *Insurgent Sociologist*, Vol. 8, No. 2-3, 1978, p. 129。

业化的标准不断分割、重组生产劳动过程。资本逻辑驱动下的机器生产的引入,实质上又是资本拥有者对社会生产劳动形式进行重塑、追逐更多剩余价值、获取更高社会地位的一种手段。阿诺维兹说,如果我们仔细观察多功能车床的工作,我们就会看到钻头、铣削工具和刀具被安装在同一台机器上,进一步的功能设计是工厂进一步分离具有三种不同功能的机器,并将工厂划分为三个不同的生产劳动区域,而这三个不同生产劳动区域的工作又何尝不是以往三种不同劳动功能的实例化。[①]

马克思关于机器生产中资本形成的理论,超越了那些依靠偶然性来解释资本主义机器生产的理论,也超越了当时许多资产阶级政治经济学家对资本主义机器生产的解释。在马克思看来,"人们自己的生产关系的不受他们控制和不以他们有意识的个人活动为转移的物的形式,首先就是通过他们的劳动产品普遍采取商品形式这一点而表现出来"[②]。资本主义机器生产产生了以资本为核心并凌驾于工人阶级之上的生产关系。工人生产劳动技能退化,机器似乎拥有工人生产劳动技能作为一种固有属性的历史阶段被推进到一个新的历史阶段,资本不仅收买了工人的体力劳动,而且已经开始收买工人的脑力劳动。这种资本与工人生产劳动的深度融合是建立在资产阶级不断扩展的资本逻辑之上的,即一切劳动的、物质的、精神的存在都因为资本增长的数字被联系起来。当资本的数字成为那个时代通行的语言时,即使工人拒绝服从机器生产,拒绝工作,破坏、怠工和罢工等,他的生产劳动仍然会不断地向技术转化,其生产劳动技能也不断向机器转移,这不仅是持续生产的需要,更是资本逐利的内在驱动使然。在其本质上,这种脑力劳动资本化的新型劳动形式与传统的体力劳动被资本化的机器生产并没有根本上的不同。

马克思揭示了资本家利用资本支配工人生产劳动的历史形成过程。在最开始,资本对劳动的支配仅仅体现为工人在资本家的机器工厂内的生产劳动为资本增殖服务,而不是为自己服务。随后,随着资本主义机器工厂的社会性建立和逐步增多,整个资本主义社会都受到资本的支配,遵循着资本逻辑而进行各种社会生产。此时,整个社会生产劳动已经不

---

① 参见 S. Aronowitz, "Marx, Braverman, and the Logic of Capital," *Insurgent Sociologist*, Vol. 8, No. 2-3, 1978, p. 132。

② 《马克思恩格斯全集》第二十三卷,人民出版社,1972,第 111 页。

能没有资本这个社会资源的调度者。现在,就像在战场上不能缺少将军的命令一样,在工人的生产劳动场所同样也不能缺少资本家的命令,①资本与资本家成为整个资本主义机器大生产的核心指挥官。资本将所有社会资源都作为意识形态或经济工具加以利用的吸纳逻辑,构成了所谓机器生产"管理"的核心。此时,资本主义生产方式及其意识形态也从最初的生产劳动过程延伸到整个社会。

马克思说:"一旦从属于资本的劳动成为协作劳动,这种管理、监督和调节的职能就成为资本的职能。这种管理的职能作为资本的特殊职能取得了特殊的性质。"② 此时的管理只是资本增殖逻辑的技术表达,是创造一个以资本为核心的封闭运行世界的即时手段,它使矛盾非但没有消失,反而以社会问题的形式出现,受制于资本家意志以及资本主义国家的社会操纵。这种历史性变化的背后,是无数的社会工作者、教育工作者以及其他阶层的知识生产劳动者,都被资本主义机器生产的意识形态、被资本的力量转变为一个虚拟的、人格化的存在,所有的生产劳动都在资本的指挥下,通过机器物化为可以被资本家任意占有的死劳动。资本成功地转变为各种异化的存在形式,成为个人的财产,甚至成为一种社会病态的客观形式。

在资本的这种吸纳逻辑之下,资本的地位不断得到强化,而人的体力劳动和脑力劳动被迫降低到一种新的状态。在没有采用机器生产之前,人的劳动与蜘蛛的活动、蜜蜂建设蜂房的活动具有本质的不同,但在采用机器生产之后,人的劳动不断物化为各种各样的机器、原材料和建筑等。机器生产过程中的活劳动作为活动的一种形式是至高无上的,是一种能动主体的现实显现,资本作为过去已经被资本家作为剩余价值占有的死劳动形式,只是活劳动生产劳动的对象。劳动、劳动力在资本的主导下被纳入生产要素。此时的资本也作为一种被动的客体出现在工人的生产劳动面前,因为资本已经物化为原材料、机器和建筑,而这些都是基于工人作为商品生产的前提条件出现的。劳动的崇高地位看似得到了有力的保障,劳动力也似乎成为一种新的资本形式,但实质上,在资本

---

① 参见《马克思恩格斯全集》第二十三卷,人民出版社,1972,第367页。
② 《马克思恩格斯全集》第二十三卷,人民出版社,1972,第367~368页。

的吸纳逻辑之下,科技也日益被资本所融合,机器成为资本不断吸纳人类生产劳动价值的现代工具。尽管在这种生产劳动不断被物化的过程中,劳动的目的性仍然存在于资本家和部分工人的生产劳动过程之中,但资本依然展现出不断扩展的发展逻辑,依然不断吸纳着工人的生产劳动价值。马克思认为,把体力劳动与脑力劳动区分开,并使不同的社会成员承担着不同的体力劳动和脑力劳动,以致资本家可以通过货币资本任意购买不同人所从事的不同的体力劳动和脑力劳动,并由资本的持有者最终占有这些生产劳动价值,这是资本主义生产的重要特点。正是这种资本主义生产劳动为资本家实现资本增殖创造了源源不断的剩余价值。[1] 在这种资本主义生产中,资本完成了整个社会成员生产劳动价值的完全吸纳,无一幸免。

在资本的这种吸纳逻辑之下,机器的存在加速了资本对全社会资源的吸纳,使工人的生产劳动既可能变得更加微不足道,也可能是一种获得解放的新路径。在资本的控制之下,机器生产不仅加速占有了从事体力劳动的工人生产劳动的剩余价值,而且也在加速榨取不同社会成员脑力劳动的价值。因为现实的资本主义机器生产的需要,资本逐渐渗透到对科学技术的研究中,科学技术对象、范围、方法和结果等也开始受到资本的影响和控制,尤其是在技术研究领域越来越服从于资本扩张的实际需要,它将不同人类生产劳动的价值,将科学技术研究的最新成就,凝结在各种各样的新式机器之中。此时工人体力生产劳动的重要性再次被降低,其处在一个更加微不足道的地位。这看起来,科学技术、资本积累越来越与工人的体力生产劳动无关。实际上,科学技术受资本的控制,使工人的各种生产劳动技能再次走向新的退化阶段。新的科学技术不断将工人的生产劳动力进行分割,使其程序化,并将其物化为新的机器。机器生产具有减轻繁重的工人劳动、提供更多财富、使资本家和整个人类社会获得各种各样实际利益的魅力,促使工人自己也无法拒绝科学技术被资本所支配的命运。机器在资本的控制之下,资本家对工人生产劳动价值、科学技术研究成就的占有,所带来的工人生产劳动地位的下降是一个不断加速的过程。这使我们很容易发现,资本的这种吸纳逻辑与工

---

[1] 参见《马克思恩格斯全集》第四十八卷,人民出版社,1985,第63页。

人解放之间可能存在内在矛盾与必然博弈。

　　当然，也有人可能会认为机器加速资本的吸纳逻辑只不过是一种可能的趋势。马克思认为，资本的诞生依赖于工人可以自由出卖自己的劳动力以及劳动力成为一种可以自由买卖的商品。这一个条件的实现就包含着一部世界史。从最初的圈地运动，到后来的海外掠夺，资本的每一次增殖都渗透着资本对工人生产劳动价值的吸纳。因此，资本的出现，就标志着社会生产过程已经开启了一个新的时代。① 在这个新的时代，尽管在资本主义作为一种制度出现之前就存在工资劳动，生产劳动力的买卖还是成为整个资本主义生产的标志。马克思说："资本主义时代的特点是，对工人本身来说，劳动力是归他所有的一种商品的形式，他的劳动因而具有雇佣劳动的形式。另一方面，正是从这时起，劳动产品的商品形式才普遍化。"② 当劳动力被商品化后，资本家便可以通过货币资本来购买劳动力，购买通过劳动力的生产劳动过程而产生的工具、机器和原材料。在资本的控制下，劳动的社会组织、机器技术在生产过程中的应用、意识形态和文化的生产，乃至整个社会都已经成为资本积累的函数，都服务于资本积累，都遵循着资本的逻辑。一方面，资本家希望不断吸纳工人生产劳动的剩余价值；另一方面，工人希望不断缩短生产劳动时间，缩小资本家对剩余劳动价值的占比。因此，在资本主义生产方式的发展中，工人生产劳动的发展与社会生产力的发展，一方面表现为利润率不断下降的趋势，另一方面表现为所占有的剩余价值或利润的绝对量的不断增加。③ 整个社会利润率的下降，不是因为社会生产劳动效率的降低，而恰恰是因为社会生产劳动效率的提高，其降低了工人用以维持生产劳动能力的生活资料的价值，增加了资本家可以无偿占有的剩余价值。剩余价值率提高与利润率降低，这二者都只是劳动生产率的提高在资本主义生产方式下借以表现的特殊形式。④ 它并没有改变资本对劳动力的包容与吸纳本质。因此，资本主义社会的机器生产，只会强化资本的吸纳逻辑，而不是减弱资本的这种逻辑作用。

---

① 参见《马克思恩格斯全集》第二十三卷，人民出版社，1972，第193页。
② 《马克思恩格斯全集》第二十三卷，人民出版社，1972，第193页。
③ 参见《马克思恩格斯全集》第二十五卷，人民出版社，1974，第248页。
④ 参见《马克思恩格斯全集》第二十五卷，人民出版社，1974，第267页。

与当时其他政治经济学家不同的是，马克思总是从现实的资本主义机器生产实践来理解机器生产的一切逻辑，从而发现了新古典主义经济学家忽视的问题。马克思认为，当时的爱·吉·威克菲尔德的巨大功绩，并不是他关于殖民地有什么新发现，因为威克菲尔德关于殖民地本质的少许卓见，全都由老米拉波、重农主义者以及更早以前的英国经济学家提出过了。威克菲尔德关于殖民地与宗主国生产实践的伟大发现是，资本主义生产关系的形成除了需要拥有货币、机器等生产资料之外，还需要有可以自由出卖劳动力的人这个必要且充分条件，没有这个条件，拥有货币的人也不能成为资本家。威克菲尔德发现，资本不是一种物，而是一种以物为媒介的人和人之间的社会关系。① 货币、商品等并不是资本，在社会历史中已经形成的现实的生产实践及其关系才是一种资本。资本家和工人的关系，并不能简单地归为工人付出劳动、资本家支付工资的关系，二者的关系问题是一个有关经济、政治、国家、法律等的社会问题。

威廉·拉宗尼克（William Lazonick）通过比较19世纪下半叶英美两国棉纺织业的发展，揭示了资本家与工人的生产劳动关系对工人工资水平、工资结构、劳动生产效率和棉纺技术选择的实际影响。拉宗尼克认为，尽管棉纺织业的生产要素对资本家关于棉纺织技术的实际选择是重要的，但是资本家关于棉纺织技术的实际选择受到兰开夏郡奥尔德姆和马萨诸塞州福尔河等棉纺中心截然不同的生产关系性质的制约也是非常重要的。兰开夏郡的磨坊主更喜欢纺纱机，而新英格兰的磨坊主更喜欢环锭细纱机，这些事实必须在从事具体生产劳动的工人内部以及劳动工人与资本主义之间关系的不同历史演变的背景下加以理解。② 拉宗尼克提醒我们，我们不能简单地将现代资本主义机器生产及其资本运动理解为一种技术哲学，而是要理解为一种新的人类社会历史运行逻辑。

在资本主义机器大生产中诞生的马克思关于资本的理论实际上是一个关于复杂、不断变化的社会系统构成的理论，它是一个有机体，而非

---

① 参见《马克思恩格斯全集》第二十三卷，人民出版社，1972，第834页。
② 参见 W. H. Lazonick, "Production Relations, Labor Productivity, and Choice of Technique: British and US Cotton Spinning," *The Journal of Economic History*, Vol. 8, No. 3, 1981, pp. 491–516。

一般经济学家或者社会学家所理解的某种孤立的、抽象的资本理论。在马克思看来，任何产品都会依次经过生产、分配、交换和消费四个基本环节，这四个基本环节既相互区别又相互联系。生产规定了生产劳动资料的选择、改造方式等，改变着生产劳动资料的既有规定，也支配着生产劳动资料。分配体现着不同的生产者在生产劳动过程中所发挥的作用和拥有的地位，并受制于一定的社会生产劳动产品分配制度。在整个社会生产劳动过程中，并不是所有生产劳动者都能分配到自己所需要的产品，这就会产生生产劳动产品的交换。生产劳动产品的最后一个环节是消费，它体现的是产品的使用价值，体现的是消费产品的人的实际需要。因为人们的现实需要，整个社会不断地生产人们所需要的产品，正是在这种生产劳动产品的运动过程中，社会生产延绵不绝。生产是任何生产劳动产品生命周期的必然逻辑起点。但是，分配、交换和消费中任何一个环节或一方面的现实变化，也同样会引起生产劳动产品其他方面的变化。例如，一个社会群体的消费习惯不同于另一个社会群体的消费习惯，就可能造成某种产品的生产在前一个社会群体所在的地区更容易继续下去，而在后一个社会群体所在的地区难以继续下去。迄今为止的每一个社会生产劳动的有机整体都是这样。[①] 资本主义机器大生产，不是将工人、机器和自然物等不同的实体简单地组合在一起，而是在明显的实体之间和整个社会生产劳动实践内部构建起一种现实的社会生产关系和逻辑力量。这种社会生产关系与各部分之间的逻辑关系结合起来的方式，决定了构成社会的各种不同实体的形式和身份。马克思关于机器、资本的论述不是对机器物理构成、性质、作用等方面的论述，而是对资本主义机器大生产有机构成及其逻辑作用关系的情境分析。

在马克思所揭示的资本逻辑中，机器不仅是一种具有生产功能的实体设备，更是一种有机运行的整体社会意象。马克思通过揭示资本的包容与吸纳属性，向我们展示了一个由机器、工人、资本家等不同社会要素所组成的"新社会"，一个有机运行的新整体，这个"新社会"是由许多机械和智力器官组成的巨大的自动机器，这就是资本主义社会。在这个社会中，机器并不是价值的来源，只有工人的生产劳动才是价值的

[①] 参见《马克思恩格斯全集》第十二卷，人民出版社，1962，第749~750页。

源泉。马克思认为，劳动不仅是创造财富的手段，更是资本家获得的剩余价值的来源。工人的生产劳动一方面是生理学意义上生产劳动力的自然耗费，另一方面是生产劳动目的的实现。前者体现为某种具体的生产劳动实践，后者体现为某种抽象的生产劳动，转化为物化的生产劳动产品价值。作为具体的有用劳动，它生产着物化的生产劳动产品的使用价值。① 资本家因为拥有一定的货币资本而能够购买机器、工人的生产劳动等，而工人因为被迫出卖劳动力而不得不接受资本家的剥削。正是在这种资本主义生产劳动实践和现实的生产劳动关系中，不同的社会成员、生产劳动资料具有不同的社会功能和社会角色、社会地位，他们被分解为分布于全球各地的生产要素参与到全球化的社会生产中，正是在这种广泛而多层次的生产劳动实践中形成了复杂而广泛的全球化资本主义生产关系，并呈现出一部新的人类社会历史，一部资本主义生产方式不断扩散到全球的人类社会历史。马克思所揭示的资本主义机器大生产中所呈现的资本的社会力量，以及以资本为核心的资本主义生产逻辑，是马克思对资本主义机器生产最重要的历史性发现之一。

在更为充分地思考资本主义机器生产的资本逻辑对改造人类社会以及工人阶级革命前景所产生的所有问题之前，我们已经看到资本主义机器大生产一方面形成了机器、资本、工人、资本家等社会生产劳动要素所构成的资本主义机器大生产实践历史，另一方面形成了与资本主义机器大生产相适应的生产关系。随着机器的广泛应用，机器对人类社会实践的历史影响逐渐显现出来。只要资本主义制度还存在，资本增殖逻辑驱动的资本主义机器生产，就会不断加剧工人生产劳动的异化，并最终将这种异化发展为工人与自己生产劳动条件和生产劳动产品的完全对立。② 工人的生产劳动异化和资本剥削也就成为这种资本主义生产的实质特征。物质性的机器掩盖了工人凝结在生产劳动产品中的死劳动。劳动的物化特征凝结在与活劳动相对立的机械链中，使资本和劳动都具有物的外表，而不是内在的社会关系的自然呈现。资本家对工人生产劳动的管理似乎是一种自然的存在，而不是资本逻辑的另一种显现，不是对

---

① 参见《马克思恩格斯全集》第二十三卷，人民出版社，1972，第60页。
② 参见《马克思恩格斯全集》第二十三卷，人民出版社，1972，第473页。

工人劳动异化与剥削的加剧,这对身处其中的生产劳动工人而言极具欺骗性和摧毁性。因为真正包含生产劳动的总体性力量使人类存在于资本主义机器生产劳动过程的中心地位和实际价值变得神秘起来。体现在机器中的资本和科学技术似乎是一种自主的力量,而不是人类死劳动的积累,不是人类生产劳动在特定历史形态下的凝结。这使我们不难看到资本主义机器大生产中机器与资本对人类生产劳动和社会的历史影响,绝不可能是暂时的或者某个方面的,而是系统而复杂的。为更加充分理解机器与资本相结合的人类社会历史影响,我们必须进一步去考察现代资本主义机器生产中劳动的内在变化及其可能的社会历史变迁,这是我们探究马克思机器论绕不开的另外一些核心范畴。

三 机器、劳动与社会

"劳动"是马克思研究资本主义机器大生产的重要核心范畴,马克思在许多地方都讨论了机器生产中劳动的一般性质和劳动过程等相关问题,从而勾勒出机器与劳动、社会的内在逻辑关联。肖恩·赛耶斯(Sean Sayers)认为,马克思关于"劳动"概念的思想主要来自黑格尔。或者说,黑格尔对劳动的哲学理解是马克思对劳动的思考基础,这些假设不仅在马克思早期的作品中显而易见,而且贯穿于马克思所有的作品。为了有效地理解马克思的"劳动"概念,有必要去厘清黑格尔语境中的劳动概念内涵,以便更好地理解马克思所说的"劳动"。许多的马克思研究者似乎并没有考虑到这一背景,他们要么没有意识到这一点,要么就像尤尔根·哈贝马斯(Jürgen Habermas)一样,对其大打折扣,甚至有些研究者只是使用了某些术语来理解马克思所有语境中的劳动,并把这种理解投射到马克思对劳动的理解上。赛耶斯说,特别是马克思关于劳动是形成性活动的理论有着明显的黑格尔渊源。黑格尔认为,劳动是一种独特的人类实践活动,通过它,人类以一种与其他动物根本不同的方式来满足自身的需求。非人类动物是"纯天然"的动物,它们受直接的自然欲望和动物本能的驱使,通过改造环境中直接存在的东西,立即满足自己的需要。在这个过程中,客体被简单地否定和消灭,欲望再次出现,这个过程不断重复。在这种自然的动物历史过程中,自然生命是可持续的，但并没有人类意义上的历史发展。①

黑格尔认为，任何劳动都是一个过程，都是一个形成新的劳动产品的过程。黑格尔说："由于我给某物以定形，物获得了独立存在的外观，并且不再受到我在这一空间和这一时间的限制，也不受到我的知识和意志的体现的限制了……这种定形在经验上可以有种种不同的形态。耕地由于我的耕作而给以定形。关于无机物，不总是直接给物以定形的。例如我在制造风车时并未制成空气，而只制成利用空气的形式……保护野兽也可看作给物以定形的一种方式，因为这是为考虑到保存对象而采取的一种动作。当然，驯服动物是给物以定形的一种更为直接的方式，它多半要依赖于我。"② 在这里，黑格尔把所有这些不同类型、不同形式的劳动，都视为"给物以定形"的某种形成性活动过程。它们都是通过劳动这个活动过程将一种形式的存在物，转变为另一种形式的存在物。不同形式的劳动的结果也会不同，有的劳动产生新的物质产品，有的劳动产生新的精神产品。人们正是在这种生产劳动过程中，在一切个别的环节里扬弃了他对自然的存在的依赖性，而且人们用劳动来取消纯粹自然的存在，转而在纯粹自然的基础上建立了人化的自然界。③ 通过这种劳动过程，人们不断扬弃着自身，改变着人与自然、人与人的社会生产关系等。在黑格尔那里，劳动已经是人的自我创造过程。黑格尔说："一个人劳动时，他既是在为他自己劳动，也是为一切人劳动，而且一切人也都为他而劳动。"④ 在黑格尔看来，劳动已经蕴含着独特的社会历史性，劳动过程本身就是一种独特的人类社会历史。

与黑格尔不同的是，马克思在考察资本主义机器大生产中的劳动时，扬弃了黑格尔对劳动的理解。马克思在分析了资本主义机器大生产中的商品、交换过程、货币或商品流通以及货币是如何转化为资本之后认为，在以往的工场手工业中，工人可能是为自己或者他人而分散性地进行各种生产劳动；在资本主义机器大生产中，工人可能是为资本家的资本增

---

① 参见 S. Sayers, "The Concept of Labor: Marx and His Critics," *Science & Society*, Vol. 71, No. 4, 2007, pp. 431–435。
② 黑格尔：《法哲学原理》，范扬、张企泰译，商务印书馆，2010，第72~73页。
③ 参见黑格尔《精神现象学》，贺麟、王玖兴译，上海人民出版社，2013，第143页。
④ 黑格尔：《精神现象学》，贺麟、王玖兴译，上海人民出版社，2013，第308页。

殖而集中起来进行协作性的社会生产劳动。工人的这两种生产劳动虽然有着表现形式等方面的不同，但在其本质上并无根本性的差别。马克思认为，"劳动过程首先要撇开各种特定的社会形式来加以考察"①。在马克思看来，劳动是人的内在欲望或者愿望与外在自然的中介。相对于人而言的外在自在自然界，并不是一开始就按照人的内在欲望或者愿望而存在。人的内在欲望和愿望与现实的外在自在自然界总是存在着这样或者那样的现实差距，外在的自在自然界也不会自发地按照人的内在欲望或者愿望而自行改造，这就需要人通过劳动发挥人的主观能动性，并利用自己身上的肌肉力等自然力，对外在的自在自然界实施现实的改造，更好地利用自然物质。② 人类的劳动过程不是无目的的活动，而恰恰是有目的的活动。正是在这种有目的的生产劳动过程中，人的目的性对象化为人们所需要的各种劳动产品。反过来，从这种劳动产品中，我们也可以"刻画"出人的不同的个体劳动目的、劳动过程等。通过这个劳动过程，人与自然之间不仅建立了"人"与自然的联系，而且将自己的各种智慧凝结在了各种劳动产品中。织工的活动与蜘蛛的活动相似，建筑工人的劳动与蜜蜂建筑蜂房的活动相似，但是，织工的活动、建筑工人的劳动又与蜘蛛的活动、蜜蜂建蜂房的活动有本质上的不同。劳动不是单纯为了满足个人需要而进行的工具性活动，而是一种社会性活动，人们正是在各种不同的劳动过程中，形成了各种各样的生产劳动关系。这样一来，每个人的劳动又是另外一些人得以发展的现实条件。

为了进一步说明资本主义机器大生产中劳动的特殊性，马克思扬弃了黑格尔对劳动异化的理解。黑格尔对劳动的理解虽然已经揭示了劳动是人的劳动，但他所理解的劳动却只是一种自我意识的再创造活动，是自我意识自身异化又克服异化的精神活动，而不是革命的现实的实践活动。马克思认为，对象、自然、事物不是自我意识的创造或主体异化的产物，不是精神产生物质，而是物质产生精神，是现实的资本主义生产实践孕育并产生了工人的异化劳动。在马克思看来，资本主义机器大生产中，工人生产劳动创造的财富与自己所获得的收益并不成正比。相反，

---

① 《马克思恩格斯全集》第二十三卷，人民出版社，1972，第201页。
② 参见《马克思恩格斯全集》第二十三卷，人民出版社，1972，第201~202页。

工人生产的产品越多，所创造的财富越多，工人因为资本家的剥削而更加变得贫穷。这一历史事实表明，工人在资本主义机器生产中生产的劳动产品，已经作为一种与工人自己相异的力量而存在，这种力量不是与生产劳动者相一致，而是与生产劳动本身相对立。生产劳动产品是工人生产劳动对象化的结果，是工人生产劳动物化的历史产物。工人的生产劳动过程，实际上是工人生产劳动将自己的生产劳动目的不断对象化和物化的过程。在以资本主义生产资料私有制为前提的资本主义机器生产中，工人这种现实的生产劳动已经让工人的现实存在失去了现实性，工人生产劳动的对象化最终表现为对象的丧失和被对象奴役，占有表现为异化、外化。① 在这种资本主义机器生产劳动中，工人能够占有的对象并不会因他生产的对象增多而增多，工人生产的对象越多，反而为资本家的资本增殖创造了更多的剩余价值，进而更加强了资本对工人生产劳动及其产品的统治。工人劳动的异化不是资本主义社会生产的某个局部的现象，而是资本主义社会的普遍现象。

马克思在扬弃了黑格尔的劳动与异化概念后，将劳动异化视为资本主义社会生产的基本特征之一。异化也因此由一个商品、货币等经济学决定的概念，发展为一个表征资本主义机器大生产特征的核心概念，马克思借此揭示出这种资本主义机器生产所产生的异化劳动的严重后果。马克思指出，资本主义生产中的异化劳动，把个人对自然界的整个生命活动，都变成了维持个人生活的手段，把抽象形式的个人生活变成同样是抽象形式和异化形式的类生活的目的，使类生活同个人生活相异化。②

在马克思看来，资本主义机器生产中出现的异化劳动，已经把人降低到了仅仅作为动物而存在的社会历史地位。在这种情境下，人的生产劳动不是为了实现自由而全面的发展，不是为了体现人的本质，不是为了体现人的类本质，不是为了体现人作为自然存在物与其他自然存在物的不同，而仅仅为了人作为动物性的生存而必须实施的生存手段。当人的劳动开始异化，人的劳动也就开始与人的本质、人的类本质、人自身应该有的独特性相异化、相对立，人也开始与自身相异化、相对立。人

---

① 参见《马克思恩格斯全集》第四十二卷，人民出版社，1979，第91页。
② 参见《马克思恩格斯全集》第四十二卷，人民出版社，1979，第96页。

与自己的生产劳动对象、生产劳动过程、生产劳动产品等的社会生产关系也随之发生异化与对立。在马克思看来，人们现实的生产劳动异化带来了人们社会生产关系的异化。在人们自己的生命活动中，人与物之间的关系与人与人之间的关系具有同样的适用性，工人与生产劳动产品的异化，也同样会产生人与人之间关系的异化，会产生工人与自己的生产劳动以及生产劳动对象关系的异化。① 由此，马克思把黑格尔的"异化"改造后用来表征资本主义社会，他把资产阶级的思想本身看作异化统治思想的一部分，马克思希望揭示并改造这种统治思想在资本主义社会的特殊谱系及其现实存在。

马克思对资本主义机器生产中的"劳动"概念及其所谓的自然主义方案提出了质疑。马克思认为，资本主义社会中所出现的商品并不是天然形成的，而是劳动的产品，实际上只能是人的劳动的物化表现。每个人自己的劳动实际上占有这种劳动产品，这种劳动产品的占有在有法律规定以来，便成为劳动者占有自己劳动产品的所有权依据。商品流通仅仅表明，劳动产品的生产者是如何将自己对劳动产品的占有权转变为对社会劳动的占有权，并转移了劳动者对劳动产品的所有权。这种转移后的劳动产品的占有权看来跟未转移之前的劳动产品的占有权一样是自然的、天然的，但实际上劳动者占有自己的劳动产品才是天然的，而转移后其他人占有劳动产品的所有权不是天然的。马克思批判了洛克、斯密把资本主义社会中的异化劳动看作自然、天然形成的观点，他们把资本主义社会的工人劳动看作社会赋予人的尊严的一种方式。对此，马克思批判说，现在的经济学家倒置了所有权等经济关系与资本主义社会存在之间的关系，把对资本主义社会所建立的对自己劳动成果的所有权视为天然的，② 而这其实并不是天然形成的。

马克思之所以能够发现古典政治经济学家对资本主义社会劳动的错误理解，是因为马克思发现资本主义机器大生产中的工人生产劳动状况，并不是像斯密、李嘉图等政治经济学家所说那样，即劳动给予了工人更多的自由、尊严和财富，而恰恰是加剧了工人的贫穷。马克思认为，洛

---

① 参见《马克思恩格斯全集》第四十二卷，人民出版社，1979，第97~98页。
② 参见《马克思恩格斯全集》第四十六卷下册，人民出版社，1980，第464页。

克、斯密等人试图通过劳动、劳动交换现存的社会和政治基础来阐明劳动的本质，这确实符合当时已经形成的资本主义社会历史情境，但他们并没有认识到人类社会历史的存在前提，即现实存在的人才是人类社会历史的存在前提。古典政治经济学的根本缺点在于，不是从现实的资本主义生产实践去理解资本主义生产中的劳动，而是试图构建一套关于劳动的理论去解释资本主义生产为什么会如此。即使是古典政治经济学优秀的代表人物亚当·斯密和李嘉图，也把价值形式看成一种完全无关紧要的东西或在商品本性之外存在的东西，不是从对商品和商品的价值分析中发现那种使价值成为交换价值的价值形式，忽视了劳动产品的价值形式是资产阶级生产方式的最抽象的但也是最一般的形式，这就使资产阶级生产方式成为一种特殊的社会生产类型，因而同时具有历史的特征。[①]

在马克思看来，斯密以及李嘉图等政治经济学家，不仅没有发现资本主义机器生产中劳动的特殊性，相反还得出了错误的结论，把资本主义机器生产中出现的劳动看作天然的、永恒的劳动形式，不仅未能揭示资本主义生产劳动的本质，还出现了理论上的自我矛盾。马克思说："如果把资产阶级生产方式误认为是社会生产的永恒的自然形式，那就必然会忽略价值形式的特殊性，从而忽略商品形式及其进一步发展——货币形式、资本形式等等的特殊性。因此，我们发现，在那些完全同意用劳动时间来计算价值量的经济学家中间，对于货币即一般等价物的完成形态的看法是极为混乱和矛盾的。"[②] 在《哲学的贫困》中，马克思进一步认为，当时的经济学家在关于劳动的讨论中采用的方式是非常奇怪的。那些经济学家沿袭了部分宗教学家对宗教的划分方式。部分宗教学家把自己信仰的宗教视为神的启示，而把其他的一切宗教视为异教。现在那些经济学家把封建地主阶级建立的封建社会制度视为人为的，却把资产阶级建立的资本主义制度视为天然永恒的社会制度。于是，以前的人类社会是有历史的，现在就再也没有历史了。[③] 显然，这是不符合人类社会历史发展的事实的。不同形式的劳动不仅不是天然、自然形成的，而

[①] 参见《马克思恩格斯全集》第二十三卷，人民出版社，1972，第98页。
[②] 《马克思恩格斯全集》第二十三卷，人民出版社，1972，第98页。
[③] 参见《马克思恩格斯全集》第二十三卷，人民出版社，1972，第98页。

且具有自己的发展历史。不同历史时期，有着不同的劳动样式、劳动形态以及劳动结果。

马克思特别指出，李嘉图发展了洛克、斯密等人关于劳动的自然主义观念，甚至把机器和人的劳动中的自然力也完全混为一谈，从而遮蔽了机器本身就是工人生产劳动的产物这一本质。马克思认为："李嘉图有时很重视机器的这种作用（但他没有说明这种作用，象他没有说明劳动过程和价值增殖过程的一般区别一样），以致有时忘掉了机器转移到产品上的价值组成部分，而把机器和自然力完全混为一谈。例如他说：'亚当·斯密从来没有低估自然力和机器为我们提供的服务，而是十分恰当地把它们加到商品上的价值的性质区别开来……由于它们做工不需要费用，它们为我们提供的帮助就不会使交换价值有丝毫增加。'（李嘉图《政治经济学和赋税原理》第 336、337 页）当然，李嘉图用这个见解反驳让·巴·萨伊是正确的，因为让·巴·萨伊胡说，机器提供的'服务'创造那个构成'利润'部分的价值。"[1] 在这种情况下，李嘉图等政治经济学家当然也就不可能揭示资本家致富的秘密，不可能揭示剩余价值的起源。他们把工人的劳动以及资本家无偿占有工人的劳动都看作天然的、自然的、本该如此的"自然现象"，当然也就不能去思考关于剩余价值的来源及其社会历史影响。马克思甚至认为，李嘉图从来就没有考虑到剩余价值的起源。在李嘉图看来，资本主义生产方式是人类社会生产的自然形式，与之相伴的剩余价值也是天然固有的。他在谈到劳动生产率的时候，不是在其中寻找剩余价值存在的原因，而只是寻找决定剩余价值量的原因。[2] 如此，李嘉图也就难以揭示资本主义机器生产中劳动的本质及其特殊性了。

马克思通过扬弃黑格尔的异化思想，揭示了资本主义机器生产中工人劳动的特殊性之后，进一步从微观、抽象的层面区分了资本主义机器生产中的抽象劳动和具体劳动。1867 年 8 月 24 日，马克思在致恩格斯的信中说道："我的书最好的地方是：（1）在第一章就着重指出了按不同情况表现为使用价值或交换价值的劳动的二重性（这是对事

---

[1]《马克思恩格斯全集》第二十三卷，人民出版社，1972，第 425 页。
[2] 参见《马克思恩格斯全集》第二十三卷，人民出版社，1972，第 564 页。

实的全部理解的基础);(2)研究剩余价值时,撇开了它的特殊形态——利润、利息、地租等等。这一点将特别在第二卷中表现出来。古典经济学总是把特殊形态和一般形态混淆起来,所以在这种经济学中对特殊形态的研究是乱七八糟的。"① 在马克思看来,抽象劳动是无差别的人类劳动,它构成了商品的价值。而具体劳动是具体的,是使物具有不同使用属性和价值的劳动,在这个具体的劳动过程中,工人把劳动的价值也转移到了生产的产品中。马克思举例说,纺纱工人的劳动是具体劳动与抽象劳动辩证统一的生产劳动过程,同时也是工人生产商品使用价值和价值的生产劳动过程。一方面,工人通过具体的生产劳动操作,把棉花等生产劳动资料及其价值转移到新的生产劳动产品上;另一方面,工人通过具体的生产劳动过程,将工人自己的劳动力及其价值转移到了新的生产劳动产品上。由此就产生了劳动在同一时间内所得出的结果的二重性。② 即同一劳动过程,既包含了抽象劳动,也包含了人的具体劳动。在资本主义机器生产中,抽象劳动作为价值凝结到一般商品中,而具体劳动则表现为各种不同具体形式的异化劳动。

马克思认为,不论是抽象劳动还是具体劳动,都是可以测量的。"劳动本身的量是用劳动的持续时间来计量,而劳动时间又是用一定的时间单位如小时、日等作尺度。"③ 不同的劳动者生产同一商品,因为生产劳动技能和生产劳动环境等因素的影响,可能具有不同的生产劳动效率和生产劳动水平,就可能耗费不同的劳动时间。对于整个社会生产而言,我们可以测量出生产某个商品的社会必要劳动时间,这个社会必要劳动时间就决定了商品的价值量。马克思对资本主义机器生产中劳动的理解已经从亚里士多德、黑格尔、洛克和斯密所设想的人类精神对无生命的自然所做的创造性努力,转变为自然自身发挥作用的能量传递与转换,并将黑格尔精神化的劳动转变为具有唯物主义含义的现实的、革命的、实践的劳动。在马克思那里,劳动既不再是一种无目的的活动,也不是一种产生物质世界的纯粹精神性的、形式性的活动,而是人与自然之间

---

① 《马克思恩格斯全集》第三十一卷,人民出版社,1972,第331页。
② 参见《马克思恩格斯全集》第二十三卷,人民出版社,1972,第227页。
③ 《马克思恩格斯全集》第二十三卷,人民出版社,1972,第51~52页。

的物质能量的传递与变换。

温德林认为,从科学技术发展史的角度看,可能是热力学的科学成就,促成了马克思所理解的劳动概念内涵的一系列转变,这些转变改变了人们对工人生产劳动、劳动过程的基本认识,从而改变了人们对劳动的形而上学理解以及"劳动"的概念内涵。在热力学影响生理学的一个相关变化中,生命力或有活力的精神概念逐渐从马克思对人类活动的解释中消失。在热力学出现之前,劳动是一种活动,它将人与动物区别开来,赋予人类在自然界的最高地位,并给从事不同生产劳动的人带来了不同的政治地位。在热力学出现之后,人类的生产劳动可以与自然环境的其他变化相比较。机器、动物或风力和水力所带来的变化,可以代替人类的劳动。现在,在马克思的语境中,资本主义机器生产中的劳动并没有赋予从事生产劳动的人任何特殊的尊严,无论是政治上的还是其他方面的。[①] 在马克思看来,所有的劳动都是人类的劳动,而并不具有任何特殊的先天地位。这样一来,"劳动"这个范畴,在马克思那里就成为一个贯穿人类社会历史的一般哲学范畴。而在不同社会历史时期内的劳动也就有了"新旧之分",也就有了自己不同的社会历史。在不同历史时期的劳动也就具有了不同的人类社会历史意义。

在马克思早期的作品中,马克思更多的是强调劳动的实体性,即劳动作为人存在于自然界的一种具有实在性的物质活动。而在马克思对资本主义的劳动分析中,他认为资本主义社会的劳动是劳动的一种异化形式。只有到了共产主义社会,人的劳动才会回到劳动本身的状态。在这个历史发展过程中,劳动发挥了不同的历史作用。人类社会早期,劳动使人与动物区别开;在资本主义社会,劳动成为一种手段;到了共产主义社会,即在人类的理想社会中,劳动成为人的第一需要,不再是手段,而是成为一种人的自然生存状态的一部分。马克思厘清了"对象性"概念和"异化"概念之间的区别,从而为揭示资本主义社会生产劳动的特殊性找到了切入口。作为对象性的活动的劳动是一直都存在的,但作为异化形式的劳动却只有在资本主义生产中才存在。我们对劳动、资本主

---

① 参见 A. Wendling, *Karl Marx on Technology and Alienation*, London: Palgrave Macmillan, 2009, pp. 61-62。

义可以做两种不同的理解,从而发展出从劳动批判资本主义,以及从资本主义批判劳动两种不同的方式。普殊同针对马克思有关劳动与资本主义的论述,区分了两种形式的社会批判,一方面从劳动的立场对资本主义进行批判,另一方面从资本主义的立场对劳动进行批判。① 第一种理解基于对劳动的一种超历史的理解,认为资本主义是劳动产生紧张关系的社会历史阶段,劳动是资本主义批判的对象。第二种理解则把资本主义看作一种社会历史结构,所要批判的是资本主义生产中的劳动。② 普殊同认为,马克思后期的作品越来越批判资本主义生产中的劳动,而不是从劳动的角度批判资本主义。③

在马克思晚期的作品中,马克思充分吸收了当时自然科学的成就,将能量的相关理解引入了对人类劳动的理解,并对劳动做了本体论的解析,区分出死劳动、活劳动等。马克思反对将人、人的工具、人的劳动产品和自然界本身扁平到一个平面化的本体论地位,主张对劳动做出更为细致的区分。马克思比较了蜘蛛织网、蜜蜂建蜂房与人的劳动的不同。马克思认为,蜘蛛和蜜蜂的活动与人的活动具有相似性,甚至在某些方面超过人类,这些动物的活动仅仅是一种本能,而人的活动却具有主观能动性,是一种有计划、有目的的活动,④ 这就是人的劳动与动物的活动的本质不同。马克思总结道:"劳动过程的简单要素是:有目的的活动或劳动本身,劳动对象和劳动资料。"⑤ 当人通过劳动创造出新的劳动产品时,一部分劳动所蕴含的价值就转移到了劳动产品中,这部分劳动成为固化在生产劳动产品中的"死劳动",而劳动过程中的活动或者劳动本身,则依然具有活力,被称为"活劳动"。"活劳动"包含在劳动力中,这种"活劳动"因为劳动力的劳动过程而被释放出来,并发挥出劳动的作用。马克思认为,当机器成为工人生产劳动中的生产劳动资料,

---

① 参见 Moishe Postone, *Time, Labor, and Social Domination: A Reinterpretation of Marx's Critical Theory*, Cambridge: Cambridge University Press, 1993, p. 5。
② 参见 Moishe Postone, *Time, Labor, and Social Domination: A Reinterpretation of Marx's Critical Theory*, Cambridge: Cambridge University Press, 1993, pp. 5-6。
③ 参见 Moishe Postone, *Time, Labor, and Social Domination: A Reinterpretation of Marx's Critical Theory*, Cambridge: Cambridge University Press, 1993, p. 8。
④ 参见《马克思恩格斯全集》第二十三卷,人民出版社,1972,第202页。
⑤ 《马克思恩格斯全集》第二十三卷,人民出版社,1972,第202页。

机器就不再是工人的生产劳动工具，而成为体现资本家意志的资本的另一种表现形式，成为资本家实现资本增殖的现实工具，此时的机器作为支配和吮吸活劳动力的死劳动而同工人相对立。① 机器只是一种"死劳动"的表现形态，它自己并不创造同"活劳动"一样的价值。"从劳动分为物化劳动和活劳动这一形式上的区别而引出较多量劳动同较少量劳动相交换，这是徒劳无益的。"② 因为，劳动产品的价值是由生产这种劳动产品的活劳动决定的，而不是由生产这种产品的死劳动决定的。

马克思对劳动的理解实现了对以往劳动观理解的历史性超越，揭示了资本主义机器大生产中的劳动异化。马克思关于劳动的理解对以往劳动观的理解的历史性超越主要体现在三个基本方面：其一是马克思理解的劳动不仅是黑格尔等人的精神过程，更是现实的物质运动过程，是人利用生产劳动资料对劳动对象进行改造的有目的的活动；其二是马克思不仅仅是就劳动理解劳动，而是把劳动理解为创造财富的形式；其三是马克思所理解的劳动及其形式已经蕴含着财富分配等问题。在这种生产劳动过程中，活劳动的价值不断被转移到新的劳动产品中，因而创造出新的劳动产品。

海勒（Agnes Heller）把马克思对劳动这种理解上的转变称为从"劳动范式"到"生产范式"的转变。③ 在这种对劳动的"生产范式"的理解中，劳动被视为创造物质财富和精神财富的基本情景。通过劳动，旧的物质资料被改造成新的劳动产品。此时的身体就像机器一样，因为劳动而不断损耗。为了维持新的劳动，他必须不断补充新的能量，然后又通过活劳动的生产劳动过程，而将劳动价值转移到新创造的劳动产品中。在这种典型的生产劳动中，人被贬低为一种生产机器。工作被描述为人的"生命活动"，是自由的、有意识的、普遍的活动本身。劳动的产物是人的本质的物化。这意味着非异化的生命、自我创造的生命与非异化的劳动是同源的。如果工作被异化，人的整个生活也会被异化。④ 这种

---

① 参见《马克思恩格斯全集》第二十三卷，人民出版社，1972，第 464 页。
② 《马克思恩格斯全集》第二十三卷，人民出版社，1972，第 587 页。
③ 参见 Agnes Heller, "Paradigm of Production: Paradigm of Work," *Dialectical Anthropology*, Vol. 6, No. 1, 1981, p. 71。
④ 参见 Agnes Heller, "Paradigm of Production: Paradigm of Work," *Dialectical Anthropology*, Vol. 6, No. 1, 1981, p. 71。

异化不是天生就存在，而是在某种社会生产制度下才会被异化，这种社会制度就是资本主义制度。从马克思对劳动的理解看，人与机器并不具有某种形而上学的先验性平衡，并不具有同等意义上的本体论地位。

马克思关于劳动的"生产范式"或者说是劳动的"生产主义"的理解，既来源于他对当时手工生产劳动的理解，也来自他对现代资本主义机器大生产的理解。马克思区分了不同的劳动形式，他以缝和织为例，认为不同产品的生产有着不同的劳动需求，有时候可能需要通过缝的劳动形式才能生产某种产品，有时候可能需要通过织的劳动形式才能生产某种产品。马克思强调，缝和织具有不同的表现形式，但二者都是人的脑、肌肉、神经、手等的生产耗费，是人类不同的劳动形式。① 而在另一种现代化的生产劳动中产生了另一种劳动形式，即协作，这种劳动形式是许多人在同一生产劳动过程中，或在不同的但互相联系的生产劳动过程中有计划地一起协同劳动。② 在马克思看来，劳动过程所呈现的形式并不是固定不变的，而是随着人类社会历史的发展而不断变化的。哈特和奈格里发展了马克思这种基于现代资本主义生产的劳动观，并认为当代资本主义生产的特点是由一系列不同的篇章所构成的，这些不同的篇章体现了同一生产劳动过程所发生的不同转变及其不同面貌：从工业劳动霸权到非物质劳动霸权，从福特主义到后福特主义，从现代到后现代等，都具有不同的劳动形式和历史面貌。③ 在赛耶斯看来，马克思关于劳动作为形成性活动的理论并不是不言自明的，也不是建立在一个孤立的隐喻上，而是可以通过它所暗示的联系来理解这个隐喻。④ 马克思通过对劳动的这种结构化理解，使劳动成为人与自然关系哲学系统理论中的核心范畴，它在理解人类社会历史发展的过程中起着非常重要的基础性作用。

把劳动纳入社会生产的结构中，这既是对劳动社会历史意义的重要发掘，同时也是对现存劳动形态的深刻理解，更是人类社会发展的历史

---

① 参见《马克思恩格斯全集》第二十三卷，人民出版社，1972，第57~58页。
② 参见《马克思恩格斯全集》第二十三卷，人民出版社，1972，第362页。
③ 参见 Michael Hardt, Anconio Negri, *Multitude: War and Democracy in the Age of Empire*, New York: The Penguin Press, 2004, p. 142。
④ 参见 S. Sayers, "The Concept of Labor: Marx and His Critics," *Science & Society*, Vol. 71, No. 4, 2007, p. 433。

现实。到了马克思那个时代，社会生产的历史现实是人、机器以及其他劳动对象都已经成为社会生产的一部分。马克思发现，在已有的资本主义社会生产情境下，社会生产效率得到了稳步提高，但参与机器大生产的劳动者却越来越痛苦而艰辛。机器提升了整个社会的生产劳动效率，提升了劳动者的活劳动向各种劳动产品所富含的死劳动的转换效率，从而增加了工人生产劳动的痛苦和艰辛。马克思引用密尔的观点说："约翰·斯图亚特·穆勒在他的《政治经济学原理》一书中说道：'值得怀疑的是，一切已有的机械发明，是否减轻了任何人每天的辛劳。'"[①]

马克思在考察了当时的资本主义机器大生产后认为："不言而喻，随着机器的进步和机器工人本身的经验积累，劳动的速度，从而劳动的强度，也会自然增加。"[②] 这种劳动强度的增加，不是为了使工人获得更多的劳动报酬，或者是为了减轻工人的劳动，而是为了使资本家实现资本增殖。工人的劳动更多的是为了资本家的资本增殖的劳动，而不是为了人的第一需要的劳动。马克思把这种劳动现象称为异化的劳动。恩格斯在1845年出版的《英国工人阶级状况》中记述了这种异化劳动对工人的深刻影响。恩格斯指出，工人"这种苦役单调得令人丧气，就象息息法斯的苦刑一样；劳动的重压，象巨石般一次又一次地落在疲惫不堪的工人身上"[③]。在这种资本主义机器生产中，工人的生产劳动不是像以前手工工业时代那样创造一个完整的劳动产品，而是被吸纳为社会生产的一部分，成为整个资本增殖过程的一部分。

当工人的生产劳动因为机器的参与而改变其在社会生产劳动中的地位时，意味着整个人类社会历史的结构也在悄然改变，这种改变首先体现为社会生产劳动分工的历史性改变。在《哲学的贫困》中，马克思指出，"机器对分工起着极大的影响，只要一种物品的生产中有可能用机械制造它的某一部分，生产就立即分成两个彼此独立的部门"[④]，推动整个社会生产劳动分工的进一步发展。马克思以当时英国的棉纺业生产为例，阐明了机器参与生产的这种巨大变化。在机器发明以前，一个国家的工

---

① 《马克思恩格斯全集》第二十三卷，人民出版社，1972，第408页。
② 《马克思恩格斯全集》第二十三卷，人民出版社，1972，第449页。
③ 《马克思恩格斯全集》第二十三卷，人民出版社，1972，第463页。
④ 《马克思恩格斯全集》第四卷，人民出版社，1958，第169页。

业主要是用本地的原料来加工,这种加工往往与生产地所拥有的自然资源有关。"例如:英国加工的是羊毛,德国加工的是麻,法国加工的是丝和麻,东印度和列万特加工的则是棉花等等。由于机器和蒸气的应用,分工的规模已使大工业脱离了本国基地,完全依赖于世界市场、国际交换和国际分工。"① 随后由于有了机器和机车,交通和通信技术得到了更好的发展,现在的纺纱工人可以身处世界各地,共同完成棉纺织等各种产品的生产。②

马克思发现,机器发明之后,英国的社会生产劳动分工有了巨大的进步,这种巨大的进步随着资本的国际流动,而将社会分工进一步扩大到整个世界市场,扩大到整个人类社会。有关机械、机器方面的科学技术进步也使社会生产劳动分工进一步加剧,而每一次社会生产劳动分工的进步,又进一步促使机械、机器方面孕育出新的科学技术进步。马克思指出:"机器生产同工场手工业相比使社会分工获得无比广阔的发展,因为它使它所占领的行业的生产力得到无比巨大的增加。"③ 在资本增殖的驱动下,这种生产力的增加引导了资本的世界性流动,引导了整个社会资源在全球范围内的流向和配置。在《德意志意识形态》中,马克思和恩格斯论述了资本主义机器大生产随着资本的流动对人类社会历史的深刻改变。马克思和恩格斯指出,工场手工业的诞生,就是不同城市间社会生产劳动分工的直接后果,这种工场手工业的出现超出了旧时行会制度所规定的生产劳动范围。④ 由于这种生产劳动范围的时空拓展,那些一开始就与机器联系在一起的生产劳动,很快就展现出巨大的发展潜力,并引导着资本的社会流向,从而使各种社会资源得到历史性的重新配置。

随着社会资源配置的变化,整个社会生产的基础也发生改变。当社会生产的某一个部门开始使用机械或者机器,另一个有关的生产部门也需要与之相适应地采用类似的方法引入机械或者机器,从而使整个机器生产达到某种生产效率的平衡。以机器为基础的生产只能在合作的基础

---

① 《马克思恩格斯全集》第四卷,人民出版社,1958,第169页。
② 参见《马克思恩格斯全集》第四卷,人民出版社,1958,第168页。
③ 《马克思恩格斯全集》第二十三卷,人民出版社,1972,第487页。
④ 参见《马克思恩格斯全集》第三卷,人民出版社,1960,第487页。

上进行，即联合劳动或共同劳动的基础上进行，这种机器生产只需要使用相对少量的生产劳动工人，就能利用各种自然力将大量的原材料、半成品等改造成新的生产劳动产品。[①] 为了更好地利用这种社会化大生产，构成这种社会化大生产的各个生产环节对原材料、半成品的加工也就越分越细，新的社会生产劳动分工而产生的社会生产部门也就越来越多样化。[②] 各种各样与机器大生产相适应的管理机构、协调机构、监督机构、规划机构等都逐渐从原来的社会生产劳动中分离出来，成为整个社会中相对独立的部门，表现为不同类别的社会劳动和劳动分工。

马克思用两个类比说明了机器大生产所带来的这种社会结构的改变：一是将社会分工分离出的各种新部门比喻为整个社会有机体的器官。这些社会器官并不仅仅单独活动，而是要与其他社会器官的活动相协调，统一达成同一个社会生产目标。马克思说，在资本主义机器大生产中，一切规模较大的直接社会生产劳动或共同的生产劳动，都或多或少地需要指挥，[③] 来促进分布在不同生产劳动环节的劳动者协同进行这种社会生产。二是将这种复杂的社会生产劳动分工类比为乐队的分工。乐队中的提琴手需要与其他乐器的演奏者协同，正如社会生产劳动中的劳动者需要与其他劳动者协同完成同一个社会生产劳动目标，这种生产劳动不再像以前任何单独的手工生产一样，具有某种私人性。马克思说："一个单独的提琴手是自己指挥自己，一个乐队就需要一个乐队指挥。"[④] 马克思意识到，资本主义机器大生产的性质，首要的不是私人性，而是社会性。

新的社会生产劳动基础及其结构的建立，并不仅仅是为了商品的交换，而是为了资本的增殖，它孕育了一种新的社会财富生产与支配逻辑。在资本主义社会早期，资本家只是通过剥夺劳动者对生产资料的所有权，而实现对社会财富的占有和对工人的剥削，并不改变既有的生产劳动过程。在这个阶段，旧的手工生产依然存在，劳动者依然能够控制相应的生产劳动过程。但到了资本主义机器大生产阶段，工人的生产劳动已经

[①] 参见《马克思恩格斯全集》第二十三卷，人民出版社，1972，第487页。
[②] 参见《马克思恩格斯全集》第二十三卷，人民出版社，1972，第487页。
[③] 参见《马克思恩格斯全集》第二十三卷，人民出版社，1972，第367页。
[④] 《马克思恩格斯全集》第二十三卷，人民出版社，1972，第367页。

脱离了先前的自然状态，劳动者已经逐渐失去了对整个生产劳动过程的控制权。劳动和劳动力都逐渐成为生产组织者的私人财产，工人也不再拥有对自身劳动力的支配权。这种机器大生产与手工生产方式相比，重要的变化是工资劳动的出现。通过工资，资本家对工人生产劳动的支配获得了合法的外衣。如果资本家把工人生产劳动的全部财富以工资的形式支付给工人，这里面当然不存在剥削。但是，资本家不可能把工人生产劳动的全部财富，作为工人生产劳动的报酬支付给工人，这不能满足资本家对资本增殖的需要。马克思发现了资本家实现资本增殖的两种基本方式：一种是通过延长工人的生产劳动时间，剥削工人生产劳动的绝对剩余价值；另一种是引入机器生产，不断提高生产劳动效率，从而提高单位时间内剥削的程度，获取更多的相对剩余价值。通过这些过程，传统的生产劳动形式逐渐被瓦解，劳动力也被迫从原来的生产劳动过程中剥离出来，成为像机器一样可以被买卖的商品。这也意味着一个由传统手工劳动转变过来的工人阶级已经出现，另一个追逐资本增殖的资产阶级已经形成，资本对劳动力的统治进入了新的历史阶段，一个新的社会历史也已经开启。

　　人与机器共同协作参与的社会生产，彻底打破了传统小农经济时代生产劳动的个体性和私有性，转而任何生产劳动过程越来越具有的是更为广泛而明显的社会性。这种生产劳动的社会性，首先体现为各种社会性生产要素的吸纳，突出地表现为对具有公共性的自然资源的巨量消耗，并由此带来原材料价格的不断上涨。马克思注意到，棉花这些原材料确实是被当作并入生产资本的材料，从而被当作生产者手中的生产资本的要素进入资本主义社会生产过程中的。在资本主义机器大生产中并入社会生产劳动过程中的，除了这些原材料外，还有劳动力和工人本身，还有各种各样的辅助材料，等等。它（他）们的价值都会因为这种人机协同的资本主义机器大生产而转移到新的劳动产品中，并被私人资本家所占有。在这种资本主义社会化生产的早期，作为初级产品或者原材料的自然资源成本很低，这些自然资源或者原材料总是作为机器生产的辅助而存在。但随着整个资本主义机器生产规模的扩大，新的资本必须不断预付在工资、原材料和辅助材料上，初级产品的生产必须使用更多的劳动力和更多的生产资料。在这种资本主义机器大生产的发展过程中，对产量的要求比自然力量所能提供的要高,即这种额外的产出必须在没有这种自然力量的帮助下创造出来,然后以一个新的额外元素的形式进入资本。为了保证同样的产出,需要对资本进行较大的投资。这样,资本主义增长所带来的对原材料需求的迅速增长可能导致原材料的短缺,因为初级生产部门的劳动生产率无法快速提高。马克思指出:"随着劳动生产力的发展,原料的价值会在商品产品的价值中形成一个越来越大的组成部分,这不仅因为原料会全部加入商品产品的价值,而且因为在总产品的每一部分中,由机器磨损形成的部分和由新的追加劳动形成的部分会越来越小。由于这种下降运动,另一个由原料形成的价值部分就相应地增长起来,除非由于制造原料本身所使用的劳动的生产率的提高,使原料价值相应减少,以致这种增长被抵销。"[1] 恩尼斯特·曼德尔(Ernest Mandel)的实证研究再次支持了马克思的基本判断。曼德尔认为,原材料的相对价格和绝对价格普遍上升是19世纪中期的一个显著特征,这足以解释这种趋势的普遍性。[2]

人机协作社会生产劳动的社会性还体现在这种社会生产对科学、技术、文化、意识形态等方面的全方位吸纳上。马克思指出,资本主义机器大生产具有三个主要事实,其中一个就是"劳动本身由于协作、分工以及劳动和自然科学的结合而组织成为社会的劳动"[3]。在马克思看来,所谓的资本主义机器大生产实际上是更多地利用自然科学知识来进行生产。马克思说,新的机器生产的原则,要求以自然力代替人力,不是继续紧紧依靠人们在生产生活实践中所积累的生产劳动经验进行社会生产,[4] 而是将各种各样的生产劳动过程分解为不同的生产劳动阶段,并充分运用不同的科学知识来促进生产劳动。[5] 在这种资本主义机器大生产中,人类知识在机械、劳动的社会组织、科学发现以及人类生产劳动技能中,不断被具体化为各种生产劳动产品。这种产品的生产劳动又反过来影响着现实存在的社会意识。

---

[1] 《马克思恩格斯全集》第二十五卷,人民出版社,1974,第125页。
[2] 参见 Ernest Mandel, *Late Capitalism*, London: Suhrkamp Verlag, 1976, p. 58。
[3] 《马克思恩格斯全集》第二十五卷,人民出版社,1974,第296页。
[4] 参见《马克思恩格斯全集》第二十三卷,人民出版社,1972,第423页。
[5] 参见《马克思恩格斯全集》第二十三卷,人民出版社,1972,第505页。

阿诺维茨认为，在资本主义机器大生产中，资本不仅将劳动纳入其统治之下，也将科学纳入其统治之下。马克思只是暗示，科学与意识形态绝对分离的观点——在马克思主义理论的某些版本中，特别是阿尔都塞版本和一些更老的马克思主义理论版本中——本身就是一种资产阶级意识形态。① 在阿诺维茨看来，资本主义机器大生产中的人与自然的关系，包括人的劳动及其科学实践，是由资本对一切人类活动的吸纳作用所调节的。科学是资本主义机器生产方式下的资产阶级科学。民主与自由、自我管理和控制等现代概念都是伴随着新兴的资本主义机器大生产发展起来的，并被自此之后时代的人们所接受和传播。现代以来的很多科学理论框架也是基本如此，它服从着资本主义机器大生产的社会现实，并改变着我们对世界的认识，转而人们又用这种认识从事着新的生产劳动。

资本主义机器大生产所具有的社会性，塑造了一个新的社会和新的国家形式。在马克思看来，从工场手工业到现代大工业，蒸汽机、新的工具机等机器生产方式的广泛采用，带来的是以往整个社会基础的革命性改变。恩格斯发现，即使是资本主义生产方式尚未成熟时，就产生了贫民窟、家庭解体、工人劳动时间被迫延长到可怕的程度等消极的社会后果，工人已经成为一个庞大的堕落群体。② 此时的整个社会面临着一种新的结构性重构，这种重构的主导权并不在无产者、工人手中，而是在逐渐处于统治地位的资本家手中。在这种新的社会生产实践中，工厂所生产的产品已经不是个人生产的产品，而是许多工人共同生产的产品。③ 资本家利用资本控制了生产资料、工人的生产劳动及其产品的利益分配，并使工人处于更加不利的社会地位。无产阶级在旧社会的生活条件已经被消灭了，无产者也因此变得更加赤贫，他们的家庭关系是同资产阶级的家庭关系完全不同的。机器的发展和改良，促使资本主义制度加剧了无产者原有生存条件的丧失，并逐渐将个别工人与资本之间的

---

① 参见 S. Aronowitz, "Marx, Braverman, and the Logic of Capital," *Insurgent Sociologist*, Vol. 8, No. 2-3, 1978, p. 130。
② 参见《马克思恩格斯全集》第二十卷，人民出版社，1971，第286页。
③ 参见《马克思恩格斯全集》第二十卷，人民出版社，1971，第294页。

个体性矛盾与冲突,演变为工人阶级与资产阶级之间的社会矛盾与冲突。① 旧社会内部的所有冲突促进了无产阶级的发展,同样也促进了资产阶级的发展,这种资产阶级的发展孕育了一种新的国家形式,即现代资本主义国家。

资本主义机器大生产的资本逻辑导致了人的异化。在一般的生产劳动中,工人生产劳动产品是为了自己的生存和发展需要,在资本主义机器大生产中,工人生产劳动产品却是与之相反。在资本主义机器大生产中,资本增殖是社会生产的主要目的,它牵引着整个社会资源的调动与分配。当资本家无法通过延长工人的生产劳动时间获得更多的剩余价值时,机器成为资本家获取更多剩余价值的新式工具。利用这种新式工具,一方面,资本家可以提高生产劳动效率,降低劳动力的生活成本,从而进一步降低工人的工资;另一方面,资本家可据此提高生产劳动效率,加速产品生产。机器改变了以往的手工生产劳动中的随意性,能够将工人固定在机器旁从事相应的生产劳动。马克思发现了这种有机器参与的生产劳动与以往手工生产劳动的不同。

马克思说:"即机器消灭了工作日的一切道德界限和自然界限。由此产生了一种经济上的反常现象,即缩短劳动时间的最有力的手段,竟成为把工人及其家属的全部生活时间变成受资本支配的增殖资本价值的劳动时间的最可靠的手段。"② 在以往的生产劳动中,是工人"使用"工具或者机器,在资本主义机器大生产中,机器"雇佣了"工人,并且控制了整个生产流程和生产劳动的强度,而不是反过来。马克思把这种表现称为资本主义机器大生产中资本对活劳动的"物化"。此时,机器不是作为减轻工人生产劳动负荷的工具而存在,而是连同工人生产劳动的产品,一同作为与工人相对的力量而存在,这种力量凌驾于工人之上,不是服务于工人自己,而是服务于资本主义生产资料私有制之下的资本增殖,这就是资本主义机器大生产中的工人生产劳动的异化。

资本主义机器大生产中生产劳动的异化改变了以往的生产关系,缔

---

① 参见《马克思恩格斯全集》第四卷,人民出版社,1958,第475页。
② 《马克思恩格斯全集》第二十三卷,人民出版社,1972,第447页。

造了一个庞大的"被肢解的"工人群体。在以往的生产劳动中，工人能够控制整个生产劳动过程，而在资本主义机器大生产中，工人的生产劳动逐渐被迫地被肢解为整个机器生产的部分。为了实现机器与工人生产劳动的相互适应，机器被设计为最能适应工人生产劳动的形式，工人的生产劳动再一次被肢解，并变得越来越碎片化，越来越具有趋同性和可替代性。在这种生产关系中，人被迫让位于机器。马克思说："这一切后果包含在这样一个规定中：工人同自己的劳动产品的关系就是同一个异己的对象的关系。"① 对于整个资本主义生产关系而言，"很明显，工人在劳动中耗费的力量越多，他亲手创造出来反对自身的、异己的对象世界的力量就越强大，他本身、他的内部世界就越贫乏，归他所有的东西就越少"②。资本家通过使用机器使生产规模得到扩大，和资本家通过机器使劳动贬值的最终目的是一致的，即获得更多的剩余价值。在资本主义机器大生产中，科学、技术、机器等都只是为了服从工人的生产劳动，服从资本增殖的需要，科学知识也只不过是为了工人生产劳动技能和生产劳动能力向资本增殖转化。马克思发现，"机器还从根本上使资本关系的形式上的表现，即工人和资本家之间的契约发生了革命"③，"机器把工人家庭的全体成员都抛到劳动市场上，就把男劳动力的价值分到他全家人身上了。因此，机器使男劳动力贬值了"④。资本对工人生产劳动的控制进一步增强，并转变为对工人生存的社会性无形控制。

马克思发现了资本主义机器大生产中这种资本逻辑所孕育的整个社会的不稳定性。恩格斯认为，"和生产资料一样，生产本身也从一系列的个人行动变成了一系列的社会行动，而产品也从个人的产品变成了社会的产品。现在工厂所出产的纱、布、金属制品，都是许多工人的共同产品，都必须顺次经过他们的手，然后才变为成品。他们当中没有一个人能够说：'这是我做的，这是我的产品'"⑤。但是，它们又必须服从于以个体私人生产为前提的生产资料占有形式，这就蕴含着一种根本性的

---

① 《马克思恩格斯全集》第四十二卷，人民出版社，1979，第91页。
② 《马克思恩格斯全集》第四十二卷，人民出版社，1979，第91页。
③ 《马克思恩格斯全集》第二十三卷，人民出版社，1972，第434页。
④ 《马克思恩格斯全集》第二十三卷，人民出版社，1972，第433~434页。
⑤ 《马克思恩格斯全集》第二十卷，人民出版社，1971，第294页。

矛盾冲突，即生产的社会化与资本主义生产资料私有制之间的矛盾与冲突。恩格斯认为，生产的社会化与资本主义生产资料私有制之间的矛盾与冲突，正在孕育更多的社会冲突，并成为现代社会一切冲突的重要根源。① 资本主义生产方式越是发展，生产资料私有制与社会化大生产之间的矛盾与冲突就越是会加速在不同的资本主义国家中表现出来，并随着资本家对工人更多剩余价值的占有，而使工人从机器生产中的占有地位变得无足轻重，整个社会化大生产与资本主义生产资料私有制之间的矛盾冲突，也就越发鲜明地暴露出来。

化解这种矛盾和冲突的方式，不是逆转机器大生产的必然趋势，而只能是变革资本主义的生产资料私有制。此时，"无产阶级同样可用科学技术作为反抗剥削的武器"②。因此，"资产阶级的灭亡和无产阶级的胜利是同样不可避免的"③。从这个意义上说，哈特和奈格里仅仅把工人阶级看作不是一个稳定的集体，而是一个开放的多重集体是不够的。④ 在马克思那里，工人阶级不是脱离资本主义关系的集体，而是一个处于资本主义生产关系的集体。奈格里在早期的著作中认为，在资本主义社会中，工人生产劳动的唯一本质特征是拒绝劳动，这一点与资本的具体性具有紧密关系。⑤ 而在马克思那里，工人阶级不是拒绝生产劳动，而是要摆脱资本主义社会生产所带来的异化。

在最近一个世纪，现代资本主义的机器生产出现了许多新的变化。机器在资本主义社会得到了更为广泛的应用。人与机器相互分工协作成为现代工业生产的一种常态。哈特和奈格里认为，在这种场景下，工人阶级已经不可能像在资本主义机器大生产早期那样去破坏机器。现在的工人所从事的生产劳动更多的是脑力劳动，这种劳动更多的是需要他自

---

① 参见《马克思恩格斯全集》第二十卷，人民出版社，1971，第 295 页。
② 刘永谋：《机器与统治——马克思科学技术论的权力之维》，《科学技术哲学研究》2012 年第 1 期，第 52 页。
③ 《马克思恩格斯选集》第一卷，人民出版社，2012，第 413 页。
④ 参见 M. Hardt, A. Negri, *Empire*, London: Harvard University Press, 2000, pp. 103 - 109。
⑤ 参见 A. Negri, "Archaeology and Project: The Mass Worker and the Social Worker," in *Revolution Retrieved: Writings on Marx, Keynes, Capitalist Crisis and New Social Subjects (1967-83)*, London: Red Notes, 1988, p. 112。

己的脑袋，而不是可能被替代的躯体。[1] 尼古拉斯·索沃本（Nicholas Thoburn）认为，如果不像奈格里那样将劳动理解为一种自治化的自我生产，就没有理由拒绝劳动。[2] 对于马克斯·霍克海默（Max Horkheimer）和西奥多·阿多诺（Theodore W. Adorno）来说，他们更相信无论资本主义怎么变化，资本对一切社会关系的绝对权力并没有根本性的改变。即使是脑力劳动、精神生产的文化产品，也只不过是资本驱动和统治的另一种表现，是机器大生产对私人领域的现代入侵，这种入侵表明的是，资本的积累和扩张达到了普通生活的最远范围。[3]

用恩泽斯伯格（Hans Magnus Enzensberger）的话来说，晚期资本主义的倾向是将思想工业化，就像资本主义在其崛起过程中使商品生产工业化一样。[4] 人的思维变得更加机械化，大脑的机器化也变得越来越紧迫，把大脑通过机器的形式展现出来并表现出大脑的功能自然成为一种新的社会需求。每一位机器的设计者或者说资本家都希望机器具有更多的自主生产劳动能力，这种资本的驱动力使机器重新回到一种技术化、分割化和退化的生产工具的历史地位。这种资本主义机器生产的历史演变，没有否定马克思所揭示的资本主义机器大生产的资本逻辑，相反印证了马克思物化理论的科学性。所谓的机器大生产，只不过是人类的科学认识在机械、劳动的社会组织、科学发明以及人类生产劳动技能中的对象化和物化。

在《德意志意识形态》中，马克思和恩格斯指出："任何人类历史的第一个前提无疑是有生命的个人的存在。"[5] 对于马克思和恩格斯来说，奠基于资本主义机器大生产的意识形态，并不是任何人主观意志强加于工人阶级之上的意识形态，而是资本主义社会历史实践发展的必然，是资本主义现实的物质生产实践的历史产物。马克思的意识形态理论，始于对商品的出现被物化为独立于人类活动而存在的实践过程的理解。

---

[1] 参见 M. Hardt, A. Negri, *Empire*, London: Harvard University Press, 2000, pp. 87–93。
[2] 参见 Nicholas Thoburn, *Deleuze, Marx and Politics*, London: Routledge, 2003, p. 178。
[3] 参见 M. Horkheimer, T. W. Adorno, *Dialectic of Enlightenment*, Stanford: Stanford University Press, 2002, pp. 31–162。
[4] 参见 H. M. Enzensberger, *The Consciousness Industry: On Literature, Politics and the Media*, New York: Seabury, 1974, pp. 105–163。
[5] 《马克思恩格斯全集》第三卷，人民出版社，1960，第23页。

马克思和恩格斯认为:"思想、观念、意识的生产最初是直接与人们的物质活动,与人们的物质交往,与现实生活的语言交织在一起的。观念、思维、人们的精神交往在这里还是人们物质关系的直接产物。表现在某一民族的政治、法律、道德、宗教、形而上学等的语言中的精神生产也是这样。"① 资本主义机器大生产带来了工人阶级与资产阶级的意识形态,这主要是由工人阶级与资产阶级在资本主义机器大生产中的不同社会地位、不同社会角色所决定的,而不是人们自己想怎样就会怎样。"统治阶级的思想在每一时代都是占统治地位的思想。"② 不管资本主义机器大生产如何变化,资本主义机器大生产中的物质生产和精神生产都会打上资本的烙印,并受制于资本逻辑的内在驱动。无论是从生产劳动过程的角度,还是从社会整体利益的角度,资本家利用机器减少劳动力、控制质量等干预活动,都只不过是服务于资本家对剩余价值的追逐。资本家对剩余价值的追逐是资本主义生产方式的关键内生动力,这种内生动力加速将工人的生产劳动消耗和精神生产,转变为资本主义机器大生产中的微小环节,并将其物化为工人的异己力量,在这种情况下,工人追求自身的解放已经不可避免,这也注定了工人阶级肩负着重塑机器在场的人类社会历史的艰巨使命。

---

① 《马克思恩格斯全集》第三卷,人民出版社,1960,第29页。
② 《马克思恩格斯全集》第三卷,人民出版社,1960,第52页。

第三章 马克思机器论的发展理路

面对资本主义机器大生产，马克思不仅发现了资本主义机器大生产与传统手工业生产的许多不同，而且发现了资本主义机器大生产可能带来的广泛而深刻的社会历史影响。马克思发现了资本主义机器大生产所带来的劳动异化、去技能化劳动等对工人的深刻影响，并积极寻求社会转型或者新的社会变革。随着资本主义机器大生产历史局限的日益暴露，对资本主义机器大生产的批判成为马克思之后的时代不可忽视的重要任务，它促使我们重新思考人、机器、社会的历史发源地和未来可能的种种不确定性。无论是在马克思时代的资本主义机器大生产中，还是在马克思逝世后的后工业机器生产和现当代人机协作的社会生产中，人类都越来越感受到，人必须学会与机器相处，适应机器在场的生产劳动情境和与机器共处的生活节奏，并努力使自己适应新的生产劳动构境。尤其是在最近一百年，机器就像人一样存在着，并让人感受到某种"机器恐惧"，这既是资本主义机器大生产及其后工业时代、后现代对机器展开批判性分析的重要原因之一，也是马克思关于机器的论述仍然具有重要的当代价值的重要原因。

一 资本主义机器大生产

随着机器进入生产领域以及蒸汽机的出现和广泛应用，马克思所生活和分析的世界在随后的人类社会历史中永远地改变了，这种改变既使马克思在其中晚期作品中提出了一些不同于青年时期的认识，也使许多学者持续探讨马克思关于机器的论述。在马克思后期作品中，异化的主题与他对机器劳动和技术的理解紧密相连。马克思认为，机器进入资本主义生产实践以后，工人生产劳动的异化更加严重。机器自动地完成了原来工人所承担的所有有趣的工作，它使无产阶级的生产劳动变得越来越单调和重复。马克思引用恩格斯在《英国工人阶级状况》中的描述说，工人在资本主义机器大生产中的劳动就是一种苦役。"这种苦役单调得令人丧气，就象息息法斯的苦刑一样；劳动的重压，象巨石般一次又一次地落在疲惫不堪的工人身上。"① 这种苦役的生产劳动境遇，使工人产生了一种虚假的意识形态，当时的工人以为造成这种苦役式劳动的是机器，他们将机器视为一种危险的竞争对手，然后工人们开始反抗这种新的生产手段，开始砸毁机器。马克思提醒工人们，"一切资本主义生产既然不仅是劳动过程，而且同时是资本的增殖过程，因此都有一个共同点，即不是工人使用劳动条件，相反地，而是劳动条件使用工人，不过这种颠倒只是随着机器的采用才取得了在技术上很明显的现实性"②。工人要想摆脱这种苦役式的生产劳动，不是要砸毁机器，而是要改变造成这种苦役式劳动的社会制度。马克思的这种理解，既包含了他对机器生产的理解，更体现了他对机器生产中人的理解。在这种理解中，人具有不同于机器的优先地位。人的优先地位不是因为先天存在，而是因为马克思追溯了机器发展的历史后认为机器是人制造的机器。

在对资本主义机器生产的持续批判中，马克思试图重建人在资本主义机器大生产中的应有社会历史地位，这种历史地位的摧毁与重建也与西方近代科学的历史发展有关。自西方近现代科学诞生以来，人类社会对人自身的理解不再像以前那么神秘，而是试图用各种各样的科学术语和科学原理去理解人、理解人的存在。温德林认为，这些精力充沛的能量化术语破坏了较早的黑格尔关于劳动的概念内涵，精神作为一种与自然在性质上不同的力量，塑造自然并留下它的印记。精力充沛的能量科学也破坏了人们对动物、人类和机器之间所有质的差别的已有传统认识。③ 人在机器面前变得微不足道。根据当时的科学成就，马克思认为，在资本主义机器大生产中，在以往的生产劳动中非常重要的个人生产劳动技能，已经在科学、自然力、社会性劳动面前变得微不足道，并连同机器一起成为资本权力支配的对象。④ 资本家非常喜欢这种资本主义机

---

① 《马克思恩格斯全集》第二十三卷，人民出版社，1972，第463页。
② 《马克思恩格斯全集》第二十三卷，人民出版社，1972，第463~464页。
③ 参见 A. Wendling, *Karl Marx on Technology and Alienation*, London：Palgrave Macmillan, 2009, p.3.
④ 参见《马克思恩格斯全集》第二十三卷，人民出版社，1972，第464页。

器大生产所赋予的"主人"权力，因为这种权力保证了工人源源不断地创造出新的价值，并通过机器的生产流程规定了工人生产劳动的秩序和节奏。即使是在后来的机器形态演变中，资本主义的机器生产也依然在规定着人在机器生产劳动中的秩序和节奏，而不是相反。但是，马克思认为，机器是人制造的机器，是应该为人服务的机器，而不应该是束缚人的机器。马克思批判了当时的经济学家将机器的资本主义应用与机器本身等价起来的观点，并认为"机器本身对于把工人从生活资料中'游离'出来是没有责任的"①。不是机器本身具有将工人变为机器的附庸的基本属性，而是资本主义生产方式将工人变成了机器的附庸。

马克思认为，在资本主义机器大生产中，工人既不拥有也不了解生产资料，也不了解他们用于从事生产劳动的工具，这是工人不断受到资本家剥削，并使自己受资本家剥削的重要原因。在资本主义机器生产中，工人的生产劳动已经被并入一个庞大的机器体系中，而成为资本主义机器大生产中的一个部分。马克思论述了工人生产劳动在这种资本主义机器大生产与工场手工业生产劳动中的典型不同。马克思指出，在工场手工业和手工业中，是工人利用工具，劳动资料的运动从工人出发，工人是一个活机构的肢体，而在工厂中，是工人服侍机器，工人跟随劳动资料的运动，工人被当作活的附属物并入死机构。② 从整个资本主义机器生产来看，资本主义机器生产中的工人，已经变得与他一起从事生产劳动的物理机器一样，成为资本的附属物，成为资本增殖的工具。甚至工人的个人消费，在一定限度内，也不过是资本再生产过程中一个必不可少的要素。③ 马克思以罗马的奴隶劳动为比较对象，认为罗马的奴隶劳动是由锁链所控制，而在资本主义机器大生产中，工人则是由看不见的线系在了资本所有者的手里。这种资本主义机器大生产，剥夺了工人在生产劳动过程中的兴趣和个性，使工人的生产劳动不是跟随自己的意愿，而是服从于资本增殖的利益。随着资本主义机器大生产的进一步扩大，工人的生产劳动也被资本主义机器大生产肢解得越来越碎片化，机器却越来越集约化，并呈现出机器代替人的可能趋势。

---

① 《马克思恩格斯全集》第二十三卷，人民出版社，1972，第483页。
② 参见《马克思恩格斯全集》第二十三卷，人民出版社，1972，第463页。
③ 参见《马克思恩格斯全集》第二十三卷，人民出版社，1972，第629页。

马克思的论述使人们认识到资本主义机器大生产似乎已经开始孕育一种新的拜物教，即机器拜物教。温德林在研究马克思的技术异化思想时认为，商品拜物教是在资本主义商品经济中的交换领域所表现的异化，机器拜物教是在资本主义机器大生产的生产领域所表现的异化。在这两种情况下，归属于对象的神秘性质不是由对象本身产生的，而是从它们的使用价值的角度来考虑的，是当它们的交换价值决定了它们的使用价值以及它们产生的形式和数量时所产生的特定幻觉。[1] 这种幻觉源自机器生产所产生的巨大生产力，源自工业机器已经在资本主义机器大生产中所展现出的能够产生更多物质财富的巨大潜力。工人生产了机器，但机器却不被工人所掌握，而是成为与工人生产劳动相异化的客观存在，即成为资本家榨取剩余价值的工具，而不是减轻工人生产劳动负荷的生产工具。在这种重视利润或交换价值而不是充分考虑社会公共效益的资本主义应用下，机器并没有得到最佳利用，而是成为资本家崇拜的对象，使其竞相追逐机器的改良与更新。这种改良与更新，不是为了人的发展，而是为了追逐更多的剩余价值。温德林认为，资本主义机器大生产中所产生的机器拜物教，不是与工人生产劳动及其生产消费的惰性有关，而是与机器这种生产资料所蕴含的生产活力有关。这种机器所蕴含的生产活力不仅来自同时代人类对人类社会整体科学知识的客观化认知，更来自人类所积累下来的科学认识，来自人类过去社会历史实践的不断积累。[2] 这就是马克思所说的蕴含在机器中的"死劳动"及其价值。

产生机器拜物教的根本原因是机器的广泛应用加速了活劳动向死劳动转换的效率，使劳动呈现一种集约化的倾向，即活劳动越来越向死劳动"集约"，越来越向资本集约。在温德林看来，对于资本家来说，资本主义机器大生产中的劳动集约化经历了三个阶段：机器的引进、劳动粗放程度的提高和劳动集约化程度的提高。首先是机器的引进，机器取代了熟练的工匠或传统的手工劳动人员，在早期工业生产中较少出现的妇女和儿童逐渐取代了传统手工业生产中的男性成员。其次是增加工人

---

[1] 参见 A. Wendling, *Karl Marx on Technology and Alienation*, London: Palgrave Macmillan, 2009, p. 57。

[2] 参见 A. Wendling, *Karl Marx on Technology and Alienation*, London: Palgrave Macmillan, 2009, p. 55。

的生产劳动时间，充分利用机器创造更多的剩余价值。最后是商品的生产速度越来越快，资本家逐渐突破生产劳动时间的限制，资本主义机器大生产中的生产劳动密集程度也因此越来越高。[①]马克思发现了资本主义机器大生产中资本对工人生产劳动的这种独特的吸纳作用，揭示了资本对活劳动的集约机制，由此揭示了资本家对工人生产劳动的剥削。马克思指出，在资本主义机器生产中，机器因为能够提高生产劳动效率，使资本的任意发展与资本对他人劳动无偿占有的欲望得到了同步发展。[②]在资本逐利的驱动下，资本主义机器大生产中人与机器的结合，不是减轻了工人的生产劳动，而是强化了资本对工人生产劳动的控制力。通过机器，资本家的意识和意志得到了新的贯彻和施行。马克思说："由于在机器上劳动看来很容易，由于妇女和儿童比较温顺驯服，这种反抗无疑减小了。"[③] 这样一来，机器成为资本吸纳所有劳动，并将活劳动加速转变为死劳动的现实工具，从而成为资本增殖的现实工具，这种机器生产的新逻辑得到进一步固化。

从工人阶级的立场看，资本主义机器大生产不仅加速了资本对劳动的吸纳，劳动越来越向资本集约，同时存在着一种劳动"去技能化"的倾向。马克思发现了资本主义机器大生产中的劳动去技能化这种新现象。所谓的去技能化，实际上是指工人在资本主义机器大生产中越来越不需要像以往一样的较高水平的劳动技能，而只需要较低水平的劳动技能便能很好地适应资本主义机器大生产。这种资本主义机器大生产降低了生产劳动的技能要求，但同时也使得原来的生产劳动技能逐渐退化，从而迫使工人为了生存和发展不得不加速学习更多的新劳动技能。马克思说："资本主义生产的整个体系，是建立在工人把自己的劳动力当作商品出卖的基础上的。分工使这种劳动力片面化，使它只具有操纵局部工具的特定技能。"[④] 机器的资本主义应用更是强化了这种生产劳动的去技能化。以前需要熟练的男性工人才能完成的生产劳动，现在只需要并不掌握熟

---

① 参见 A. Wendling, *Karl Marx on Technology and Alienation*, London: Palgrave Macmillan, 2009, pp. 111–112.
② 参见《马克思恩格斯全集》第二十三卷，人民出版社，1972，第 441~442 页。
③ 《马克思恩格斯全集》第二十三卷，人民出版社，1972，第 442 页。
④ 《马克思恩格斯全集》第二十三卷，人民出版社，1972，第 471 页。

练生产劳动技能的妇女和儿童就能完成。这就意味着工人们为了生存和工作，必须承受迅速发展新生产劳动技能的日常压力，甚至工人被淘汰的速度比机器更新的速度还要快。在这样的环境下从事生产劳动，劳动者积累的劳动、技能、力量等变成了负担，因为这并不一定能够帮助劳动者很快学习新的生产劳动技能。对于工人来说，资本主义机器大生产已经迅速改变了工人的生产劳动环境，工人的生产劳动技能要求似乎仅仅会保留在一代人之内，而无法得到更新的历史延续。工人们必须花费比以往更多的时间来不断学习新的生产劳动技能，以避免被机器生产的社会所淘汰。

马克思洞察到了资本主义机器大生产中生产劳动集约化和生产劳动去技能化的严重社会后果。传统熟练的男性工人被迫贬值，并被不断地抛到劳动力市场，成为更加廉价的劳动力。马克思指出，机器使男劳动力贬值了。采用了机器进行生产后，在其他因素不变的情况下，购买有四个劳动力的一家也许比以前购买家长一个劳动力花费得更多了，但实际上现在购买有四个劳动力的一家所产生的剩余价值，要比原来购买一个劳动力所创造的剩余价值多得多，因而每个劳动力维持自己生活所需的社会必要劳动时间实际上是缩短了，这样资本家下次再购买同样的劳动力则只会更便宜。[①] 采用了机器的资本主义生产，还因为生产劳动效率的提高，将大量熟练的劳动工人抛到劳动力市场，成为新的剩余劳动力，从而进一步加速了工人生产劳动的贬值，加速了工人与资本家不平等地位的演化，机器逐渐成为资本家榨取工人更多剩余价值的手段。原来可能只需要一位男性家庭成员在资本主义机器工厂参与社会生产劳动，就能维持一家人的正常生活，现在可能已经需要三个甚至四个家庭成员在资本主义机器工厂参与社会生产劳动，才能维持一家人的正常生活。马克思认为，资本主义机器应用一开始，就在不断提高资本家对工人的剥削程度。[②] 在马克思看来，这种资本主义机器大生产与人的自由全面发展是相背离的，是一种异化的存在。马克思指出了这种机器的资本主义应用的根本性质。马克思说，在资本主义机器生产中，"一切发展生产

[①] 参见《马克思恩格斯全集》第二十三卷，人民出版社，1972，第434页。
[②] 参见《马克思恩格斯全集》第二十三卷，人民出版社，1972，第434页。

的手段都变成统治和剥削生产者的手段，都使工人畸形发展，成为局部的人，把工人贬低为机器的附属品，使工人受劳动的折磨，从而使劳动失去内容，并且随着科学作为独立的力量被并入劳动过程而使劳动过程的智力与工人相异化"①，这就是资本主义机器大生产最根本的"罪状"。

在这种背景下，马克思把资本主义机器大生产中的机器视为从未出现过的"铁怪物"。这种铁怪物并不是自然界纯粹天然的存在，而是工人生产劳动的历史产物，是资本家榨取工人更多剩余价值的工具。马克思这样描述了资本主义机器大生产的生产场景，他说："通过传动机由一个中央自动机推动的工作机的有组织的体系，是机器生产的最发达的形态。在这里，代替单个机器的是一个庞大的机械怪物，它的躯体充满了整座整座的厂房，它的魔力先是由它的庞大肢体庄重而有节奏的运动掩盖着，然后在它的无数真正工作器官的疯狂的旋转中迸发出来。"② 一方面，马克思肯定了作为近现代科学技术重要成就的现代机器对生产力水平提高的重要贡献。他从资本主义机器大生产中看到了科学技术革命对推动生产力水平提升、提高生产劳动效率，以及把人类从繁重的体力劳动中解放出来的可能性。另一方面，马克思也看到了机器的资本主义应用可能带来的相反的人类社会历史后果，即机器的资本主义应用不仅没有减轻工人生产劳动的负担，反而以其可怕的形式强化了工人的生产劳动强度，使工人的生产劳动成为剩余价值的源泉。"这种劳动就其物质的统一来说，则从属于机器的，固定资本的物的统一。这种固定资本象一个有灵性的怪物把科学思想客体化了，它实际上是一个联合体，它决不是作为工具同单个工人发生关系，相反，工人却作为有灵性的单个点，作为活的孤立的附属品附属于它。"③ 在马克思看来，资本主义机器大生产已经塑造了一种异化的新型社会生产劳动关系。

在资本主义机器大生产所塑造的社会生产劳动关系中，人与人、人与物的关系得到了历史性重塑。此时的机器是昂贵的，不仅需要投入大量的精力去研发，还需要投入大量的货币资本去维护，以保证机器的正常运行。其结果是只要资本主义生产资料私有制还存在，工人的生产劳

---

① 《马克思恩格斯全集》第二十三卷，人民出版社，1972，第708页。
② 《马克思恩格斯全集》第二十三卷，人民出版社，1972，第419页。
③ 《马克思恩格斯全集》第四十六卷上册，人民出版社，1979，第469页。

动就会不断贬值,机器的价值就会不断被高估,这就是机器异化和科技异化的一种新表现。在资本主义机器大生产所塑造的生产劳动关系中,人与机器似乎存在着一种不可调和的内在冲突,即机器的地位因为吸纳工人的生产劳动价值和智慧而不断提升,而人的地位却在不断降低。资本主义机器大生产中新生产劳动关系的历史生成,是由工人的生产劳动逐渐被机器生产所替代而决定的,是由资本的增殖需求所决定的。温德林把这种资本主义机器大生产所产生的异化归为资本主义机器大生产不可抗拒的自然规律,以及资本逻辑导致的一个典型症状。[①]

阿诺维茨认为,由此,我们就可以跟踪发现科学与资本主义社会历史发展的内在关系,发现在资本主义机器大生产中资本是如何控制了科学研究的对象和规模,并成为统治科学、工人乃至整个自然界的工具。阿诺维茨说,来自心理学领域的研究表明,有关机械和机器的理解深刻地影响了那个时代的我们对于世界图景的想象。心理学与物理学的成就为我们理解资本主义机器大生产的历史过程提供了一个合理的解释框架。即使我们承认机械化的哲学解释原则是对世界图景的合理解释,而并不需要现实的经济关系相对应,我们也能看到资本是如何强制性地将自然科学知识纳入其统治的。当资本家声称其认识论是不变的自然法则时,世界图景的机器化本身就是他们所构建的社会意识形态。[②] 这种社会意识形态的产生,意味着资本对物质生产的控制已经开始向人类思想领域的精神生产延伸。

资产阶级构建了以资本增殖为核心的资产阶级意识形态。在这种意识形态中,所有对世界的理解都被量化为可以进行科学测量的数据。对世界形成科学的数据化认知,这本来是人类文明的一种历史性进步,却被资产阶级的资本增殖意图所裹挟。马克思说:"法国和英国的资产阶级夺得了政权。从那时起,阶级斗争在实践方面和理论方面采取了日益鲜明的和带有威胁性的形式。它敲响了科学的资产阶级经济学的丧钟。"[③]

---

① 参见 A. Wendling, *Karl Marx on Technology and Alienation*, London: Palgrave Macmillan, 2009, p. 134。
② 参见 S. Aronowitz, "Marx, Braverman, and the Logic of Capital," *Insurgent Sociologist*, Vol. 8, No. 2-3, 1978, p. 130。
③ 《马克思恩格斯全集》第二十三卷,人民出版社,1972,第 17 页。

马克思所说的"它敲响了科学的资产阶级经济学的丧钟",不是说资产阶级彻底终结了人类的科学认知,而是说资产阶级的意识形态对人类的科学认识形成了干扰,这种意识形态渗透了资产阶级太多的主观性,导致人们并不能科学认识现实世界的运动。他们所关心的不是这个原理或者那个原理是不是科学认识,而是它是否符合资产阶级的利益,是否维护了资本主义制度本身的存在。不偏不倚的研究让位于豢养的文丐的争斗,公正无私的科学探讨让位于辩护士的坏心恶意。① 马克思甚至直截了当地指出:"大工业则把科学作为一种独立的生产能力与劳动分离开来,并迫使它为资本服务。"② 阿诺维兹阐述了这种具有资产阶级特征的意识形态并认为,弗兰西斯·培根(Francis Bacon)雄辩地阐述了实验是人类获取科学知识的重要科学方法,这本来是人类认识世界的一种进步。但是在资本主义社会中,科学家成为一种反映社会阶级及其意识形态的媒介,人们根据科学家对世界的研究成果认识世界。此时的科学知识,不是由现实的生产劳动实践作为基本前提所决定的,而是由一切资产阶级生产方式内的一切活动,由其生产工具、生产方式所决定的,是由资产阶级的意志所决定的。③ 资本主义机器大生产中的科学研究,突出的特点是资本将自身的意志强加于科学研究,所产生的科学知识也是为资本服务的科学知识。

资本主义机器大生产不仅缔造了资产阶级,同时也缔造了它的对立面,即无产阶级。马克思和恩格斯说:"随着大工业的发展,资产阶级借以生产和占有产品的基础本身,也就从它的脚底下抽掉了。它首先生产的是它自身的掘墓人。"④ 无产阶级的产生不仅是因为经济,更是因为机器的资本主义应用所带来的人的异化。在马克思看来,从手工工具的生产劳动到资本主义机器大生产,机器服务于资本增殖而不停歇地生产,工人只能被迫地参与到生产劳动中。在这种生产劳动中,机器成为主动的、超级强大的、完全失去个性的生产劳动主体。人必须围绕机器生产

---

① 参见《马克思恩格斯全集》第二十三卷,人民出版社,1972,第17页。
② 《马克思恩格斯全集》第二十三卷,人民出版社,1972,第400页。
③ S. Aronowitz, "Marx, Braverman, and the Logic of Capital," *Insurgent Sociologist*, Vol. 8, No. 2-3, 1978, p.134.
④ 《马克思恩格斯全集》第四卷,人民出版社,1958,第479页。

的特点，不断重复各种生产劳动中的某个环节或者动作，这就形成一种在以往的生产劳动中极其少见的新型人与生产工具的关系，即在这种人与生产工具的特殊关系中，人不再是生产工具的主体，人为机器服务，此时的人不是机器的主人，而机器才是人的主人，但实际上机器也只不过是资本家为了实现新的资本增殖而购买的固定资本，因此，在这种生产劳动中，资本才是工人生产劳动真正的主人。马克思提醒我们，仅仅从经济层面理解机器的资本主义应用是不合理的。因为这种人与机器的关系是建立在机器作为一种资本增殖手段的特殊性质之上的，是建立在资本主义生产的内部结构之中的。人与机器在生产劳动中这种历史性的改变，不是生产劳动工具的简单改变，而是人与生产劳动工具基本关系的历史性改变。

在人与机器这种新的生产劳动关系下，机器制造是以一种新的方式使用人类的劳动力。在工业革命发生的世界，机器大规模生产完全基于所获得的新形式，意味着从单纯的工具手工业时代过渡到机器无处不在的新时代。工业中机器的引入，并不是因为使用机械来做一些工作可以减轻人类的负担，而是因为资本家发现机器可以提高生产劳动效率，可以成为生产过剩商品和剩余价值的强大手段。它缩短了工人维持自身生存所用的生产劳动时间，延长了工人免费提供给资本家的那部分生产劳动时间。格里金地认为，根据马克思的观点，在资本主义机器大生产中，工人与机器一样，只是整个机器生产中的一个组成部分，他们不是这个机器生产过程的主人，而是机器的仆人。机器生产使工人生产劳动动作标准化，这种标准化确保了所涉及的人类生产劳动工具的无限互换性。工人可以同样好地连接到相应机器生产劳动设备的任何部分，他不再需要有任何专业化的生产劳动技能。从更为普遍的角度来看，资本主义机器大生产已经终结了旧制造业中所有由不同工人的个人生产劳动技能产生的等级制度和差异。现在，在资本主义机器生产中，人与机器都是一样的，都是资本家获得更多剩余价值的工具。[①]

无产阶级在资本主义机器大生产中所处的特殊地位，促使无产阶级逐渐具有了自己的意识形态，这种意识形态的核心在于反对资产阶级意

---

① 参见 Fabio Grigenti, *Existence and Machine*, Cham: Springer, 2016, p.16.

识形态对资本主义机器大生产的渗透及其对工人生产劳动的异化。马克思认为,工人必须创立自己的科学理论,并运用这种科学理论把工人从异化的生产劳动中解放出来。如果不实现这种解放,工人就会永远在这种生产劳动中锻造自己的枷锁,只能被迫地参与这种异化的生产劳动。在《资本论》第一卷中,马克思总结道:"在资本主义体系内部,一切提高社会劳动生产力的方法都是靠牺牲工人个人来实现的;一切发展生产的手段都变成统治和剥削生产者的手段,都使工人畸形发展,成为局部的人,把工人贬低为机器的附属品,使工人受劳动的折磨,从而使劳动失去内容,并且随着科学作为独立的力量被并入劳动过程而使劳动过程的智力与工人相异化;这些手段使工人的劳动条件变得恶劣,使工人在劳动过程中屈服于最卑鄙的可恶的专制,把工人的生活时间变成劳动时间,并且把工人的妻子儿女都抛到资本的札格纳特车轮下。"[1]

科亨(Gerald Allan Jerry Cohen)认为,或许我们有些人会对马克思有关资本主义的谴责感到困惑。有些学者甚至认为,只有在资本家不给工人劳动报酬的情况下,马克思对资本家的谴责才是合理的。如果资本家拥有合法的生产资料,并为工人所从事的生产劳动支付了工资,那么这就不构成剥削。对此,科亨说,"贡献"并不能证明没有剥削,因为生产资料中的资本主义财产是盗窃,资本家"提供"的只是道德上不应该由他提供的东西。[2] 质言之,剥削的前提是资本主义生产资料私有制及其所有权的不公平性。无产阶级意识形态的核心就是要推翻资本主义机器大生产背后的资本主义生产资料私有制,消灭资本主义生产资料私有制下资产阶级对工人生产劳动的剥削。无产阶级革命实践的目的就是要把工人从这种异化生产劳动中解放出来,实现人自由而全面的发展。

在马克思的设想中,无产阶级需要通过有组织的革命力量来实现自身的解放。马克思说,至今所有的人类社会历史都是在阶级对立中演进的。在资本主义社会历史中也一样,只不过是这种阶级对立已经演变为资产阶级与无产阶级的对立。所以,各个时代的社会意识,总是在那些

---

[1] 《马克思恩格斯全集》第二十三卷,人民出版社,1972,第707~708页。
[2] 参见 G. A. Cohen, "Review of Allen Wood's *Karl Marx*," *Mind*, Vol. 92, No. 367, 1983, p. 442。

只有随着阶级对立的彻底消逝才会完全消逝的意识形态中演进的。① 资本主义机器大生产已经造就了资产阶级和无产阶级两个对立的阶级。现在,资产阶级已经取得了整个社会意识的统治权,并由此带来了工人的异化。无产阶级要实现自身的解放,第一步就是要通过无产阶级革命,建立无产阶级政权,实行生产资料的公有制,把一切生产工具集中在无产阶级自己手里,并尽可能更快地增加生产力的总量。② 为了实现无产阶级的解放,马克思和恩格斯根据当时的工人运动,为工人革命提出了包括剥夺地产、征收高额累进税、废除继承权等在内的一系列措施和办法。马克思和恩格斯认为,只有通过革命实践,无产阶级才能建立一个以生产资料公有制为基础的共产主义社会。在马克思和恩格斯所设想的共产主义社会中,人与人之间不是一种资本主义机器大生产所造就的围绕资本增殖的物化生产关系,而是因为生产劳动的相互依赖与联合而获得人自由而全面发展的历史条件。马克思和恩格斯说,在那里,"代替那存在着各种阶级以及阶级对立的资产阶级旧社会的,将是一个以各个人自由发展为一切人自由发展的条件的联合体"③。

在资本主义机器大生产下,寻求人类社会历史的转型或者变革成为人类社会历史发展的必然。马克思向我们展示了这种社会转型的客观方面与主观方面。马克思认为,利润率的下降和资本积累的加速,是资本主义社会生产力历史发展中同一过程的两种不同表现。马克思发现,资本主义运动存在着这样一对矛盾,即随着资本积累的加速,利润率会逐渐下降,资本主义生产方式也会因此而破产。马克思指出:"总资本的增殖率,即利润率,是资本主义生产的刺激(因为资本的增殖是资本主义生产的唯一目的),就这一点来说,利润率的下降会延缓新的独立资本的形成,从而表现为对资本主义生产过程发展的威胁;利润率的下降在促进人口过剩的同时,还促进生产过剩、投机、危机和资本过剩。"④ 资本主义社会总是在某种历史的限制中发展,从而展现出这种社会的暂时性和过渡性。资本主义生产方式在生产力的发展中遇到一种同财富生产本

---

① 参见《马克思恩格斯全集》第四卷,人民出版社,1958,第489页。
② 参见《马克思恩格斯全集》第四卷,人民出版社,1958,第489页。
③ 《马克思恩格斯全集》第四卷,人民出版社,1958,第491页。
④ 《马克思恩格斯全集》第二十五卷,人民出版社,1974,第270页。

身无关的限制，证明了资本主义生产方式的局限性和它历史的、过渡的性质。① 当然，马克思所说的资本主义社会历史转型并不会很快到来，这需要一些主观的条件。在马克思看来，无产阶级的出现就是加速资本主义灭亡的主观因素。资本主义机器大生产所孕育的大量工人，就是推动资本主义社会发生历史性转型的现实力量，他们是社会变革的革命性力量。资本主义机器大生产一方面生产了大量的资本家，另一方面也缔造了无数的产业工人。随着社会生产实践的发展，工人的生产劳动技能也会不断提高，工人的认知视野也会不断扩大，工人的社会组织活动能力也会不断增强，这种能力与视野的历史结合，将赋予工人阶级不断增长的政治能力，并使人类社会历史向着更有利于工人自身解放的方向发展。而此时工人阶级已经是人类社会的大多数，他们的解放意味着更多社会成员的解放，这种解放就不再是极少部分人的意志，而是更多社会成员的集体意志。人类社会也将会从代表少部分社会成员意志的资本主义社会，转向代表更多社会成员集体意志的共产主义社会初级阶段，直到走向代表全体社会成员意志的共产主义社会高级阶段。

二 后工业时代的机器生产

马克思关于共产主义的论述实际上就已经表明，资本主义机器大生产的工业时代并不是人类社会生产力发展的最高阶段。正如马克思自己所说，资本主义社会本身就具有暂时性和过渡性。从现实的人类社会历史运动看，马克思在写作的时候，资本主义机器大生产已经成为主要的生产形式，资产阶级的意识形态占据统治地位，但人类社会的发展并没有就此止步。如何理解马克思关于资本主义机器大生产论述的历史意义和时代价值，就成为马克思之后许多学者共同探讨的焦点问题之一。赛耶斯在分析马克思的劳动概念时认为，自黑格尔和马克思以来，人类社会的生产劳动形式发生了很大的变化，工业生产变得更加自动化。马克思时代的大规模工人工厂正在被更多的机器工厂所取代，甚至已经出现了无人工厂。制造过程如汽车生产，越来越多

---

① 参见《马克思恩格斯全集》第二十五卷，人民出版社，1974，第270页。

地使用计算机控制和信息技术。以前像售货员、收银员、酒店前台接待这样一些需要拥有正常智力和生产劳动技能的工作岗位，基本上都已经可以用机器来替代了，全新的生产劳动形式正在被创造出来，这是黑格尔和马克思做梦都想不到的。哈特和奈格里认为，这些新的变化正在把社会生产劳动从最初的"工业"阶段带到"后工业"阶段。[1] 在这种背景下，我们必须重新思考马克思关于资本主义机器大生产论述的现当代适用性，并考虑现在的变化对于马克思资本主义机器大生产相关论述的机遇与挑战。这种思考首先还是应该从现实的生产劳动实践开始。哈特和奈格里观察到，在机器大生产的后工业社会中，工作在很大程度上是高度流动的，这涉及非常灵活的生产劳动技能等。一般来说，知识、信息、情感和沟通，在这种后工业社会的社会生产劳动中起着核心作用。[2] 在更有利的条件下，这样的工作可能会提升我们独特的普遍和理性的创造力，它可以成为我们的自由劳动，不是因为经济上的需要，而是因为它已经成为我们生活的主要需要，这种发展将不断接近马克思关于理想社会的论述。

在拉扎拉托（Maurizio Lazzarato）、哈特和奈格里等人看来，后工业时代的机器生产最突出的特点是"非物质劳动"（immaterial labor）的涌现。哈特和奈格里认为，在后工业社会中，剩余价值的生产，以前由大量工厂工人的劳动力所占据的核心角色，今天越来越多地被智力的、非物质的和交流的劳动力所占据。[3] 拉扎拉托认为，所谓的非物质劳动，主要是后工业时代的生产劳动，它具有两个不同的方面。一方面，生产劳动所生产的商品不再具有明显的物质特性，而是基于机器生产了新的"信息内容"，这些"信息内容"就是新的生产劳动产品，就是资本主义社会流通的现代商品；另一方面，非物质劳动往往涉及的并不是以前的资本主义生产早期及以前的传统劳动形态，而是以前并不被认为是生产劳动的劳动。这种劳动更多的是涉及文化艺术的标准、品位、时尚、消

---

[1] 参见 S. Sayers, "The Concept of Labor: Marx and His Critics," *Science & Society*, Vol. 71, No. 4, 2007, p. 441。

[2] 参见 M. Hardt, A. Negri, *Multitude: War and Democracy in the Age of Empire*, London: Hamish Hamilton, 2005, pp. 285–289。

[3] 参见 M. Hardt, A. Negri, *Empire*, London: Harvard University Press, 2000, p. 29。

费规范，以及更有战略意义的公众舆论等活动。① 哈特和奈格里认为，这种非物质劳动具有两个典型特征。其一是非物质劳动正在从一般商品的生产与制造这些传统的经济领域，走向知识生产、文化产品等整个社会生产的各个领域，并由此创造出新的社会生产劳动关系。非物质劳动是生物政治的，因为它是面向社会生活形式的创造，是一种很快覆盖社会经济、政治、文化等领域的社会性力量。其二是非物质劳动倾向于以沟通、协作和情感关系为基础的网络社会形式。非物质劳动只能共同进行，而且越来越多的非物质劳动发明了新的、独立的合作网络，通过这些网络进行更具有社会性的生产劳动。参与和改变社会各个方面的强大能力以及独特的协作网络形式是非物质劳动迅速渗透到其他劳动形式的两个非常显著的特征。②

在《帝国》（Empire）中，哈特和奈格里区分了三种非物质劳动。哈特和奈格里认为，在后工业时代的非物质劳动中，第一种是信息化的工业生产，它融入了通信技术，改变了以往传统的生产劳动过程本身。这种生产劳动形态的制造业被认为是一种服务，它与生产耐用品的物质劳动，并与非物质劳动混合，而且越来越趋向于非物质劳动。第二种是完成分析性和象征性任务的非物质劳动，它本身可以分解为创造性和智能性的生产劳动，以及常规的象征性任务。第三种非物质劳动涉及情感的生产和操作，需要虚拟或实际的人际接触，即身体劳动。这就是推动全球经济后现代化的三种典型的生产劳动。③ 按照传统的劳动观念来看，这些生产劳动似乎都不是劳动。这些劳动看起来并没有生产出传统意义上的可见的物质产品，但这些"无形"的生产劳动却又大大促进了物质性劳动产品的生产。所谓的非物质性劳动构成了人类生产劳动的一部分。赛耶斯认为，从形成商品的视角看，非物质性劳动当然应该是一种劳动，如果认为形成性的理解不适用于这种劳动的理解，那就大错特错了。这里的错误就在于，认为直接创造有形物质性产品的生产劳动才是劳动，

---

① 参见 Maurizio Lazzarato, "Immaterial Labor," in Paolo Virno & Michael Hardt (eds.), *Radical Thought in Italy: A Potential Politics*, Minneapolis: University of Minnesota Press, 1996, p. 133。
② 参见 M. Hardt, A. Negri, *Multitude: War and Democracy in the Age of Empire*, London: Hamish Hamilton, 2005, p. 66。
③ 参见 M. Hardt, A. Negri, *Empire*, London: Harvard University Press, 2000, p. 293。

而非物质性的象征性生产劳动并没有生产直接可见的物质性劳动产品,而认为只有传统的机器工业大生产产品或工艺,才是形成性活动。① 事实上,在所谓的后工业时代,计算机编程、生产工艺的调控、公共关系处理等这些所谓的非物质性劳动,都不是像资本主义机器大生产那样直接生产或者产出任何物质性产品,但在物质产品的生产中扮演着十分重要的角色,都是物质生产劳动中不可或缺的生产劳动过程。哈特和奈格里认为,这些非物质性劳动依然具有马克思所说的劳动的要素与特征,是一种新形态的劳动。

在哈特和奈格里看来,在后工业社会中,非物质性劳动已经在质量上而不是数量上占据主导地位,这种非物质性劳动是后工业社会的核心。哈特和奈格里之所以这样说,是因为他们不仅认为这种非物质性劳动是一种新兴的劳动形态,而且认为非物质性劳动具有改变社会的内在力量。哈特和奈格里认为,非物质生产劳动的性质和特点,正趋向于改变其他形式的劳动,甚至改变整个社会。② 非物质性劳动的某些特征具有改造其他劳动形式的明显倾向,具有巨大的积极社会变革潜力。③ 使用计算机参与生产劳动,是后工业时代的典型生产劳动场景。哈特和奈格里以信息技术应用在生产劳动中的特殊地位为例,分析了他们所说的非物质性劳动的社会变革潜力。哈特和奈格里说,计算机在生产劳动中日益广泛的应用,改变了既有的生产劳动实践及由此而产生的各种生产劳动关系。在计算机参与生产劳动的过程中,熟悉计算机的使用成为获取工作的基础性条件。即使这个工人不直接与计算机操作接触,按照计算机操作模式进行工作也极为普遍。甚至,这种生产劳动已经改变了人们的思维方式。在资本主义机器大生产早期,工人学会了如何与机器共处,共同生产劳动产品。而在后工业时代,工人越来越像计算机一样思维,后工业时代的通信技术及其交互模式在生产劳动中变得越来越重要。④ 哈

---

① 参见 S. Sayers, "The Concept of Labor: Marx and His Critics," *Science & Society*, Vol. 71, No. 4, 2007, p. 445。
② 参见 M. Hardt, A. Negri, *Multitude: War and Democracy in the Age of Empire*, London: Hamish Hamilton, 2005, p. 65。
③ 参见 M. Hardt, A. Negri, *Multitude: War and Democracy in the Age of Empire*, London: Hamish Hamilton, 2005, p. 66。
④ 参见 M. Hardt, A. Negri, *Empire*, London: Harvard University Press, 2000, p. 291。

特和奈格里认为,当语言和交流,或者真正使非物质劳动合作成为主导生产力时,一个新的帝国就形成了。① 这个帝国所塑造的历史形态是一种新的历史形态。在这种情况下,生产和再生产变得难以区分,生产力和生产关系走向更加融合,社会主体同时也是这个单一机器的生产者和产品。在这个新的历史形态中,我们不再可能去识别一个符号、一个主体、一种价值或一种外在的实践。②

哈特和奈格里认为,在机器大生产的后工业时代,随着非物质劳动的发展,劳动已经成为一种生物政治的、本质上是交流和社会性质的劳动。哈贝马斯把社会关系从生产劳动领域中分离出来,把它从现实的物质基础中分离出来,并把它理论化和理想化。赛耶斯认为,哈特和奈格里对哈贝马斯的批评就其本身而言是可以接受的,因为它相当普遍地适用于哈贝马斯对后工业时代劳动和社会关系的描述,但它应该更进一步,进一步看到非物质劳动与物质劳动之间的内在联系和某种统一性。但在哈特和奈格里那里,他们的论证倾向于再现他们在哈贝马斯批判中的那种物质活动和非物质活动之间的二元论,其核心还是在于阐述他们所说的非物质性劳动。

在马克思看来,人的一切生产劳动本身就涉及各种社会交往因素,从而具有社会性。所有的人类社会关系都是基于物质生产劳动的社会生产关系。赛耶斯强调,哈特、奈格里和哈贝马斯都没有提出一个针对资本主义机器大生产全面超越马克思的有效批判,而是有力地支持了马克思对资本主义机器工业生产及其趋势的理解和基本判断。③ 即无论是在资本主义机器大生产中所产生的大量物质性生产劳动,还是在后工业时代所产生的大量非物质性生产劳动,都没有否定马克思对劳动的理解以及马克思对生产劳动与生产关系的基本论述。非物质性生产劳动在其本体论上依然是基于物质的生产劳动,由非物质性生产劳动所产生的社会生产关系,在其根本上依然是物质性生产劳动基础之上所产生的生产关系。这正是马克思和恩格斯所说的,人们之间的联系一开始就表明了人

---

① 参见 M. Hardt, A. Negri, *Empire*, London: Harvard University Press, 2000, p. 385。
② 参见 M. Hardt, A. Negri, *Empire*, London: Harvard University Press, 2000, p. 385。
③ 参见 S. Sayers, "The Concept of Labor: Marx and His Critics," *Science & Society*, Vol. 71, No. 4, 2007, p. 445。

们之间是有物质联系的，这种联系是由需要和生产方式决定的，并不断采取新的形式，因而就呈现出不同的"历史"。①

非物质劳动的提出，实际上反映的是资本在机器生产的后工业时代对工人生产劳动的进一步扩展和吸纳。在资本主义社会早期，资本家主要通过建立工厂制度，通过工人服从机器生产等方式，使工人的生产劳动变得更加有秩序、更加连续。在这种机器大生产中，机器就已经从一般的生产劳动工具转变为了资本的承担者。马克思说，机器作为资本的承担者，一方面使资本能够任意发展自己这种一贯的倾向，另一方面使资本增强了对别人劳动的贪欲。②到了机器生产的后工业时代，资本对工人生产劳动的贪欲拓展到了人的社会交往、人的情感等非传统形式的生产劳动之中。在这个时代，资产阶级不仅像资本家在资本主义社会早期一样通过强化工人的生产劳动榨取更多的剩余价值，而且还试图不断挖掘工人生产劳动的智慧潜力，不断开发工人生产劳动的新技能，以便获得更多的剩余价值。在这种社会生产劳动场景中，资本作为一种隐形的强大力量，控制着整个生产过程和销售过程。工人生产劳动的权力，仅仅表现为自己对熟练的生产劳动的概念理解和细节层面的适度调整。资本主义机器大生产及以前工人对生产劳动能够实施有效控制或者调整的时期，已经渐渐远离后工业时代的机器大生产。此时，资本的力量不仅表现为单个的主体性力量，更表现为资本对集体的组织与调动力量。这种资本对生产劳动过程、生产劳动组织等方面力量的结构性转变，其实质是大大增强了资本对剩余价值的生产。机器生产的后工业时代是以资本对生产劳动过程结构性转变为根本特征的时代，这种转变不仅没有改变资本对工人生产劳动的剥削性质，反而增强了资本家对工人生产劳动剥削的隐蔽性，拓展了资本家对工人生产劳动的控制范围。

后工业时代机器生产的另一个特征就是生产劳动的集约化，即资本对社会所有要素的高度集中，以便更好地服务于剩余价值的增殖。集约化生产既是集中资源以便提高生产和运输效率的结果，也是采用机器进

---

① 参见《马克思恩格斯全集》第三卷，人民出版社，1960，第34页。
② 参见《马克思恩格斯全集》第二十三卷，人民出版社，1972，第441~442页。

行生产，不断迫使破产的小商人和工人不断涌入仍在生存和发展的企业的必然结果。这种集约化的生产也使工人阶级较为容易地自动形成一支不断壮大的无产阶级队伍。后工业时代机器大生产所建立的工业扩张过程，把社会组织得越来越像一个巨大的金字塔，处在金字塔顶端的是资本家，而被剥削的生产劳动工人构成了社会的普通大众，这些社会的绝大多数人并不是社会权力和社会财富的占有者，而只是"生产工具"。如果我们依然认为人的生产劳动是一切财富的来源，那么，随着生产力的发展，机器取代人力的生产劳动也将会越来越多，在其他条件不变的情境下，利润率必然会下降得更低，也就会更进一步迫使资本加强对工人生产劳动能力的挖掘和全面占有。

马克思指出："在生产过程中，资本发展成为对劳动，即对发挥作用的劳动力或工人本身的指挥权。人格化的资本即资本家，监督工人有规则地并以应有的强度工作。"[1] 资本对社会的控制力最终表现为资本家与工人、国家之间的斗争，这种斗争迫使大家都试图去构建一种以绝对自由主义为特征的社会制度。在这种制度下，每个主体似乎都有足够的力量和权力去与竞争者展开竞争并获得生存和发展。但实际上，在资本主义生产资料私有制下，不仅工人不能实现绝对的自由竞争，资本家也不能实现绝对的自由竞争。因为资本家对资本增殖的利益追逐，小的生产企业总是面临着被更大的企业兼并的威胁，面临着联合企业的竞争威胁。在资本主义生产资料私有制下和在后工业时代机器生产的集约化过程中，科学技术的进步所引起的机器更为广泛地参与生产劳动的必然趋势，与不同企业生产所追求的自由之间的冲突，也变得越来越激烈。

马克思可能是当时少数几位预见到资本主义生产资料私有制与自由竞争之间存在内在冲突的思想家之一。马克思和恩格斯在其著名篇章《共产党宣言》中论述了资产阶级的诞生，并指出资产阶级的这种发展促进了自由竞争的发展，资产阶级因此而建立了与自由竞争相适应的社会政治制度，即资产阶级在经济上和政治上的统治。[2] 但是这种统治并不是稳定的，而是存在着内在的冲突。资本主义生产资料私有制下的自

---

[1] 《马克思恩格斯全集》第二十三卷，人民出版社，1972，第343页。
[2] 参见《马克思恩格斯全集》第四卷，人民出版社，1958，第471页。

由在其本质上并不是真正的自由,而是受资产阶级意志、受资本意志所控制的自由。广大工人所构成的无产阶级,不仅不享有这些自由,反而受制于资本主义生产资料私有制所带来的贫困。经过资本主义机器大生产之后,"随着工业的发展,无产阶级不仅人数增加了,而且它集合成为广大的群众了。它的力量日益增加,它自己也日益感觉到自己的力量"[1]。马克思和恩格斯指出:"现代的资产阶级的私人所有制是那种建筑在阶级对抗上面,即建筑在一部分人对另一部分人的剥削上面的生产和产品占有方式的最后而又最完备的表现。从这个意义上说,共产党人可以把自己的理论用一句话表示出来:消灭私有制。"[2] 马克思认为,资本主义生产资料私有制与自由竞争之间的冲突会导致周期性的资本主义社会危机,这种危机会随着机器大生产的发展而变得越来越频繁和严重。为了缓解这些危机,无产阶级将会在革命与斗争中被训练为革命队伍,将会组成自己的政党推翻资产阶级的统治,从而建立共产主义社会,消灭生产资料私有制,消灭资本主义制度,消灭人与人之间的剥削。随着共产主义社会的建立,社会将成为自由人的联合体,每个人都将实现自由而全面的发展。

马克思预见到,随着机器大生产的发展,资本主义生产资料私有制与自由竞争、人的自由而全面发展之间的冲突与矛盾,同时也预见到了随着机器大生产的发展机器与人的内在冲突。马克思在考察当时的资本主义机器大生产时,就并不同意当时许多数学家、力学家等对机器的工具性理解。马克思认为:"数学家和力学家说,工具是简单的机器,机器是复杂的工具。某些英国经济学家也重复这种说法。他们看不到二者之间的本质区别,甚至把简单的机械力如杠杆、斜面、螺旋、楔等等也叫做机器。"[3] 在马克思看来,机器出现并参与生产劳动,不仅代表了生产工具的改进,同时更是一个伟大历史事件,正是因为机器的资本主义应用,工人受到了更多的剥削,它还隐藏了人与机器之间的内在冲突。马克思揭示了人与机器在资本主义机器大生产中已经出现的现实冲突。一方面,工人成为机器的附属品;另一方面,工人的活劳动转移为机器上

---

[1] 《马克思恩格斯全集》第四卷,人民出版社,1958,第474~475页。
[2] 《马克思恩格斯全集》第四卷,人民出版社,1958,第480页。
[3] 《马克思恩格斯全集》第二十三卷,人民出版社,1972,第409页。

的死劳动，并成为人的本质异化的工具。

马克思指出，在这种生产劳动中，工人所耗费的生产劳动与自身自由而全面的发展并不成正比，他所生产的劳动产品越多，创造的社会财富越多，反对他自身的、异己的对象世界的力量就越强大，工人也就越是贫乏。[①] 随着机器大生产的发展，海德格尔（Martin Heidegger）认为，现代资本主义大生产已经呈现出机器、生产控制人、资本积累和无产阶级发展的基本线索。历史地看，机器技术并没有在某种特定意义上使工人的生产劳动变得更加容易。相反，它只是对工人的生产劳动进行了改造，并通过对工人的生产劳动的本质改造来强化对存在的遗忘。劳动、技术、资本和作为它们基本形式的表达，与它们的历史事实形式之间的根本联系，是由于对存在的遗忘而产生的，并在事实上已经表现为对存在的遗忘。[②]

海德格尔所说的遗忘，在一定程度上揭示出从资本主义机器大生产，到后工业时代的机器生产之间人的主体性的逐渐退让，人成为资本的从属。在机器生产的后工业时代，工人原有的生产劳动技能跟随机器生产的需要不断迭代，不断被分割为更为精细的社会生产劳动分工。马克思早已经发现："机器的采用加剧了社会内部的分工，简化了作坊内部工人的职能，集结了资本，使人进一步被分割。"[③] 工人能够积极自主从事某种生产劳动的时间和空间变得越来越少和越来越狭小，人们的生产劳动在工作内容上，体现为整个社会生产非常微小的一部分；在生产劳动的目的上，体现为创造更多剩余价值的一个环节。在这种背景下，只有那些仅仅掌握熟练而又不可替代的生产劳动技能的工人，才可能有条件去争取更多更好的生产劳动条件，而更多的工人生产劳动都被淹没于后工业时代机器生产的过程之中，成为沧海一粟。此时活动着的个人逐渐丧失了原有的独立性和个性。列斐伏尔（Henri Lefebvre）在对现代社会日常生活的批判中，号召现代社会的人以"总体的"行动造就"总体的人"。阿尔都塞意识到，在机器大生产的现代工业社会中，主体以一种现

[①] 参见《马克思恩格斯全集》第四十二卷，人民出版社，1979，第91页。
[②] 参见海德格尔《形而上学的基本概念》，赵卫国译，商务印书馆，2017，第310~313页。
[③] 《马克思恩格斯文集》第一卷，人民出版社，2009，第628页。

实为前提，在认识的结构中被忽视了。① 从机器诞生以来的"镜像结构"或"镜像复制"或"双重推测"成为现代社会意识形态的重要结构。此时，只有在我们不是我们自己的情况下，我们才能成为我们自己。这个社会的重要问题通过多数决定原则的客观性来决定，其中数量积累的定量辩证法，取代了个体真理判定的定性辩证法。随波逐流的"人"堕落成一个不加思考的读码机器，用来解读他者非个人表达的观点。克尔恺郭尔形象描述了生活在后工业时代的我们。克尔恺郭尔说，这些人成为没有个人观点的人，没有人想成为我，却把触角伸进去，变成第三个人，即"公众""他们"。②

后工业时代的机器大生产大大加深了马克思面对资本主义机器大生产所揭示的异化。在马克思对机器及相关的论述中，劳动、文化、意识形态并不是相分离的，而是紧密相连的。机器、生产劳动、文化、意识形态不是一种经验描述，而是一种以机器为驱动的社会生产方式和客观存在，并由此产生出一种属于机器生产的历史文化。列斐伏尔认为，资本主义机器大生产孕育了新的人类社会历史文化，文化产业不仅仅是文化商品的生产，而且它殖民了人们的日常生活，把人变成一个被资本主义机器大生产所殖民的消费者，这种后工业时代的消费不同于以往时代的人的自主消费，而是被资本增殖逻辑所控制的消费。坎贝尔（Colin Campbell）揭示了消费导向的现代社会是如何以及为什么会在曾经体现韦伯新教伦理的欧洲出现。③ 温德林认为，机器和更普遍的技术，在资本家重视利润或交换价值的逻辑下，并没有得到最佳利用，机器仍然是榨取利润的手段。④ 随着后工业时代机器生产的发展，机器与资本结合下的现代机器大生产，加速了产品供应的迅速增长，为人类需求的大幅

---

① 参见 L. Althusser, "Ideology and Ideological State Apparatuses (Notes Towards an Investigation)," in *Lenin and Philosophy and Other Essays*, trans. by B. Brewster, London, Monthly Review Press, 1972, p. 270。

② 参见 S. Kierkegaard, *Two Ages: The Age of Revolution and the Present Age*, trans. by H. Hong and E. Hong, Princeton: Princeton University Press, 2009, p. 75。

③ 参见 C. Campbell, *The Romantic Ethic and the Spirit of Modern Consumerism*, Oxford: Basil Blackwell, 2018, p. I。

④ 参见 A. Wendling, *Karl Marx on Technology and Alienation*, London: Palgrave Macmillan, 2009, p. 55。

增加创造了必要条件。如果人们只购买他们需要的东西，生产的车轮就会停止转动，作为资本家固定资本的机器将变得并不重要。为了吸收加速大规模生产所产生的过剩产品，广告等现代商业运营模式应运而生。广告商试图通过品牌和独特的图像、颜色和个性化标识的包装，来激发普罗大众对标准化产品的内在需求和消费欲望。随着产品以简短的描述和更重要的平面设计进行推广，图像的作用越来越突出。人们越来越多地购买非物质的图像，而不是实物，这是人类所经验的现代性生活的重要方面。这个过程可以通过两种方式来理解：图像吸收了产品对象，图像从产品、实物中分离出来并通过新兴媒体的渠道独立传播。在这两种情况下，产品对象都逐渐走向一种非物质化的存在。[①]

列斐伏尔认为，后工业时代所造成的消费文化对人的发展的实际危害，不亚于资本主义机器大生产早期工人所进行的墨守成规的苦役式生产劳动。经过资本主义早期的机器大生产到后工业时期的机器生产这个历史过程，个体变得出奇地认同一致或整合化一。所有的个人独特性和自我责任感都可能走向消失，个性化的个人逐渐转变为集体、群组或人群中的一员。大众相信普遍性优于特殊性，而无法认识到"个体"是人的精神定义。当群体的力量逐渐增强时，集体作为一个整体变得至关重要或更具实质性，个人变得无关紧要或更具偶然性。人们不是试图通过果断的决定来定义自己独特的个性，而是让自己被社会主流中的群众运动所左右。机器在场的现代社会逐渐完成对传统主体性的彻底摧毁与背叛，最初驱动现代社会发展的自我力量变得微不足道，消失在标准化的批量机器制造中。非"主体性"的"大众"成为这个时代从机器大生产生产端到消费端的簇拥者。[②]

如果说马克思对资本主义机器工业时代的资本逻辑理论，指向的是资本所支配的规律的批判，那么后工业时代机器生产所孕育的则是对批判话语的关闭。在这个世界里，个人的主体性意识被技术统治和机器生产实践的要求所束缚，对于那些把资本积累的逻辑原则和商品形式的普

[①] 参见赵泽林《机器与现代性：马克思及其之后的历史与逻辑启示》，《哲学研究》2020年第4期，第50页。

[②] 参见赵泽林《机器与现代性：马克思及其之后的历史与逻辑启示》，《哲学研究》2020年第4期，第50页。

遍化应用于日常关系的马克思主义者来说，逐步退让的人的主体性，既成为资本霸权的充分条件，也成为资本霸权的必要条件。后工业时代的机器生产，不仅没有从根本上消除资本主义早期机器大生产所产生的异化，反而以新的方式加剧了资本主义生产资料私有制对工人生产劳动的异化。工人依然面临着消除异化的历史任务，依然肩负着争取全面解放的历史使命。

马克思对资本主义社会早期机器大生产的控诉，即使放到后工业时代，也依然具有合理性。马克思指出，在资本主义机器大生产中，工人的"劳动创造了宫殿，但是给工人创造了贫民窟。劳动创造了美，但是使工人变成畸形。劳动用机器代替了手工劳动，但是使一部分工人回到野蛮的劳动，并使另一部分工人变成机器。劳动生产了智慧，但是给工人生产了愚钝和痴呆"①。随着资本主义生产方式的世界性扩张，资本主义机器大生产所产生的异化，也随之得到了新的扩散。马克思和恩格斯把达尔豪西（Dalhousie）和阿瑟·史密斯（Arthur Smith）为在殖民地采用机器生产而设计的机器和技术方案斥为"资产阶级文明"所固有的"深刻的虚伪"。马克思和恩格斯关于印度和中国的零星论述也同样阐明，欧洲殖民企业的动机仅仅是"最卑鄙的利益"，殖民统治者的手段是"愚蠢的"和"野蛮的"。

在马克思早期的著作中，马克思关于资本主义机器大生产长期影响的论述，比他对殖民暴政的指控所暗示的要多得多。马克思传记的作者伯林（Isaiah Berlin）认为，马克思对资本主义社会的哲学批判是难以一笔抹杀的。经历了工业革命洗礼之后的西方现代资本主义社会，把人牺牲给机器，只以金钱来衡量文化，任由非人的、抽象的市场力量来统治自己。伯林认为，人们对异化理论思考得越多，就越清楚地认识到马克思晚年的观点是正确的。这正如马克思自己所认为的那样，他在黑格尔哲学晦涩难懂的语言中所说的任何话，都可以用经验主义社会分析的语言更加清楚地表达出来。② 这种理论抽象与经验实践的辩证统一，也延伸到了当代的机器生产中。在这种当代机器生产中，我们能够更加清晰地看到马克思关于机器的论述所具有的历史穿透性和重要的当代价值。

---

① 《马克思恩格斯全集》第四十二卷，人民出版社，1979，第93页。
② 参见 Isaiah Berlin, *Karl Marx: His Life and Environment*, Oxford: Oxford University Press, 2002, p.4。

三 机器生产的现代分析

这里所讲的"当代",并不是一个严格的时间分界,而是一种大致的区分,指的是继马克思和恩格斯所生活的资本主义机器大生产以及现代工业机器生产相对成熟之后的最近一个世纪。在过去的一个世纪里,世界上不同的国家和地区都投入了大量经费,用于推广各种各样的机器生产。这些以机器生产为主的新生产体系,以其先进的生产劳动形式大大减轻了人类的体力劳动和脑力劳动。这种机器生产的现实改变,是否意味着马克思关于机器的论述依然具有某种解释力和连贯性呢?海德格尔对现当代机器生产的分析与马克思有着许多的不同,却具有很强的代表性和关联性。海德格尔将现代技术是继科学之后产生的并从属于科学的观点视为科学进步所带来的假象。

之所以这样说,是因为海德格尔认为,很长一段时间以来,现代技术的本质一直被隐藏着,即使在动力机械已经发明、电气技术正在全面发展、原子技术正在发展的地方也是如此。[1] 现当代社会许多的技术批判都只是从技术现象出发去追问它是什么、它是怎样。他们把机器技术想象成技术,自然就无法通达技术的本质。严格地说,技术的本质是未知的,或者更确切地说,技术的本质存在着某种形而上学意义上的模糊。海德格尔认为,技术的本质是在现当代所有现象中支配着存在的自我显现的模式。[2] 对现当代技术的本质性追问,其实质是要追问人的问题。正是这些身处现当代资本主义机器大生产中的人掌控着整个世界,这才是机器及其技术的本质发源地。技术发展的根本在于人的发展,技术的课题最根本上还是人的课题。

在海德格尔看来,如果不理解现当代机器大生产背后的人,就无法理解包括性别差异在内的每一个全面发展的人类结构,无法理解马克思和恩格斯思想的基本趋势。海德格尔认为,对现当代技术的本质追问,

---

[1] 参见 Martin Heidegger, *The Question Concerning Technology and Other Essays*, New York: Harper & Row Publishers, 1977, p. 22。

[2] 参见 Martin Heidegger, *The Question Concerning Technology and Other Essays*, New York: Harper & Row Publishers, 1977, p. xxviii。

使人走上了一条揭示的道路,通过这条道路,无处不在的真实或多或少明显地成为一种存在。① 在海德格尔看来,机器技术本身就是人的实践的自主转化,在这种转化中,人们运用了数学、物理学等科学知识。因此,机器技术就是现当代技术本质得以显现的历史产物,它与现当代形而上学的本质是一致的,它本身就是存在。② 海德格尔的论述,使我们想起马克思关于资本主义机器大生产的论述,他的论述并不是为了论述机器而论述,而是为了工人的解放,为了人自由而全面的发展。从这里,我们似乎已经能够看到马克思关于资本主义机器大生产的论述的某种历史延续性和一惯性,看到马克思关于资本主义机器大生产论述的某种基本趋势。即机器、技术、人本身就是一个联合体,新的机器生产体系,不是新的物种,而只是人的发展的历史产物,在其本质上,它反映的是人的存在。这似乎很容易让我们想象到马克思所预见的自动机器体系。马克思早已预见到,"当工作机不需要人的帮助就能完成加工原料所必需的一切运动,而只需要人从旁照料时,我们就有了自动的机器体系,不过,这个机器体系在细节方面还可以不断地改进"③。不同的机器因为共同的生产劳动目标构成了有机统一的机器体系,这种机器体系由许多独立的机器和物理器官构成,并朝着共同的生产目标实现自我运行。它看起来不是人,却像极了人。不仅构成自动机器体系的单个机器依据人的生产劳动而创造,而且整个自动的机器体系就像人的各个器官一样具有某种有机的联系。

为了进行更深入的分析,我们不妨回顾一下马克思的基本论述。在《资本论》等文本中,马克思尽管强调了机器的广泛应用的确可能减轻人的生产劳动,但是马克思并不认为机器的广泛应用可以完全取消人类的生产劳动,哪怕是完全自动生产机器体系也不可能完全取消人类的生产劳动。马克思曾将机器生产中的人类劳动区分为"活劳动"和"死劳动"。通过机器生产,人将活劳动转移到了机器上和机器生产所产生的产

---

① 参见 Martin Heidegger, *The Question Concerning Technology and Other Essays*, New York: Harper & Row Publishers, 1977, p. 24。
② 参见 Martin Heidegger, *The Question Concerning Technology and Other Essays*, New York: Harper & Row Publishers, 1977, p. 116。
③ 《马克思恩格斯全集》第二十三卷,人民出版社,1972,第 418 页。

品上成为死劳动。活劳动与其说是包含在整个生产劳动过程中，不如说是更多的作为生产劳动过程的监督者和监管者与之相关。马克思的论述似乎暗示了一种可能，即在完全自动的机器生产体系中，依然存在着人必须付出的生产劳动。在这种生产劳动中，人的参与不仅没有变得不重要，反而是仍将或者实际上变得越来越重要。只不过，这种人的生产劳动形式从最初的与机器站在一起生产劳动，可能变成远离机器进行生产劳动，从而人在机器生产中从直接参与机器的生产劳动，转变为间接参与机器的生产劳动，这可能就是马克思所预见的当代机器生产劳动中的工程师和社交媒体工作者的生产劳动形式。马克思认为，机器大工业生产最突出的特点和基本原则是，对人的生产劳动过程进行工艺学的科学分解，并以现代机器的形式展开新的人机协作性生产劳动。工艺学将各种不同的生产劳动资料集合在一起，通过一定的科学技术使之服务于人们所需要的产品生产。每一次科技进步都会带来机器生产形式的不同改变和革新。因此马克思认为，"现代工业从来不把某一生产过程的现存形式看成和当作最后的形式。因此，现代工业的技术基础是革命的，而所有以往的生产方式的技术基础本质上是保守的"[①]。

在马克思看来，随着资本主义机器大生产的进一步发展，现代工业机器生产将创造出一个受过教育的和掌握现代技术的工人阶级，这个阶级只有通过推翻资本主义制度才能实现自由的劳动而不受机器生产的困扰。之所以现代工业机器生产会创造一个不断接受新的教育的无产阶级，一方面是因为资本增殖的需要，为了资本的增殖，资本主义现代工业机器生产需要拥有更高生产劳动质量的生产劳动者参与到现当代机器生产中来；另一方面是因为机器生产不断地将人的生产劳动技能向机器转移，从而迫使参与机器生产的生产劳动者不得不学习新的生产劳动技能，否则他就可能成为"剩余的人"而被社会所抛弃。马克思说，"大工业的本性决定了劳动的变换、职能的更动和工人的全面流动性"[②]，不断加速整个社会的生产劳动分工，进而迫使劳动者重新学习新的生产劳动技能，习得的新的生产劳动技能，又会在资本增殖逻辑的驱动下加速向机器转

---

① 《马克思恩格斯全集》第二十三卷，人民出版社，1972，第533页。
② 《马克思恩格斯全集》第二十三卷，人民出版社，1972，第534页。

移,进一步加剧整个社会的生产劳动分工,如此不断前行。

马克思写的每一行文字在这个问题上都明确表示,他不希望机器的资本主义应用给工人带来的伤害继续下去,不管任何一般技术、科学知识或扩大工人生产劳动的能力变得多么复杂,都不能从根本上解除工人在资本主义机器生产中的痛苦,唯一可以解除工人生产劳动痛苦的方式就是推翻资本主义制度。马克思早已经看到,"生产的资本主义形式和与之相适应的工人的经济关系,是同这种变革酵母及其目的——消灭旧分工——直接矛盾的。但是,一种历史生产形式的矛盾的发展,是这种形式瓦解和改造的唯一的历史道路"①。面对日益发展的资本主义机器生产,布雷弗曼延续了马克思对资本主义机器生产的批判。布雷弗曼说,工人们仍然是资本的仆人,而不是控制自己劳动和命运的自由联合的生产者,每天都在为自己建造更"现代"、更"科学"、更非人化的劳动监狱。②布雷弗曼为什么得出了跟马克思一样的结论?

布雷弗曼的合作者保罗·斯维茨(Paul M. Sweezy)认为,自马克思和恩格斯逝世以来,当代资本主义已经发生了巨大的变化,资本积累也出现了新的生产劳动形式,这种资本积累既改变了旧的经济部门,也创造了新的经济部门。但是,马克思所使用的概念和分析工具并没有过时。我们需要做的是将马克思的理论应用于资本无休止的扩张中去分析和理解资本主义的新变化。③遗憾的是,近一个世纪以来的马克思主义者在这方面的研究却非常薄弱,他们普遍忽视了马克思的《资本论》所具有的当代价值,忽视了马克思的《资本论》所蕴含的理论与方法,忽视了以马克思在《资本论》中对待资本主义生产方式的方式来理解和分析今天资本主义的变化。为什么马克思的理论具有这种穿透历史的可解释性,但又被许多的马克思主义研究者所忽视?布雷弗曼认为,答案可能在于马克思在完成他的任务时所表现出的非凡的彻底性和预见性。

在布雷弗曼看来,马克思对工人生产劳动过程及其在工厂系统中的

---

① 《马克思恩格斯全集》第二十三卷,人民出版社,1972,第535页。
② 参见 Harry Braverman, *Labor and Monopoly Capital: The Degradation of Work in the Twentieth Century*, New York: Monthly Review Press, 1998, p. 233。
③ 参见 Harry Braverman, *Labor and Monopoly Capital: The Degradation of Work in the Twentieth Century*, New York: Monthly Review Press, 1998, p. xi。

发展进行了迄今为止最为全面、最为系统的研究。马克思对资本主义生产方式了解得如此透彻,他从他那个时代尚不充分的例证中归纳得如此准确,以至于在他完成工作后的几十年里,他的分析似乎都足以解决工人生产劳动过程中的每一个特殊问题,而且非常忠实于整个社会生产运动。因此,在一开始,正是马克思分析的预言性力量导致了这一主题在后来的马克思主义者那里的休眠。工厂制度的发展似乎在每一个细节上都证实了马克思的观点,使任何重复他已经完成的事情的意图都变得多余。[1] 布雷弗曼的论述揭示出马克思对资本主义生产方式的批判,对生产方式的批判本来是马克思最锐利的思想武器,但随着马克思主义者对阶级、政治意识形态等方面的强调,马克思主义应有的战斗锋线逐渐丢失了。马克思的理论的确是站在无产阶级立场的思想武器,但我们不能用这种无产阶级立场,遮蔽马克思理论的其他方面,进而忽视马克思关于资本主义机器大生产论述应有的当代意义。

我们通过对资本主义当代机器生产的考察,也能发现马克思关于机器的论述的历史穿透性和丰富性。以工人的生产劳动为例,在马克思的《资本论》中,有许多文本论述了资本主义机器大生产对工人生产劳动的异化,这种异化表现为工人创造了机器,机器却迫使工人成为剩余劳动力,只有那些熟练掌握不能被机器所"复制"的生产劳动技能的工人,才不会成为资本主义机器大生产中的剩余劳动力。在资本主义机器大生产中,机器生产还迫使工人从直接生产劳动产品,转变为看守机器的人。马克思预测到,"在自动工厂里重新出现了分工,但这种分工首先就是把工人分配到各种专门机器上去,以及把大群没有形成有组织的小组的工人分配到工厂的各个部门,在那里,他们在并列着的同种工作机上劳动,因此,在他们之间只有简单的协作"[2]。

乍一看,资本主义机器大生产似乎有一种去生产劳动技能化的神秘力量,正是这种资本主义机器大生产把产业工人降低为机器的看守者的角色,但实际上有两个因素揭示出这个问题的复杂性。首先,马克思的论述包含了有关机器生产对社会生产劳动分工的预测,即机器生产会带

---

[1] 参见 Harry Braverman, *Labor and Monopoly Capital: The Degradation of Work in the Twentieth Century*, New York: Monthly Review Press, 1998, pp. 9-10.
[2] 《马克思恩格斯全集》第二十三卷,人民出版社,1972,第 460~461 页。

来新的社会生产劳动分工，并重构资本主义机器生产的生产劳动结构。其次，在新的社会生产劳动分工结构中，可能开发出新的生产劳动技能。艾德勒（Paul S. Adler）认为，传统的解读是，马克思认为从手工业到机器生产制造业的转变，以及机器生产制造业到大规模机器生产工业的转变，都是对传统工艺的摧毁，因此也是对工人生产劳动技能要求的摧毁。马克思的确提到资本主义机器大生产导致了传统工场手工业学徒制失去作用甚至被取消，但是我们也应该看到，马克思已经认识到，随着机器生产的出现，新的和更加全面的生产劳动技能也在出现。[①] 我们并不应该单方面夸大马克思有关机器大生产对工人生产劳动去技能化的理解，而忽视机器生产所可能带来的生产劳动本身的丰富性。

之所以夸大马克思论述的资本主义机器大生产带来生产劳动技能弱化的影响，可能主要有两个原因：一是部分学者关注到了马克思关于机器生产改变传统生产劳动方式所产生的异化，却忽视了由此也会带来新的生产劳动技能学习机会的辩证论述；二是部分学者可能混淆了马克思关于机器论述的批判性与生产劳动技能变化的差异性，即把马克思对资本主义机器大生产的批判这一复杂性命题，转变为资本主义机器大生产会带来生产劳动技能的弱化这个单一性命题。在马克思看来，每一代人都只能在前一代人所留下的材料、资金和生产力的基础上创造新的历史。[②]

在马克思对生产方式的分析中，机器生产并非突然出现，而是建立在从最初的手工生产到工场手工业生产，再到机器生产等一系列历史变化的基础之上的，工人也是在从自然人的生产和消费中逐渐分离出来，并成为机器生产的产业工人这一千年历史进程基础上进一步发展的。马克思看到，随着新的生产工具的出现，工人在以往的生产劳动过程中不断积累的生产劳动技能，也以物化的形式转移到了机器上面。因此，"在自动工厂里，代替工场手工业所特有的专业工人的等级制度的，是机器的助手所要完成的各种劳动的平等或均等的趋势，代替局部工人之间的

---

① 参见 Paul S. Adler, "Marx, Machines, and Skill," Technology and Culture, Vol. 31, No. 4, 1990, p. 794.
② 参见《马克思恩格斯全集》第四卷，人民出版社，1958，第 51 页。

人为差别的，主要是年龄和性别的自然差别"①。历史上既有的生产方式被破坏与千百年来工人所积累的生产劳动技能失去作用，这看起来的确具有某种悲剧性。但是，马克思认为，我们并不应该只是看到这种传统生产劳动技能失去作用的一面，还应该看到这里可能已经蕴藏着人类获得解放和更加全面解放的积极意义。

马克思揭示了机器生产对于人类解放的积极意义，并认为生产劳动技能与人的分离具有重要的社会历史意义。一方面，采用机器生产，大大提高了整个社会的生产劳动效率，这种生产效率的提高，使人类劳动力从人身限制下解放出来；② 另一方面，随着机器生产的发展，人们也逐渐认识到人需要的是更加自由而全面的发展。罗伯特·欧文和马克思都发现，"从工厂制度中萌发出了未来教育的幼芽，未来教育对所有已满一定年龄的儿童来说，就是生产劳动同智育和体育相结合，它不仅是提高社会生产的一种方法，而且是造就全面发展的人的唯一方法"③。马克思还认为，机器生产是提高社会生产力水平、促进人类社会发展的重要动力，也会促进人类的全面解放。马克思说："而只有这样的条件，才能为一个更高级的、以每个人的全面而自由的发展为基本原则的社会形式创造现实基础。"④ 我们有必要在机器生产所带来的异化和解放中建立一种相互联系的平行关系，而不是非此即彼或者相互隔离。在马克思的分析中，机器是人类生产劳动能力的物化形式，而这种物化在资本主义语境中所表现出来的是对人的异化。当工人成为一种可以买卖的商品时，人类的生产劳动能力也一并成为资本主义社会可以任意买卖的商品，从而成为一种相对于工人而言的异化力量。马克思一再提醒我们，要区别对待机器应用和资本主义机器应用。要想工人们都理解这一点，这是需要时间的。马克思早已意识到，"工人要学会把机器和机器的资本主义应用区别开来，从而学会把自己的攻击从物质生产资料本身转向物质生产资料的社会使用形式，是需要时间和经验的"⑤。

---

① 《马克思恩格斯全集》第二十三卷，人民出版社，1972，第460页。
② 参见《马克思恩格斯全集》第二十三卷，人民出版社，1972，第460页。
③ 《马克思恩格斯全集》第二十三卷，人民出版社，1972，第530页。
④ 《马克思恩格斯全集》第二十三卷，人民出版社，1972，第649页。
⑤ 《马克思恩格斯全集》第二十三卷，人民出版社，1972，第469页。

马克思关于机器生产所带来的生产劳动去技能化的讨论，有一个不可忽视的背景是马克思所讲的生产劳动去技能化是从传统的生产劳动到工场手工业，再到资本主义机器大生产的历史转型中所出现的生产劳动去技能化。马克思认为，在资本主义工场手工业诞生之前，人们能够从事某种生产劳动，往往需要较为全面而熟练地掌握某种生产劳动技能。到了工场手工业时期，由于早期部分机械的使用，人在这种生产劳动过程中开始从总体的人逐渐转变为局部的人，即从全面而熟练地掌握某种生产劳动技能的人，转变为只需要掌握某些方面的生产劳动技能的人。正是在这种生产劳动中，经过了一个生产劳动去技能化的历史过程，总体的人变成了局部的、片面的人。

马克思说，在这种由机械生产工具参与生产劳动的过程中，此时工人的生产劳动技能并不需要掌握得非常全面或者非常熟练，他的片面性甚至缺陷反而成了他的优点，这种机器生产所需要的只是工人在自己的岗位上，根据整个机器生产的物理运动规则，像一个器官完成本能的活动一样完成自己的生产劳动。① 参与生产劳动过程的机械性生产工具，已经能够代替先前的人的部分生产劳动技能而产生与人的生产劳动同样的结果，并在事实上引起生产劳动去技能化。马克思总结道，已经采用复杂的机械装置的工场，以及机器生产对人的生产劳动技能的影响，是工场手工业走向完善阶段的重要历史产物。马克思说："工场手工业分工的这一产物，又生产出机器。机器使手工业的活动不再成为社会生产的支配原则。因此，一方面，工人终生固定从事某种局部职能的技术基础被消除了。另一方面，这个原则加于资本统治身上的限制也消失了。"②

马克思所讲的生产劳动去技能化是从传统的生产劳动到工场手工业，再到资本主义机器大生产的历史转型中所出现的生产劳动去技能化，但这并不表明未来的机器生产必然引起生产劳动去技能化。马克思也认识到，因为机械性生产工具或者机器代替了人的某些生产劳动技能而进行生产劳动，新的生产劳动的分解也产生了一些在原来的工场手工业和机器生产中根本就没有过的，或者是同样大的范围内有过的新的综合的生

---

① 参见《马克思恩格斯全集》第二十三卷，人民出版社，1972，第387页。
② 《马克思恩格斯全集》第二十三卷，人民出版社，1972，第407页。

产劳动职能所必须具备的生产劳动技能时，工人们就会去学习新的生产劳动技能，从而实现生产劳动技能的迭代，并保持人的生产劳动技能的相对稳定性，而不至于出现部分学者所认为的严重化倾向的生产劳动去技能化。斯宾纳（Karl Spenner）利用科学实证方法研究了美国采用机器生产以来工人生产劳动技能的变化。斯宾纳的结论是，机器生产以来，美国每个职业中工人的生产劳动技能平均略有提升或保持稳定。从已有的实证数据看来，没有一项在统计的生产劳动技能消失在工人的工作内容和职业结构方面。只有一项研究，即杜布诺夫（Steve Dubnoff）的一项长期跟踪研究，分析了1900年至1970年美国的职业结构。斯宾纳将其研究结论同样总结为"净变化很小"。斯宾纳的陈述是基于他自己对数据的重新分析，这一分析强调了在区分男性和女性员工、蓝领和白领员工的矩阵中，没有对每个特定单位进行生产劳动技能的升级。恰恰是通过取消家庭帮佣职位和农场、工厂的工人职位，通过专业和技术职位的增加，许多生产劳动技能成分的提升已经在这种历史变化中发挥了作用。[①] 这些实证研究一定程度上表明，马克思对机器生产与工人生产劳动技能关系的辩证论述并没有过时，即机器生产一方面逐步瓦解了旧的生产劳动方式，实现了旧的生产劳动的去技能化，但另一方面也实现了人类生产劳动技能的更新迭代。在马克思的语境中，人所具有的生产劳动技能，并非某个固定的结构或者形态，而是会随着人类社会历史的发展而不断发生新的变化。

马克思的立场内含了这样一种基本逻辑，即人的生产劳动技能存在某种迭代现象，它会随着机器生产的变化而变化，这是因为机器生产将人所拥有的部分传统生产劳动技能转移到了机器上，从而进一步加速了生产劳动的社会化。伴随着机器生产的发展，人类的生产劳动将越来越社会化，生产资料私有制与生产方式社会化之间的矛盾也将日益突出。当这种生产资料私有制与生产方式社会化之间的矛盾不可调和之时，人们就将推翻这种生产资料私有制。到那时，人的生产劳动将成为人的存在方式，而不是为达成某种目的的生产，这就是马克思和恩格斯所说的

[①] 参见 Paul S. Adler, "Marx, Machines, and Skill," *Technology and Culture*, Vol. 31, No. 4, 1990, p. 802.

共产主义社会。"任何人都没有特定的活动范围,每个人都可以在任何部门内发展,社会调节着整个生产,因而使我有可能随我自己的心愿今天干这事,明天干那事,上午打猎,下午捕鱼,傍晚从事畜牧,晚饭后从事批判,但并不因此就使我成为一个猎人、渔夫、牧人或批判者。"① 在这种背景下,生产劳动是自由而全面发展的需要,人们不是因为某种社会需求而被迫地进行生产劳动,工人也不再仅仅专注于机器生产中某个小部件的复杂性,不再是控制自动化机器生产中某个小部件的操作工。

马克思和恩格斯所说的共产主义社会的生产劳动,更加接近于某种"生存和发展的艺术",此时的生产劳动也从最初的服务于人的生存与发展的活动,历史性地转变为利己利他的社会行为,具有了某种利己利他的更高层面的社会历史意义和价值追求,历史上所出现的机器大生产和自动化机器生产都只不过是人类社会历史发展的特殊阶段。从微观上看,这个历史阶段与人的自由全面发展相异化,但从宏观上看,这个历史阶段却又客观上推动了人类社会的历史发展,具有一定的社会进步意义。这样看来,当代机器生产既不是洪水猛兽,也不是进步的神话,而是人类文明的特殊阶段,这个阶段只是一个过渡的历史阶段,而不是人类社会历史的必然终结,也不是人类生产劳动、人类生产劳动技能的终结。

马克思关于机器的论述始终渗透着对人类全面解放的渴求。在马克思看来,无产阶级代表着由资本主义机器生产诞生以来的一种社会力量,这种社会力量能够将被分裂的无产阶级和资产阶级社会再次凝聚成一个有机的整体。后来的卢卡奇(Georg Lukács)在《历史与阶级意识》中认为,马克思之所以能够完成这一历史壮举,不是因为资本主义的历史发展,而是因为其卓越的历史洞察力即阶级意识,马克思强烈的阶级意识促使他认识到无产阶级具有一种解放人类的社会力量。② 马尔库塞追随卢卡奇的思想,同样不希望将马克思主义作为另一种特定的意识形态或者世界观,而是希望将之作为一种具有特定理论优势的历史理解方法。通过这种方法,我们能够发现人类实现解放的科学路径,从而摆脱资本

---

① 《马克思恩格斯全集》第三卷,人民出版社,1960,第37页。
② 参见 Georg Lukács, *History and Class Consciousness*, Cambridge: The MIT Press, 1971, pp. 3-5。

主义机器生产以来对人自由而全面发展的束缚,通达人类的全面解放。马尔库塞认为,自由是马克思哲学的基础,马克思对资本主义生产分析的核心方法是,无产阶级革命会从历史的可能转变为历史的现实,这种新的必然的历史现实,也将使人成为全面自由的人。无数有历史阶级意识的人,就是成就这些自由全面的人的代理人。这些代理人的阶级意识及行动,是促成人自由而全面发展这种历史性统一的现实基础。① 在马克思那里,人既是历史的主体,又是历史的客体。正是在这种理解历史的方法下,马尔库塞发现,随着资本主义机器生产的发展,出现了一种有组织的当代资本主义。马尔库塞总结了这种基于机器生产的资本主义特征。他说,在这种社会中,所有社会要素被完全按照资本家的意志组织起来,智力和物质文化、公共和私人生活、心灵和灵魂、思想和语言,所有这些都被调整以适应机器的需要,然后,作为机器的需要,被转化为个人自己的需求、愿望、行为模式和表达形式。②

在马尔库塞看来,有组织的资本主义机器生产充满了对立、矛盾和否定,它们被转变为对某种现存知识文化、社会道德、生活工作的综合性肯定。在这种有组织的资本主义机器生产中,资产阶级的意识形态学家们被组织起来了,但工人阶级却变得分化了。工人阶级分化的原因是,伴随着半自动和自动化机器生产的发展,一方面,参与机器生产的工人被分割为直接参与机器生产的蓝领工人和间接参与机器生产的白领工人,他们构成了工人阶级中的不同群体,而不是像在资本主义早期的机器生产中一样,所有工人都基本是直接参与机器生产劳动;另一方面,有工作和有一定保障的工人能团结起来,而那些没有工作、在可以预见的未来也没有机会获得工作和保障的工人却很难团结起来,于是工人阶级内部出现了原来没有的分化。③

马尔库塞把这些分化出来的工人阶级,划分为工人阶级中的贵族和一般的工人。马尔库塞认为,随着自动化机器生产的发展和普及,那些

---

① 参见 Herbert Marcuse, "Contributions to a Phenomenology of Historical Materialism," *Telos*, No. 4, 1969, p. 5。

② 参见 Herbert Marcuse, *Marxism, Revolution and Utopia: Collected Papers of Herbert Marcuse*, New York: Routledge, 2014, p. 173。

③ 参见 Herbert Marcuse, *Marxism, Revolution and Utopia: Collected Papers of Herbert Marcuse*, New York: Routledge, 2014, p. 174。

资本主义早期不人道的生产方式可能会被逐渐消除。然而，由资本主义机器大生产演变过来的半自动化生产方式，依然会将一部分工人与另一部分工人隔离开来，即使是在同一家工厂的大批工人群体中，我们也能发现这种生产方式对不同工人群体的现实隔离。[1] 如果我们认同社会存在决定社会意识的历史唯物主义基本原理，我们就不能不担心，工人群体中这种现实隔离所带来的工人阶级意识形态的分化很可能进一步加剧工人阶级的现实分化。资本主义机器生产的半自动和自动化程度越高，工人内部的分化会越突出，这种工人分化的结果削弱了作为整体的工人阶级的变革动力。

马尔库塞认为，所有这些方面的变化，都与资本主义自动化机器生产有关，这些自动化的机器生产不是让工人更加主动，而是让工人更加被动了。马尔库塞强调，在半自动的资本主义机器生产中，尤其是在完全自动化的生产中，机器不再是传统意义上的生产手段，不再是工人或者工人群体手中的一种生产手段。相反，机器已经成为整个社会生产组织系统中的一个结构性要素，它决定了工人的行为，不仅在工厂里，而且在工厂之外，在每个社会生产劳动领域或活动中决定了工人的生活和工作。工人所消耗的能量是心理技术方面的，而不仅仅是身体方面的，这一事实意味着物质生产工作与在广告公司、银行或办公室工作的白领的工作几乎一样。劳动者失去职业独立性和自身特殊地位：他和其他为机器服务的阶级一样，被迫服从和服务于机器，因此他作为客体和主体，参与到无处不在的现实压迫和管理体系中。[2]

当代有组织的资本主义机器生产已经创造了一个新的社会生产系统。在这个由机器决定的新的社会生产系统中，机器不再仅仅是生产劳动资料，而是对社会成员进行分割的基本要素。工人生活在一个似乎是自动运行的宇宙中，那些不停歇的机器生产总是准时地将他带入自己的生产节奏中，这种由机械化和自动化生产劳动所规定的新节奏，调动了工人的思想和灵魂。马尔库塞相信，随着自动化的发展和普及，这些趋势注

---

[1] 参见 Herbert Marcuse, *Marxism, Revolution and Utopia: Collected Papers of Herbert Marcuse*, New York: Routledge, 2014, p. 176。

[2] 参见 Herbert Marcuse, *Marxism, Revolution and Utopia: Collected Papers of Herbert Marcuse*, New York: Routledge, 2014, p. 176。

定不但不会减弱，反而会不断得到新的增强。① 即使今天资本主义社会已经广泛采用了半自动和自动化的机器生产，工人也并没有从机器生产中解放出来，并没有从资本家有组织的社会行为中解放出来，而是依然受到资本的控制。此时的工人依然只是整个资本主义社会生产中的客体，而不是自由全面发展的主体。

近半个世纪，随着信息技术的进一步发展，各种各样的智能机器从传统的机器工厂扩展到了人们的日常生活之中。奥利维尔·弗雷塞（Olivier Frayssé）等研究了信息技术对人类生产劳动的影响后认为，只要拥有一台智能处理终端，信息通信技术使人们能够在世界上的任何地方向他的雇主提供劳动，即使是他们是在休闲、通信或者消费的过程中，他们也能为数据产品生产商提供自觉的劳动。② 在过去，工作和休闲、生产和消费之间的界限似乎很清晰，但现在它们越来越模糊。马克思早已揭示，延长生产劳动者的劳动时间、提高生产劳动者劳动强度，都是资本家榨取工人更多剩余价值的手段。从这个角度看，在人人都拥有智能机器的时代，已经出现的资本主义数据生产，不仅没有缩减生产劳动者劳动的时间和空间，反而再次扩展了生产劳动者的劳动时间和空间，使资本家对生产劳动者的剥削变得更是无时无处不在。③

克里斯蒂安·福克斯（Christian Fuchs）发现，我们的每一个在线活动所创造的数据，既是商品又是固定资本的一部分。数据一旦被创造出来，就会产生固定不变资本并作为数字机器的一部分存储在服务器上，以实现数字资本积累。但数据也是构成要素，是流动的固定资本，在此基础上，数字劳动创造了新的内容和数据。④ 在福克斯所说的这种劳动中，因为在线活动的人并没有与利用数据的资本家建立任何法律上的劳动关系，但他的在线活动却在为数据资本家源源不断地提供数据，因此，利用数据的资本家既不需要给予在线活动的人报酬，在线活动的人也几

---

① 参见 Herbert Marcuse, *Marxism, Revolution and Utopia: Collected Papers of Herbert Marcuse*, New York: Routledge, 2014, p. 177。
② 参见 Olivier Frayssé and Mathieu O'Neil (eds.), *Digital Labour and Prosumer Capitalism*, Hampshire: Palgrave Macmillan, 2015, p. 3。
③ 参见赵泽林、张建宇《数据与资本：资本主义的新动向及其批判性分析》，《当代世界与社会主义》2020 年第 5 期，第 107 页。
④ 参见 Christian Fuchs, *Digital Labour and Karl Marx*, New York: Routledge, 2014, p. 184。

乎不可能获得利用数据的资本家的报酬,这种"隐性劳动"实际上成为一种"无偿劳动"。① 这样看来,马克思一直所期待的人自由而全面的解放依旧任重道远,依然有许多的现实问题亟待解决。

---

① 参见 Olivier Fraysse and Mathieu O'Neil (eds.), *Digital Labour and Prosumer Capitalism*, Hampshire: Palgrave Macmillan, 2015, p. 208。

第四章　马克思机器论的前沿反思

最近几十年，各种各样的机器在人类社会生产劳动场景中的表现形态及其所发挥的作用可谓日新月异。今天人们已经可以在个人兴趣、社会交往等各种特定情境中根据不同的规则使用机器。驾驶汽车是借助内燃机缩短从一个地方到另一个地方的时间，这与舒舒服服地坐在电脑前发电子邮件、开展各种社会交往完全是两码事。这两种机器应用行为的不同之处在于，它们可以引起我们对生活环境的态度以及与生活环境的关系的许多不同的重要变化。或许有人会认为，内燃机与计算机可以被看作同一回事。但是，采用这种方法并不能准确地把握由于机器与人同时在场而经常发生的特殊现象的哲学意义。通过观察汽车发动机的发明所带来的影响，我们很难有效地表达智能护理机器人在我们体验世界的方式中所引起的变化程度。随着更为广泛而复杂的机器应用，关于机器的哲学讨论，不是已经完结，而是变得更加重要了。当前，机器与人的智力性存在、机器与社会分工的变革、机器生产与多样化的劳动讨论等，仍是人们对机器进行社会历史哲学考察的重要前沿论题。

一　机器与人的智力性存在

1883年，马克思的亲密战友恩格斯在马克思墓前的讲话中指出，马克思的一生有两个伟大的发现：一是发现了人类社会历史发展的客观规律，创立了历史唯物主义；二是发现了现代资本主义生产方式和它所产生的资产阶级社会的特殊运动规律，提出了剩余价值理论。[①] 半个世纪后，贝尔纳把马克思的伟大发现归结为发现了人类社会历史或"神秘"社会的"终极动力"，以及人类社会产生的社会生产关系和阶级社会中

---

① 参见《马克思恩格斯全集》第十九卷，人民出版社，1963，第374~375页。

的阶级对立。① 今天的马克思思想研究者几乎都认为历史唯物主义和剩余价值理论构成了马克思思想的重要部分,这些理论揭示了人类社会历史发展的基本规律,也展现了人类对自己所生存和发展的人类社会的独特认识。马克思的这种贡献超越了他所处的历史时代,成为现在和未来的研究者理解人类智慧、人类智力等社会历史现象的重要思想资源。青年时期的马克思就已经开始对人类智慧、智力问题进行探讨,只不过马克思对这些问题的研究被他远大的共产主义理想所淹没,直到最近一个世纪才被部分学者所发掘。马克思在《1844年经济学哲学手稿》中考察当时的资本主义机器大生产时就认为,"劳动用机器代替了手工劳动,但是使一部分工人回到野蛮的劳动,并使另一部分工人变成机器。劳动生产了智慧,但是给工人生产了愚钝和痴呆"②。在马克思看来,人与机器的根本区别之一就在于人不同于一般的物,人是有智慧的物,这种智慧是人通过日常的生产劳动实践所产生的。一旦人不再从事相应的生产劳动,人的智慧就难以形成。正是因为资本主义生产资料私有制,工人的生产劳动才出现了异化,从而阻碍了人的智力发育和智慧展现。

马克思把资本主义机器大生产看作人类形成自己的智慧、个人形成一般智力的异化状态。马克思说:"在这里,活动就是受动;力量就是虚弱;生殖就是去势;工人自己的体力和智力,他个人的生命(因为,生命如果不是活动,又是什么呢?),就是不依赖于他、不属于他、转过来反对他自身的活动。这就是自我异化,而上面所谈的是物的异化。"③ 在这种资本主义机器大生产中,工人的生产劳动处于人之外,劳动仅仅是工人维持生存的手段。工人不是因为自己内在的自发性意愿而从事着各种生产劳动,而是因为维持自己生存与发展的必要而进行外在约束性生产劳动。工人在这种异化的生产劳动中,并不能充分展现自己的智力和智慧,异化的生产劳动也不利于工人智力和智慧的发展。对于工人来说,自己所从事的生产劳动与自己总是存在着某种现实间距,劳动不是为了自己,而是为了他人;生产劳动产品也不属于自己,而属于另一个作为他者而存在的资本家。马克思认为,这种生产劳动中的工人就像一个宗

---

① 参见 J. Bernal, *Marx and Science*, New York: International Publishers, 1952, p.4。
② 《马克思恩格斯全集》第四十二卷,人民出版社,1979,第93页。
③ 《马克思恩格斯全集》第四十二卷,人民出版社,1979,第95页。

教徒，他所从事的任何活动不是发自自己的内在意愿，而是完全取决于某种外在力量，是一种受外在异己力量所支配的现实活动。同样，工人在资本主义机器生产中的活动，也不是他自己的活动，他的活动属于别人，这种活动是他自身的丧失。① 其结果是，工人回归到了一般的动物层面，而不是人的生产生活活动之中，但他自己又觉得自己不是动物。在这种生产劳动中，工人或者人并没有展现出更多的作为人所拥有的智力和智慧，而只不过是机器生产劳动中的一个组成部分或者一个生产环节而已。马克思发现，资本主义生产资料私有制是工人生产劳动异化的社会根源。马克思指出："私有财产只有发展到最后的、最高的阶段，它的这个秘密才重新暴露出来，私有财产一方面是外化劳动的产物，另一方面又是劳动借以外化的手段，是这一外化的实现。"② 工人要想摆脱异化，获得解放，从生产劳动中进一步展现和发展人类智慧，就必须摆脱或者推翻资本主义生产资料私有制。

在资本主义社会发展的早期，马克思就已经看到了资本主义衰落的迹象，也看到了自他那个时代以来发展得如此迅猛的垄断进程的开端。马克思深知，无论资本主义变得多么动荡，甚至是灾难性的，它都不会自行消失。只有当无产阶级，即被工业召唤而存在的阶级，自己控制着已经由自己的合作劳动维持着的生产系统时，机器大生产才会迎来一个新的历史时期。1856 年，马克思在《人民报》创刊纪念会上的演说中指出，19 世纪，一方面产生了以往人类历史上任何一个时代都不能想象的工业和科学的力量，而另一方面却显露出远远超过罗马帝国末期那一切载诸史册的可怕的衰颓征象。③ 马克思列举了当时的资本主义社会已经显现出的衰败，这其中就包括机器应用所体现出的两面性。一方面，机器的广泛应用减轻了人类以往的生产劳动强度，提高了生产劳动效率；另一方面，机器的资本主义应用却又提高了工人的生产劳动强度，加剧了工人的疲劳。技术的历史性胜利却是以人们的道德败坏为代价的，科学的进步也被黑暗遮蔽了光辉。马克思说："我们的一切发现和进步，似

---

① 参见《马克思恩格斯全集》第四十二卷，人民出版社，1979，第 94 页。
② 《马克思恩格斯全集》第四十二卷，人民出版社，1979，第 100 页。
③ 参见《马克思恩格斯全集》第十二卷，人民出版社，1962，第 3 页。

乎结果是使物质力量具有理智生命，而人的生命则化为愚钝的物质力量。"① 如果要摆脱资本主义生产资料私有制的束缚，只有依靠工人阶级自己的智慧和力量。要使社会的新生力量很好地发挥作用，就只能由新生的人来掌握它们，而这些新生的人就是伴随着机器大生产而不断发展的工人。② "现在，欧洲所有的房子都画上了神秘的红十字。历史本身就是审判官，而无产阶级就是执刑者。"③ 在马克思看来，英国工人不仅是现代工业的头一个产儿，而且是一个新的社会革命的开始，这种革命指向的不是某个工人或者某几个国家和地区的工人解放，而是全世界工人阶级的解放。

马克思相信，只有通过工人阶级推翻资本主义生产资料私有制的社会革命，工人才能摆脱异化劳动的束缚，回归到人应有的人类社会历史地位。马克思认为，人的客观存在既具有个体特殊性，也具有人的一般普遍性。每个人的客观存在都是个体特殊性与一般普遍性的辩证统一。每个人的个体特殊性使人成为具有特殊性的个体性存在。个体的人所具有的类特征这种普遍性，又使特殊的个体的人就像他自己具有直观的普遍性的生命形式一样，作为一个具有总体性的社会主体而现实地存在着。④ 作为正常的个体的人应该是自由而全面发展的人，而不是片面的或者部分的人。但是，自工业革命以来，工人的地位一直在下降，部分工人在资本家的监督下经常工作长达 12 小时，直到他们不能再工作为止。即使资本家采用了新的机器进行生产，工人生产劳动所带来的日常负担也未能减轻，他变本加厉地成为守候在机器旁的日常操作工，成为机器的附庸和机器生产的一个部件。

在这种资本主义机器大生产中，人并没有像真正的人一样成为生产劳动的主体，而是成为生产劳动的对象。作为所有机器大生产背后的智力因素，作为生产的原因和产品命运的消费者，工人应该是至高无上的，却在资本主义生产资料私有制下成为商品一样的物化产物。马克思注意到，资本主义生产资料的私有制已经使我们变得如此愚蠢而片面，以至

---

① 《马克思恩格斯全集》第十二卷，人民出版社，1962，第 4 页。
② 参见《马克思恩格斯全集》第十二卷，人民出版社，1962，第 4 页。
③ 《马克思恩格斯全集》第十二卷，人民出版社，1962，第 5 页。
④ 参见《马克思恩格斯全集》第四十二卷，人民出版社，1979，第 123 页。

一个对象只有在它被我们使用的时候才是我们的，尽管私有制也是工人和资本家保障自己生存权利的现实手段，但仅仅是作为为资本增殖服务的劳动和资本而出现的，[①] 这种生产劳动和资本化提升了资本家的人类社会历史地位，而降低了工人应有的人类社会历史地位。在《共产党宣言》中，马克思和恩格斯说："共产党人可以把自己的理论概括为一句话：消灭私有制。"[②] 只有消灭使工人生产劳动产生异化的资本主义生产资料私有制，工人应有的人类社会历史地位才能恢复。

凯尔索认为，自资本主义机器大生产诞生以来，人的智力活动主要通过两种方式进入经济交易。其一是作为科学家和管理者的智力活动而进入经济交易，他们负责资本工具的发明、开发、改进和生产，并对劳动者和资本工具的生产活动进行监督。科学家和管理人员一般都因为其专业水平而成为社会生产劳动组织中的最高阶层，他们的服务包括创业活动等各种以脑力劳动为主的生产劳动，在这些活动中，他们主动组织资本和劳动力来开展或扩大特定的商业活动，很大一部分的生产劳动体现为提高资本的生产能力、促进机器进一步甚至全面替换人的生产劳动等。其二是智力活动不同程度地进入非科学工作和非管理工作领域，这主要指的是工人所从事的一般性生产劳动。在这种生产劳动中，工人只需付出一般性的智力劳动即可完成相应的生产劳动环节。但是，如果工人没有一定程度的智力思考，这种生产劳动也是无法完成的。[③] 在凯尔索看来，资本主义的经济运动以及资本的增殖，就是依靠这两种智力劳动而实现的。

与凯尔索等许多研究者不同的是，马克思早已经意识到，资本工具是生产财富的积极力量，发挥着与人的生产劳动同样的经济功能，而且经常发挥着两者都可以互换的功能，但是资本本身源自工人的生产劳动。科学家、艺术家、文学家等的智力活动都对资本主义机器生产发挥了非常重要的积极作用，但这并不能改变所有生产产品的价值来源于劳动这个根本原理，即劳动产生价值。正因为劳动产生价值，人的智力才转移

[①] 参见《马克思恩格斯全集》第四十二卷，人民出版社，1979，第124页。
[②] 《马克思恩格斯选集》第一卷，人民出版社，2012，第414页。
[③] 参见 L. O. Kelso, "Karl Marx: The Almost Capitalist," *American Bar Association Journal*, Vol. 43, No. 3, 1957, p. 243.

到了生产的产品中。机器就是这种智力活动的一般历史产物。马克思认为，机器这种固定资本其实就是一般社会知识转变为直接生产力的现实表现。固定资本的历史发展表明，一般社会知识已经在多么大的程度上变成了直接的社会生产力，社会生活过程的条件本身就在多么大的程度上受到一般智力的控制并按照这种智力得到改造。[①] 工人参与机器生产的过程，实际上就是工人利用自己的智力与另一种形式的智力合作生产的过程。

马克思发现了资本主义机器生产对工人智力活动的重要影响。马克思说，即使是在最一般的生产劳动过程中，工人也同样付出了智力成本，生产劳动也是一种智力活动。工人的生产劳动是工人从事的具有一定目的的活动，是他的生产劳动能力即智力和体力既发生作用又被支出和消耗的运动。通过这种运动，工人赋予生产劳动材料以新的形式，因此，这种运动物化在生产劳动材料中。[②] 在从工场手工业转向资本主义机器大生产的历史发展中，工人的个人智力参与机器生产的劳动发生了重要的历史改变，这种改变不同于资本家的智力劳动。此时，个人身体上和智力上的某些特点，在这里是这样被利用的：通过片面发展这些特点而在手工工场中建立由人本身组成的总机体。

在新的机器工厂中，处于生产环节中的每台机器都以自己的特殊功能依次参与到整个机器生产中。在这里，"不是特别发达的劳动力作为能工巧匠来使用特殊的劳动工具，而是自动工具需要专门的、固定配备给它的仆人"[③]。在这种生产劳动过程中，工人的智力活动是服从于机器生产的，是服从于资本增殖和资本家意志的智力活动。马克思注意到，工人操作机器的这种生产劳动不仅是被动的，而且是简单的、单调的和乏味的从属于机器的生产劳动，是死板的生产劳动。在这种生产劳动中，工人不需要付出多少智力，它还很可能阻碍工人的智力发展，因为发育不全面的机体也可能参与这种机器生产。在马克思看来，这种机器生产具有某种逆专业化的特点，并最终把工人的智力水平降低到一般的智力水平，甚至降低到在机器操作中纯粹工具性的智力水平，降低到人与机

[①] 参见《马克思恩格斯全集》第四十六卷上册，人民出版社，1979，第219～220页。
[②] 参见《马克思恩格斯全集》第四十七卷，人民出版社，1979，第60页。
[③] 《马克思恩格斯全集》第四十七卷，人民出版社，1979，第524页。

器相等价的智力水平。

　　在马克思看来，机器是人类一般智力活动的历史产物，工人在资本主义机器大生产中也只是展现出了人类的一般智力，甚至连一般智力都没有展现出来，工人需要通过教育和革命实现自我救赎。马克思说，在资本主义机器大生产中，工人并不是有意识的、自主的生产劳动者，而是服从于或者服务于机器生产劳动体系的一个组成部分。"实行（简单）协作和把协作工人当作一个巨大的总自动机的活动附件和仆人而分配到这个自动机的各个部分上，工人象从属于自己的命运一样从属于机器，从属于机器的动作和作业，各种劳动的划一和被动性，缺少专业化或至多不过是单纯按性别和年龄的差别发展专业，——这一切，就是机械工厂的特征。"①

　　在资本主义机器大生产中，人的生产活动不是由自身的智力所决定，而是由机器所规定的动作以及资本增殖的需要所决定。工人的智力不仅没有得到应有的展现和发展，相反受制于作为一般智力而存在的机器，受制于资本。马克思认为，在这种资本主义机器大生产中，社会生产劳动过程造成了智力同体力劳动的分离，智力变成资本支配生产劳动的权力，这种机器生产劳动极度地损害了工人的神经系统，剥夺了工人从事一切自主活动的自由。②恩格斯认为，工人需要通过教育而觉醒，并通过教育实现自我改变。恩格斯指出："教育可使年轻人很快就能够熟悉整个生产系统，它可使他们根据社会的需要或他们自己的爱好，轮流从一个生产部门转到另一个生产部门。因此，教育就会使他们摆脱现代这种分工为每个人造成的片面性。"③根据马克思和恩格斯的设想，到了共产主义社会，人们还将对一切儿童实行公共的和免费的教育，消除阶级差别，消灭旧的社会生产劳动分工，在那里，每个人都将得到自由而全面的发展，而每个人的自由发展又成为一切人自由发展的现实条件。④

　　在过去的半个世纪里，机器的表现形态已经发生了非常重大的变化，当前的机器已经能够通过计算编程执行一系列逻辑操作，甚至实现自我

---

① 《马克思恩格斯全集》第四十七卷，人民出版社，1979，第526页。
② 参见《马克思恩格斯全集》第二十三卷，人民出版社，1972，第464页。
③ 《马克思恩格斯全集》第四卷，人民出版社，1958，第370页。
④ 参见《马克思恩格斯全集》第四卷，人民出版社，1958，第491页。

编程，以纠正机器在执行任务过程中可能出现的错误，这使我们看到当前的机器似乎开始具备了人的某些智能特征。20世纪早期，阿兰·图灵（Alan Turing）设计了著名的图灵测试（The Turing Test），来测试机器是否具备人的思维能力。在这个著名的测试中，图灵设想有两个房间，一个房间内是某个自然人，另一个房间内是一台计算机，二者分别与房间外的自然人进行交流与沟通，如果房间外的自然人无法区分究竟是人还是机器在与他交流，就表明房间内的机器已经具备了人的思维能力。[①]图灵测试引起了控制论、计算机科学技术等机器制造领域科学家的强烈兴趣。

1956年，约翰·麦卡锡（John McCarthy）、马文·明斯基（Marvin Minsky）、克劳德·香农（Claude Shannon）、艾伦·纽厄尔（Allen Newell）、赫伯特·西蒙（Herbert Simon）等科学家在达特茅斯学院（Dartmouth College）进行了一场具有开创性的讨论，提出了当代的人工智能构想，即让机器具有人的思维能力，并最终代替人的部分智力思考。当代人工智能机器构想的提出，意味着机器已经从人类的体力劳动走向更为深层的脑力劳动领域。在此之前，机器主要还是模拟或者代替人的某些肢体性劳动。而在此之后，机器则主要模拟或者代替人的智力思维能力。机器对人类生产劳动模拟或者替代人的生产劳动能力的这种重大变化，引起了许多马克思主义研究者的思考。如果资本家采用的是人工智能机器进行生产，而已经不是像资本主义机器大生产早期那样用机器代替人的某些肢体性劳动进行生产，是否意味着资本家已经减轻甚至消除了对工人的劳动剥削？是否意味着马克思基于资本主义早期机器大生产所提出的剩余价值理论已经过时？是否意味着马克思所坚持的劳动价值论也已经失效了？

为了弄清这些问题，意大利《红色笔记》（*Quaderni Rossi*）在1976年第4期刊发了潘谢里（Raniero Panzieri）的论文《剩余价值及其计划》（"Surplus Value and Planning: Notes on the Reading of Capital"）对"机器论片段"的分析。在这篇文献里，潘谢里认为，在资本主义生产引进

[①] 参见 A. Turing, "Computing Machinery and Intelligence," *Mind*, Vol. 59, 1950, pp. 433-460.

机器的最初阶段，机器产生了剩余价值，这不仅是因为它使劳动力贬值，而且是因为它把机器所有者所雇用的劳动力转变为更高程度和更有效的劳动力，它提高了产品的社会价值，这种社会价值高于其个人价值，从而使资本家能够用当日产品价值的一小部分来取代一天的劳动力价值。在这种情况下，拥有机器所有权的资本家创造了额外的高额利润，这刺激了他想获得更多利润的欲望，结果是工人生产劳动时间的进一步延长。大规模引进机器参与生产，实际上增强了资本家对劳动力的控制，工人在这种生产劳动过程中的自主权也逐渐消失。当机器侵入社会生产的整个部门时，产品的社会价值就会下沉到它的个人价值，而剩余价值的法则就证明它不是由被机器取代的劳动力产生的，而是由实际用于与机器一起工作的劳动力产生的。①

潘谢里的论述并没有超出马克思对在资本主义机器大生产中所产生的剩余价值的分析，即剩余价值的产生并不是来自机器，而是来自参与生产的劳动者。在马克思看来，无论怎样智能的机器本身并不能产生任何剩余价值，即使是因为率先应用这种机器的资本家获得了超额利润，也不代表机器本身产生了剩余价值。机器本身并不能生产机器，机器依然是由原来的劳动力生产出来的。马克思承认机器在促进社会生产力发展、推进生产劳动过程中具有积极作用，但并不意味着他认为剩余价值就是机器产生的。在资本主义机器大生产中，机器只不过是凝结工人活劳动的物化产物，是资本家的资本载体。正如马克思所指出的那样，劳动生产力随着科学和技术的不断进步而不断发展，旧的机器、工具和器具都将被新的机器、工具和器具所代替，旧的资本也将会以生产效率更高的形式再生产出来，这种形式的改变并不意味着其生产的性质已经发生改变。②

维尔诺（Paolo Virno）认为，要理解当代机器的变化及其影响，我们需要充分重视马克思的"机器论片段"。维尔诺说，我们多次提到我们应该回到那些写于1858年这个高度专注时刻的片段，"机器论片段"

---

① 参见 Raniero Panzieri, "Surplus Value and Planning: Notes on the Reading of Capital," CSE, *The Labour Process and Class Strategies*, CSE Pamphlet, No. 1, 1976, pp. 4-25. Originally in *Quaderni Rossi*, No. 4, 1964, pp. 257-288。

② 参见《马克思恩格斯全集》第二十三卷，人民出版社，1972，第664页。

连续解释的历史,既是一部人类社会危机的历史,也是一部人类社会获得新开端的历史。[①] 维尔诺认为,马克思的"机器论片段"本身就是一个特别复杂和具有包容性的文本,它为理解资本主义机器生产的历史、现状及其可能的发展轨迹提出了许多可能性。文本本身的难度及其作为笔记的特殊安排方式,使我们对机器论片段的理解变得异常困难。但从根本上看,马克思的"机器论片段"揭示了一种个体智力的社会扩散趋势,这种扩散不是个人智力的独立自主行为,而是被资本裹挟的社会性行为。机器作为包含个人生产劳动智慧的产物,在资本的作用下被迫社会化为整个社会的一般智力,而成为社会生产中的一个重要部分,这样一来个体的智力就转变为整个社会的一般智力,并以机器的形式表现出来。个人的智力在整个机器生产劳动过程中成为社会整体性生产劳动过程的一部分。在马克思看来,此时的生产劳动过程已不再是劳动过程了。相反,劳动现在仅仅表现为有意识的机件,工人的生产劳动过程,仅仅是这个强大的机器生产体系里一个微不足道的环节。[②] 在这里,机器和机器体系是能动的、活的存在,而工人却成了这个能动的、活的生产体系中的一个失去能动性和主动性的微不足道的部分。马克思的这些论述,再次揭示了资本主义机器大生产对机器与人、资本、劳动等社会生产关系的历史性重构,同时也预示着机器最终能够模拟人的一般智力,至少是部分地模拟人的一般智力,并像人一样参与整个社会生产。

在维尔诺看来,马克思关于资本对一般智力的控制与占有这一基本观点,即使是在后福特主义的社会生产中依然是有效的。维尔诺说,在后福特主义中,无法简化为固定资本的概念星丛和逻辑图式起着决定性的作用,因为它们与众多具有活动性的主体的互动密不可分。此时的一般智力包括正式和非正式知识、想象力、伦理倾向、心智和语言游戏。[③] 维尔诺所定义的这些一般智力,实际上一直都具有某种社会历史性,即知识、想象力、伦理倾向、心智和语言游戏都与社会历史有关,也只能在社会历史中产生。马克思和恩格斯在《德意志意识形态》中就明确指

---

① 参见 Paolo Virno, "Notes on the General Intellect," in S. Makdisi, C. Casarino and R. E. Karl (eds.), *Marxism beyond Marxism*, London: Routledge, 1996, p. 265。
② 参见《马克思恩格斯全集》第四十六卷下册,人民出版社,1980,第209页。
③ 参见 Paolo Virno, "General Intellect," *Historical Materialism*, Vol. 15, No. 3, 2007, p. 5。

出,观念、思维、人们的精神交往是人们物质关系的直接产物,表现在某一民族的政治、法律、道德、宗教、形而上学等的语言中的精神生产也是这样。[①]在已经出现的资本主义社会历史中,一般智力呈现出不同的形态,但这些不同形态的一般智力都不可能是纯粹的个人的产物,而是社会的历史产物,并以社会生产劳动的集体的形式表现出来。

在资本主义社会的生产劳动中,占有主导地位的资本家意志掌控了一般智力的主导权。对于工人而言,在当代机器生产中,资本对工人活劳动及智力的吸纳,其程度并不亚于马克思所论述的资本主义早期机器大生产中资本对工人智力的吸纳。在那个时期,物化的劳动就已经作为支配性的力量,与工人的活劳动相对抗,并积极地将其纳入自身之中,纳入整个资本主义机器社会生产过程之中。在这个新的社会生产劳动过程中,资本不仅占有工人的活劳动,而且控制和占有着活劳动的智力,并转变为社会生产劳动中的一般智力。当代人工智能机器的资本主义应用,更是加速了资本对工人的智力控制与占有。在资本增殖的驱使下,今天的许多人工智能专家系统,已经能够在许多领域完全代替收银员、财经分析等一般生产劳动者的智力工作。

当代人工智能及其对传统劳动力的替代,使我们重新回想起马克思已经预见到的一种趋势,即工人的生产劳动将向着更加简单而抽象的方向发展,这种发展具有双重的社会历史影响。里夫金(Jeremy Rifkin)根据实证分析认为,由于当代自动化机器的广泛应用,人类社会正在进入世界历史的一个新阶段,在这个新的世界历史阶段中,为全球人口生产商品和提供服务所需要的一般性工人将越来越少。以自动化机器为标志的当代技术创新和市场导向的力量,正在把人类推向一个几乎没有传统生产劳动工人的新世界。在今天,农业、制造业和服务业这三个传统的经济部门都在经历着技术的加速迭代,迫使数以百万计的人必须重新寻找新的工作岗位。新出现的社会生产部门是由企业家、科学家、技术人员、计算机程序员、专业人士、教育工作者和业务顾问的精英所组成的社会"精英阶层"的知识生产部门。虽然这一部门所吸纳的人数正在增长,但预计它吸收的人数不会超过未来几十年随着信息和通信科学的

---

① 参见《马克思恩格斯全集》第三卷,人民出版社,1960,第29页。

革命性进步而被消灭的数亿人中的一小部分。因此，全球的传统劳动力正在衰落，并可能走向"劳动的终结"。[①] 在里夫金看来，这种传统劳动力的衰落将重新调整整个社会生产力的布局，重新调整各种社会生产关系，进而改变工人阶级与资产阶级的力量对比，并影响资产阶级和工人阶级的命运。里夫金认为，当代生产方式的调整和机器对人力的永久取代，已经开始给数以百万计的工人造成悲惨的损失。信息和通信技术以及全球市场力量正在迅速地将世界人口划分为两股不可调和的、潜在的对抗性力量，即掌握技术和先进生产力分析手段的世界性精英和绝大多数的永久性失业工人。在新的高科技所驱动的全球经济中，那些仅仅具有一般智力的绝大多数人将几乎没有希望，甚至就根本没有希望找到合适的就业机会。[②]

从生产劳动的抽象角度看，当代人工智能机器对传统生产劳动的替代，不同程度地终结了传统的生产劳动形式，并重塑着整个人类社会的生产劳动结构。安德烈·高兹（André Gorz）认为，当代自动化机器革命预示着人类社会对传统生产劳动形式的历史性改变，资本已经不直接购买劳动力，而是强化了对工人的智力控制，从而诞生一个新的技术官僚资产阶级，这个新的技术官僚资产阶级，将以新的方式控制着整个社会的历史发展。在未来，大多数的人口将不再属于传统的产业劳动工人，而是成为后工业时代的新兴无产阶级，他们不需要直接参与生产劳动，而是向社会贡献一般智力。[③] 此时的资本，也不是像资本主义社会诞生早期那样走向劳动力存在的地方，而是将触角伸向大众的"非劳动"，这种"非劳动"不是工人真的不劳动，而是对工人传统劳动形式的抛弃，是对工人在一般智力基础上的进一步挖掘。工人必须学习更多新的生产劳动技能，才能适应新的机器生产。

奈格里等人认为，当代自动化机器的广泛应用以固定资本的形式不断强化了资本对工人一般智力的更多占有。随着智能化机器的发展，资

[①] 参见 Jeremy Rifkin, *The End of Work: The Decline of the Global Labor Force and the Dawn of the Post-market Era*, New York: G. P. Putnam's Sons, 1995, p. xvi。

[②] 参见 Jeremy Rifkin, *The End of Work: The Decline of the Global Labor Force and the Dawn of the Post-market Era*, New York: G. P. Putnam's Sons, 1995, p. xvii。

[③] 参见 André Gorz, *Paths to Paradise: On the Liberation from Work*, London: Pluto Press, p. 39。

本有了更多的形式对工人实践知识进行"机器化盗用"。这种盗用不需要在生产劳动过程中进行，而是在流通和社会化的物质运动过程中，通过富有成效的社会化合作得以进行和强化。尤其是在各种监控机器的生产劳动环境中，工人个人的身体都已经成为资本主义生产中极其隐蔽的固定资本，被吸纳到当代资本主义的自动化机器生产实践中。① 资本家甚至可以在各种生产实践中挪用这些固定资本，并在与其他人的社会、合作和政治关系中发展这种挪用，所有这一切决定了一种新的资本主义生产方式和社会秩序的彻底诞生。幸运的是，这种新的社会秩序的诞生，并不是人类社会的终极形态，而依然只是人类社会的一个历史阶段而已。

我们可以从马克思《政治经济学批判（1857—1858 年手稿）》等重要手稿中，发现资本主义机器应用所蕴含的内在矛盾，这种内在的矛盾预示着资本主义机器生产的最终解体。马克思指出，资本运动存在一种内在的矛盾。一方面，为了提高生产劳动效率，资本驱动科学技术加速发展并与其他一切自然力相结合，以便创造更多的社会财富；另一方面，资本为了仍然用劳动时间来衡量已经发展的社会生产力，又会把这种社会生产力限制在已经形成的社会时间认知和社会生产关系范围内。② 这样一来，社会生产力的提高，又会带来人们生产某种生产劳动产品社会必要劳动时间的缩短，以及人们可自由支配时间的增加。于是，资本就违背自己的意志，使整个社会的劳动时间缩减到最低限度，从而为全体社会成员获得自由而全面的发展腾出时间。③ 到那时，一方面，社会必要劳动时间的尺度将不再是资本增殖的需要，而是每个社会个人的需要；另一方面，每个人也会因为社会生产力的发展而有了更多的可自由支配的时间。④ 面对当代自动化机器的广泛应用，马里奥·蒙塔尼奥（Mario Montano）根据马克思在"机器论片段"中的这些论述认为，当资本引导大众走向普遍的"非劳动"时，社会生产的必要劳动时间将减少到最低

---

① 参见 A. Negri, "The Appropriation of Fixed Capital: A Metaphor?" in D. Chandler and C. Fuchs (eds.), *Digital Objects, Digital Subjects: Interdisciplinary Perspectives on Capitalism, Labour and Politics in the Age of Big Data*, London: University of Westminster Press, 2019, p. 210。
② 参见《马克思恩格斯全集》第四十六卷下册，人民出版社，1980，第 219 页。
③ 参见《马克思恩格斯全集》第四十六卷下册，人民出版社，1980，第 221 页。
④ 参见《马克思恩格斯全集》第四十六卷下册，人民出版社，1980，第 222 页。

限度，并出现一种新的社会安排。在这种新的社会安排中，社会财富将不再以社会劳动时间来衡量，而是以可支配时间来衡量，不再以资本指引劳动的尺度来衡量，而是以工人阶级可支配的时间来衡量。在这种情况下，资本作为主导生产的力量，将走向自己的解体。① 从资本主义机器大生产，到今天的人工智能机器生产，总体上看，机器生产的历史发展仍然是人类社会历史的重要进步，这种历史的进步不是某个主体的力量所为，而是个人智力与人类社会集体智慧的历史产物和历史显现。

二 机器与社会分工的变革

斯密曾在《国富论》的开篇强调社会生产劳动分工的重要性。斯密认为，"劳动生产力上最大的增进，以及运用劳动时所表现的更大的熟练、技巧和判断力，似乎都是分工的结果"②。斯密说，认为车间的生产劳动分工和整个社会的生产劳动分工在质上有差别是错误的，仅仅是因为前者更容易看到，因此更引人注目而已。③ 在斯密看来，劳动生产率的巨大进步归因于不同行业和就业岗位的分离所带来的三大优势。第一个优势，社会生产劳动分工将每个人的生产劳动过程简化为某些简单的操作，并使之成为一生唯一的职业，从而提高了劳动者生产劳动的熟练程度。第二个优势，社会生产劳动分工节省了劳动者从一种工作转换到另一种工作时通常会浪费的时间。社会生产劳动分工的第三个优点是，机器的发明使得传统的工人更有可能将注意力集中于一个生产劳动对象，而不是将注意力分散于多个生产劳动对象，这样更有可能提高生产劳动的质量和效率。④ 在此背景下，斯密还对知识分子生活中专业化的发展进行了评论，并赞美其专业化的优势。斯密的推理远非完美无缺，他似乎忽略了生产劳动任务的分离与个人专业化劳动之间的区别。另外，生

---

① 参见 Mario Montano, "Notes on the International Crisis," *Zerowork*, No. 1, 1957, p. 57。
② 参见 Adam Smith, *An Inquiry into the Nature and Causes of the Wealth of Nations*, Hampshire: Harriman House Limited, 2010, p. 17。
③ 参见 Adam Smith, *An Inquiry into the Nature and Causes of the Wealth of Nations*, Hampshire: Harriman House Limited, 2010, p. 17。
④ 参见 Adam Smith, *An Inquiry into the Nature and Causes of the Wealth of Nations*, Hampshire: Harriman House Limited, 2010, pp. 21–22。

产劳动的分工也可能影响到劳动者对他经常所从事的生产劳动之外聪明才智的发挥，从而不利于每个人自由而全面的发展。马克思批判了斯密对社会生产劳动分工与工场手工业生产劳动分工的混淆，坚持区分社会生产劳动分工与工场手工业生产劳动分工，并认为社会生产劳动分工与工场手工业生产劳动分工具有客观上的不同，而不仅仅是主观认识上的不同。马克思在对斯密的批判中发展了对资本主义社会生产劳动分工与工场手工业生产劳动分工的认识，揭示了资本对于工人的社会性控制，这种"看不见的手"成为工人获得自由而全面发展的现实障碍。

马克思认为，一般性的社会生产劳动分工与工场手工业中的生产劳动分工具有根本性的不同。一般性的社会生产劳动分工的基本前提是，生产资料分散于互不依赖的各个生产者，不同的商品是社会分工的媒介。而在工场手工业中，生产劳动分工则是以生产资料积聚在一个资本家和工场手工业主手中为前提，资本家和工场手工业主充当了手工业内部生产劳动分工的媒介。这两种分工的根本性不同在于，前者承认不同商品生产者的相对独立，承认社会竞争的权威，而不承认任何别的权威；后者则是以资本家对人的绝对权威为前提，人只是资本家所占有的总机构的一个组成部分。① 马克思认为，从工场手工业到资本主义生产方式的历史形成中，工场手工业生产内部并没有形成完全的社会生产劳动分工，而是在很小的范围内出现了局部的、间或性的社会生产劳动分工。在资本主义生产方式中，各种职业分工获得了进一步的发展，随着生产劳动的实际需要固定下来，并通过法律等社会制度的完善与发展固化为社会生产劳动过程中的一部分，随之形成一幅有计划和有权威地组织社会生产劳动的社会图景。因此，在资本主义社会中，社会生产劳动分工的无政府状态和工场手工业分工的专制是互相制约的。②

工场手工业的生产劳动分工具有资本主义性质，这不仅是因为工场手工业中的生产劳动分工已经具有资本主义的社会生产劳动的特征，而且是因为这种工场手工业中的生产劳动分工，是靠牺牲工人自由而全面的发展而发展起来的，是为了实现资本家资本增殖而采用的一种方法。

---

① 参见《马克思恩格斯全集》第二十三卷，人民出版社，1972，第394页。
② 参见《马克思恩格斯全集》第二十三卷，人民出版社，1972，第395页。

马克思说，这种工场手工业与已经发展起来的资本主义生产方式一样，不是为工人自由而全面的发展而发展社会生产劳动力，而同样是为了使工场手工业主获得更多的社会财富，同样是以剥削工人的生产劳动为条件的。资本主义社会生产劳动分工，既促进了人类社会历史的进步，加速了资本主义社会的历史发展，又为资本家提供了文明而精巧的剥削手段。① 这样一来，马克思就阐述了不同于斯密对社会生产劳动分工的理解，并揭示了资本主义工场手工业中生产劳动分工的特殊性质，以及未被斯密所揭示的资本主义社会生产劳动分工的秘密。

在《哲学的贫困》中，马克思同样区分了社会的生产劳动分工与现代工厂的生产劳动分工。马克思批判了蒲鲁东把分工看作普遍规律、范畴和观念的观点。马克思认为，作为具有整体性的社会存在也有自己的分工，它与工厂车间的内部构成有共同之处。如果把现代车间的劳动分工作为一个模型，最善于组织财富生产的社会无疑是那些只有一个雇主的社会。在这个社会中，雇主可以根据以前固定的规则将任务分配给整个社会的不同成员，但事实并非如此。在现代化的车间里，生产劳动如何分工，取决于雇主和资本增殖的需要。自由竞争是这种现代社会生产唯一的游戏规则，没有其他的权力来分配劳动力。甚至我们可以这样来总结现代机器工厂的普遍规则，即在社会内部，权力越小，对生产劳动分工的管理就越少。车间内部的生产劳动分工发展得越多，它越服从于一个人的权威。因此车间里的权威和社会上的权威，就生产劳动分工而言，两者是成反比的。② 为了阐明这一基本观点，马克思追溯了从工场手工业到现代机器工厂的分工变化。

在马克思看来，在种姓制度或者封建制度下，社会就已经存在生产劳动的分工，这种分工是按照宗法制度、种姓制度、封建制度和行会制度的规则进行的。此时工厂的内部分工并不发达。现代工厂的分工得以迅速发展是源于美洲发现后贸易的增长和工业生产者资本积累的需要。这样，在资本的指挥下，资本家把许多的工人聚集在一个工厂中进行生产劳动，这就构成了后来的资本主义机器大生产内部生产劳动分工的历

---

① 参见《马克思恩格斯全集》第二十三卷，人民出版社，1972，第403页。
② 参见《马克思恩格斯全集》第四卷，人民出版社，1958，第165~166页。

史性前提。① 在马克思看来，蒲鲁东的错误在于将社会分工的历史与观念颠倒了。马克思指出，在蒲鲁东看来，亚当·斯密认为分工在手工作坊之前，可是实际上不是先有社会分工，而是先有手工作坊，社会生产的实际需要才是社会分工产生的条件，而不是相反。真正的机器只是在18世纪末才出现，蒲鲁东把机器看作分工的反题、看作使被分散了的劳动重归统一的合题，真是荒谬至极。②

社会生产劳动分工是一个社会历史过程，机器生产所产生的社会生产劳动分工，是整个社会分工历史进程中的重要一环。马克思认为，在英国，正是因为有了机器发明，社会分工才有了巨大的历史进步。机器的发明导致了制造业和农业的分离。织布工和纺纱工，从前结合在一个家庭里，现在却被机器分开了。由于有了这台机器，织布工和纺纱工可以住在世界上不同的地方协同生产同一种产品。机器的广泛应用快速扩大了世界性社会生产劳动的规模和范围，以全世界为范围的国际性生产劳动分工逐渐成为新的现实。机器对生产劳动分工的影响是如此之大，以至于当人们在制造某种产品时，找到了一种机械地制造零件的方法，这种制造就立即分裂成两个相互独立的工作。③ 分工主要是为了提高生产效率，加速资本的增殖。正是在这种资本积累的利益驱动下，资本主义机器生产以来的社会生产劳动分工表现出某些极端性。

马克思用了极多的笔墨来描述这种分工的极端性。马克思发现，在当时的工场手工业中，一根金属丝制成一根针，需要经过72个甚至是92个不同操作工的手。从这种生产劳动分工所产生的价值来看，其优势是显而易见的。但对于工人而言，每个工人都从一个"总体的人"变成了"局部的人"。每个局部的人都只是整个产品生产中的一个环节、一个部分。原来能够生产一整块手表的工匠，现在变成了生产整块手表的一部分。在这里，一个工人是给另一个工人，或一组工人是给另一组工人提供原料。一个工人的生产劳动结果，成了另一个工人生产劳动的起点。因此在这里，一个工人是直接给另一个工人提供工作的前提和基础。在每一个局部的生产劳动过程中，取得预期效果所必要的劳动时间是根据

---

① 参见《马克思恩格斯全集》第四卷，人民出版社，1958，第167页。
② 参见《马克思恩格斯全集》第四卷，人民出版社，1958，第167页。
③ 参见《马克思恩格斯全集》第四卷，人民出版社，1958，第168~169页。

自己的生产劳动经验确定的,工场手工业总机构是以一定的生产劳动时间内取得一定的生产劳动结果为前提的。只有在这个前提下,互相补充的各个生产劳动过程才能不间断地、同时地、空间上并存地如此往复进行下去。①

马克思认为,这种从工场手工业发展过来的社会生产劳动分工存在着对人的异化。首先,在这种生产劳动过程中,参与生产的工人只需要掌握他所从事的生产劳动知识,从而会逐渐失去他所掌握的传统的手工工人所具有的生产劳动知识,转而被自己制造的机器所控制。马克思引用威·汤普森的话说,在资本主义生产劳动中,"知识成了一种能同劳动分离并同它相对立的工具"②。自工场手工业诞生以来,资本主义社会生产总是伴随着工人的抱怨与不服从。马克思指出,这种社会生产劳动分工将工人变成了局部的人、片面发展的人。这种社会生产劳动分工一出现,每个人都需要按照这种社会性的生产劳动分工,在自己的岗位上完成相应的生产劳动。否则,他就有可能失去这个生产劳动机会,并成为整个社会生产劳动中那个多余的人而被社会所抛弃。③ 这种社会生产劳动分工,同样影响了人们的艺术发展。在马克思看来,社会生产劳动分工排除了每一个人都成为艺术家的可能,具有绘画等艺术天赋的个人在社会生产劳动分工中受到了不同程度的压抑,转而成为具有无限相似性并从事相似生产劳动的个人。因此,"人的"和"唯一的"生产劳动的区别在这里也毫无意义了。④ 原来能够生产一整块手表的工匠,可能希望能够独立组装整块手表,但是现在的机器生产已经将这种生产劳动过程做了新的拆分,同时,这种拆分消灭了具有不同生产劳动技能的人之间的差别。在这种社会生产劳动分工的资本主义机器大生产中,每一个人都成为大众的人,而不是具有特殊性的个体,进而强化了工人对资本家的从属地位。

马克思非常反感自工场手工业以来的资本主义社会生产劳动分工对人的消极影响,并试图消灭这种社会生产劳动分工。麦克莱伦(David

---

① 参见《马克思恩格斯全集》第二十三卷,人民出版社,1972,第383页。
② 《马克思恩格斯全集》第三十七卷,人民出版社,2019,第231页。
③ 参见《马克思恩格斯全集》第三卷,人民出版社,1960,第37页。
④ 参见《马克思恩格斯全集》第三卷,人民出版社,1960,第460页。

McLellan）等人把马克思因此而产生的消灭资本主义社会生产劳动分工的设想，理解为马克思是要消灭一般性的社会生产劳动分工。麦克莱伦发现，在《政治经济学批判》中马克思在劳动与社会分工方面的观点存在一个激进的转变，即从一般性的肯定社会分工到批判社会分工并走向提倡废除社会分工。麦克莱伦等人认为，引起这种变化的主要原因在于马克思已经认识到机器的广泛应用不仅在资本主义制度下会带来工人的异化，也的确会提高工人的生产劳动效率，由此使得工人在完成同样的生产劳动任务时可以大大缩短生产劳动时间，从而使得工人有可能赢得更多的空余时间。马克思似乎存在着某种废除社会生产劳动分工的倾向，即随着机器生产的发展，社会生产劳动分工将逐渐消失。[①]

麦克莱伦等人发现了马克思关于社会生产劳动分工的人学审视。马克思在对人自由而全面发展的理想追求中，探寻社会生产劳动分工与人自由而全面发展的正确道路。马克思认为，工人必须通过自己的革命来消除资本主义机器生产对工人自身的异化。随着无产阶级的胜利，资本主义的社会生产劳动分工将会消亡，每个人都将从片面的发展中解放出来。在那个真正自由的社会中，生产劳动不再受交换价值的约束，而是以产生创造性的满足为目的，以提高工人的创造力为目的。每个人的生产劳动都将成为接近艺术的东西，成为模仿艺术表达的过程。到那时，生产劳动不再是一种被迫的劳动，而是人的一种生存发展需要。人们更多的时间不是用于生产劳动，而是将生产劳动转变为了一种人生休闲。在那里，资本主义机器大生产中的社会生产劳动分工已经消亡，人们从事的几乎都是无差别的人类劳动，这就是马克思所描述的共产主义社会。

马克思所说的社会生产劳动分工的消亡，以及劳动差别缩小到忽略不计，并不是说人的生产劳动的分工差异绝对性地消亡，而是说人们已经摆脱资本主义机器大生产所带来的异化，并因为资本主义社会分工所带来的生产力发展而有了更多的空余时间，更有条件实现人自由而全面的发展。马克思已经看到，机器生产以及相应的社会生产劳动分工，比不采用机器和不进行社会生产劳动分工，更有可能增加个人的自由时间，

---

① 参见 David Mclellan, "Marx and the Whole Man," in Bhikhu Parekh (ed.), *The Concept of Socialism*, New York: Routledge, 2018, p. 52。

更有可能促进整个社会生产力的发展。① 在资本主义制度下,这种节约出来的时间是被资本所占有,但在资本主义制度已经被消灭的社会中,则会极大地促进人自由而全面的发展。在那里,每个人就有更多的休闲时间可以用于自身自由而全面的发展。马克思说,在共产主义社会里,任何人都没有特定的活动范围,每个人都可以根据社会的调节在任何部门内自由而全面地发展,自愿从事着各自所需要的生产劳动。② 在共产主义社会里,没有单纯的画家,只有把绘画作为自己多种活动中的一项活动的人们。③ 此时的绘画、雕刻或者任何一个我们今天因为社会分工而从事的生产劳动都将消失掉,都将成为每个自由而全面发展的人的一个生活部分,而劳动者的劳动产品也不是被另一个人所占有,而是成为社会的公共财富。在那里,因为不同的人所从事的不同生产劳动所带来的片面性和局限性也将不复存在,转而是人与不同生产劳动的相辅相成。

马克思通过对工场手工业以来的社会生产劳动分工,以及资本主义机器大生产社会生产劳动分工的分析,揭示了社会分工与机器生产的内在逻辑关联,这对于我们理解当代机器生产的历史发展具有重要的理论指导意义。对于蒲鲁东等人来说,社会分工与机器生产之间的联系是完全神秘的。蒲鲁东认为,机器是把原来彼此相互分离的各种劳动联结起来的一种特殊方式,机器的客观存在与社会生产劳动分工具有相反的意义。机器时期的一个突出特点就是雇佣劳动。雇佣劳动是在分工和交换之后出现的。④ 马克思认为,蒲鲁东完全颠倒了社会分工与机器生产的关系。马克思说:"把机器看做分工的反题,看做使被分散了的劳动重归统一的合题,真是荒谬之极。机器是劳动工具的结合,但决不是工人本身的各种操作的组合。"⑤ 事实上,17世纪以来,人类社会就已经开始使用各种复杂的生产工具开展生产劳动。马克思认为,蒲鲁东并不了解机器的真正历史起源和实际发展,因此才产生了对社会分工与机器生产关系的错误认识。马克思发现,机器的产生经过了一个由简单的工具,逐

---

① 参见《马克思恩格斯全集》第四十六卷下册,人民出版社,1980,第225页。
② 参见《马克思恩格斯全集》第三卷,人民出版社,1960,第37页。
③ 参见《马克思恩格斯全集》第三卷,人民出版社,1960,第460页。
④ 参见《马克思恩格斯全集》第四卷,人民出版社,1958,第164页。
⑤ 《马克思恩格斯全集》第四卷,人民出版社,1958,第167~168页。

渐发展到工具的组合、复杂的工具,然后利用自然动力使用这些工具,再发展到机器、机器体系以及有自动发动机的机器体系的历史阶段,这就是机器的历史发展进程。蒲鲁东颠倒了生产劳动工具所产生的积聚效应与社会生产劳动分工的实际关系,不是生产劳动工具的积聚否定了社会生产劳动分工,而是生产劳动工具的积聚促进了社会生产劳动分工的进一步发展。①

在马克思看来,无论是社会分工还是机器生产,都是人类社会历史发展的需要。蒲鲁东认为,分工是一种永恒的规律,是一种单纯而抽象的范畴。②马克思认为,蒲鲁东的认识并不符合人类社会历史发展的实际。当贸易在英国已经发展到手工生产劳动不再能满足市场需求的时候,人们就感到需要机器,于是,人们便想到应用18世纪时就已经充分发展的机械学。③自1825年以来,欧洲的许多国家之所以采用机器生产,也是因为英国率先采用了机器生产,并使得其他国家需要采用机器与之竞争。在北美,机器的引进则是由于其他国家的竞争和人手的缺乏,需要通过机器解决劳动力不足的问题。从这些历史事实中,我们发现采用机器生产并不是社会生产劳动分工的结果,并不是把权力原理贯彻到社会生产劳动的过程中,而恰恰是因为社会生产劳动的需要而采用机器生产,并促进社会生产劳动分工的进一步发展。在马克思看来,机器并不是一个经济范畴,而只是一种生产力,以应用机器为基础的现代工厂才是生产上的社会关系,才是经济范畴。④采用机器进行生产,并不比采用犁进行生产更经济。采用机器生产不是某种权力原理使然,而是因为社会生产力发展的历史需要,促使人们不仅发明了机器,并应用机器进行各种生产劳动。机器是人类社会发展的历史产物,并不是某种观念的历史产物。这样一来,马克思就用历史唯物主义的方法,揭示了社会生产劳动分工与机器生产之间的内在逻辑。恩格斯发现,机器和工厂制度一经采用,工人之间的生产劳动分工也就越来越细了。分工把每个工人的生

---

① 参见《马克思恩格斯全集》第四卷,人民出版社,1958,第168页。
② 参见《马克思恩格斯全集》第四卷,人民出版社,1958,第159页。
③ 参见《马克思恩格斯全集》第四卷,人民出版社,1958,第168~169页。
④ 参见《马克思恩格斯全集》第四卷,人民出版社,1958,第163~164页。

产劳动变成了一种非常简单的、具有重复性的机械操作。① 这就是马克思所说的资本主义机器生产，将工人变成了片面的人的社会历史过程。

马克思不仅看到了社会分工与机器生产的内在逻辑关联，还发现了机器生产对现实实践的改造。温德林认为，当我们从维多利亚时代的资本主义和马克思文集的整体来看，我们就会发现，马克思实际上所取得的成就要比他的思想最初出现时人们所认为的更为激进和伟大。马克思已经开始勾勒出机器劳动和实践改造之间的联系，以及阐释过去时代常见的性别分工的重要性。② 在以往的时代，性别是影响工人从事不同生产劳动的重要因素。资本主义机器大生产不仅没有消除年龄、性别等自然因素所造成的社会生产劳动分工，相反它增强了这些特征的重要性。首先，采用机器生产以来，许多原来需要男性劳动力才能从事的生产劳动，现在已经可以由儿童、少年或者女性来完成。这种替代不仅没有增加生产成本，相反是降低了生产成本。马克思发现，"有些手工工场老板雇有3000多个这样的家庭工人，主要是儿童和少年，全部是女性"③。其次，儿童、少年或者女性对男性生产劳动的替代，引发了更加严峻的劳动力竞争。这一方面是因为机器生产已经使工人原来具有的生产劳动技能，转变为了机器生产的功能，原来的工人已经失去了因为掌握某种生产劳动技能所具有的竞争力；另一方面是因为从前需要用到某种生产劳动技能的地方，现在就连不具有任何生产劳动技能的儿童、少年和女性也能完成，男性与女性之间的竞争也就更加激烈了。马克思预测到，伴随机器生产的进一步发展，男性女性之间的生产劳动竞争将会更加激烈，这是因为分工使一个工人可以完成三个人的工作。机器的采用也引起了同样的结果，而且规模还要更大。生产规模的进一步扩大，又会促使资本家进一步增加生产资料，提升自己的竞争力，并迫使另一些小企业主破产，这部分工人则很快成为新的无产者。对于食利阶层而言，小食利者也因为利息率随着资本积累的下降而被迫成为无产阶级的一

---

① 参见《马克思恩格斯全集》第四卷，人民出版社，1958，第358页。
② 参见 A. Wendling, *Karl Marx on Technology and Alienation*, London: Palgrave Macmillan, 2009, p. 167.
③ 《马克思恩格斯全集》第二十三卷，人民出版社，1972，第513页。

部分。①

马克思的论述似乎暗示了机器生产可能带来的一种工人阶级内部的现当代分化。分化的原因不是工人阶级内部的不同工人具有不同的社会历史地位，而是不同种类的工人在机器生产的各个环节中从事着相互区别的社会劳动，具有不同的社会生产劳动分工，因为这种不同的分工而在工人阶级内部出现了相对迥异的社会地位和竞争，这种社会地位和竞争引起了工人阶级内部的分化。哈特和奈格里认为，工人阶级的概念已经被当作一种排他性的概念，这一概念不仅将不需要工作而能养活自己的人区分开来，而且还将工人阶级与从事其他生产劳动的人区分开。在其狭义的用法中，工人阶级主要是指资本主义机器大生产以来的产业劳动工人，这一概念将一部分从事机器生产的劳动者与农业、服务业等其他生产劳动部分的劳动者区分开。在其广泛的意义上，工人阶级则是指有工资的工人。② 无论是从其狭义上看，还是从广义上看，工人阶级这一概念内涵都随着机器生产的发展而发生了重要的改变。

尤其是近半个世纪，随着自动化机器生产应用越来越广泛，社会生产劳动分工越来越细，有的人从事机械制造，而有些人从事程序设计，还有些人从事其他一些公共关系的处理等。社会生产中的不同劳动者，不再像资本主义的产业工人那样从事传统的物质生产劳动，而是从事知识生产、文化工业等方面的生产劳动，这种生产劳动场景的改变，加速了工人阶级内部的分化。一些人成为所谓的"工人贵族"，一些人还是物质生产流水线上的一员。这并不意味着工人阶级已经不是整个社会生产劳动的主体，而是工人阶级内部已经出现了较为明显的内部区分。哈特和奈格里提醒我们，今天世界范围内的产业工人的数量并没有下降，这一数字固然重要，但更为关键的是要科学把握工人阶级的发展趋势，科学认识这些种子在哪些方面会成长，在哪些方面会枯萎。③

尤瓦尔·诺亚·赫拉利（Yuval Noah Harari）对未来工人的命运产生

---

① 参见《马克思恩格斯全集》第四卷，人民出版社，1958，第452页。
② 参见 M. Hardt, A. Negri, *Multitude: War and Democracy in the Age of Empire*, New York: The Penguin Press, 2004, p. xiv。
③ 参见 M. Hardt, A. Negri, *Multitude: War and Democracy in the Age of Empire*, New York: The Penguin Press, 2004, p. 141。

了同样的担忧,这种担忧来自当代自动化机器生产,尤其是人工智能的迅猛发展,对工人命运产生了广泛而深刻的影响。赫拉利认为,人工智能目前可能在某些方面还不能与人类的生产劳动相匹敌,但是在另外一些方面,尤其是在工人直接参与生产劳动的方面,人工智能机器生产已经能够代替绝大部分工人的生产劳动,并把工人排挤出传统的就业劳动市场,甚至最终完全取代工人的生产劳动。工人将成为"无用阶级"的一员。① 法国思想家贝尔纳·斯蒂格勒（Bernard Stiegler）认为,自动化机器的诞生及广泛应用,尤其是当代信息技术、数字技术的发展,使传统的机器生产方式发生了重大的变革,这种变革催生了随波逐流的大众,传统的工人进一步受到生产劳动去技能化的影响而陷入一种系统性愚蠢的困境。② 赫拉利等人对当代自动化机器生产的分析,使我们很容易想到马克思对资本主义机器大生产中机器生产的分析。

在《资本论》中,面对当时的资本主义机器大生产,马克思认为,资本主义机器大生产已经出现机器代替工人生产劳动的情况,这种机器生产对工人的命运产生了深刻的影响。机器生产逐渐代替了原来可能需要男性生产劳动者才能进行的生产劳动,甚至这种代替要比原来男性生产劳动者的生产劳动效果还要好。现在,女性、儿童也能进入新的生产劳动过程参与各种生产劳动。这样一来,采用机器本来是为了减轻或者代替工人的生产劳动,现在则是进一步将男性、女性和儿童全部转变为资本可以购买的劳动力,从而使雇佣工人人数增加,工人的生产劳动也转变为更多地为资本家实现资本增殖而服务的强制性生产劳动,这种强制性生产劳动不仅夺去了儿童游戏的时间,而且夺去了家庭本身通常需要的、在家庭范围内从事自由劳动的时间。③ 马克思的观点,在其前提上,指的是资本主义的机器大生产;在其内涵上,指的是机器代替工人的肢体性劳动;在其结果上,机器成为代替工人生产劳动的手段。赫拉利与斯蒂格勒的观点加深和拓展了马克思的分析。今天的机器生产对工人生产劳动的替代,已经开始从最初的对肢体性体力劳动的替代,转向

---

① 参见 Yuval Noah Harari, *Homo Deus: A Brief History of Tomorrow*, Toronto: Signal, 2016, p. 2。
② 参见 Bernard Stiegler, *La Société automatique*, Paris: Fayard, 2015, p. 51。
③ 参见《马克思恩格斯全集》第二十三卷,人民出版社,1972,第433页。

对人类思维等生产劳动的深度替代。

赫拉利甚至认为，机器的发展将会因为人工智能的发展，而出现一个人机实现完全替代的临界点，即奇点（The Singularity）。在赫拉利看来，奇点代表人这种生物的思维与技术相结合发展的顶点，在这个发展的顶点之后，仍然存在一个人类的世界，这与传统的人类世界并无根本上的不同，却超越了人类本身。后奇点时代，人与机器、物理实现与虚拟现实之间将不再有区别。[1] 赫拉利的观点似乎在说，不仅工人、工人阶级可能因为人工智能机器的发展而消失，甚至生物性的人类生产劳动也将因此而消失，这似乎在说工人与资本家、工人阶级与资产阶级之间的根本矛盾也将消失。与赫拉利不同的是，马克思不是一个未来学者，而是一位现实主义者。马克思的重点在于揭示当时的机器生产对人类社会生产力的改变，进而对生产关系的改变。

马克思发现，机器从根本上改变了资本主义社会的生产关系，使工人和资本家之间的契约发生了革命性的变革。[2] 机器起初使儿童、少年、妻子这些原来不会受到资本家剥削的劳动力，也被迫进入生产劳动的剥削环节，使他们在所在的生产环节接受资本的剥削，并使他们的身体受到摧残。[3] 马克思认为，工人之所以受到资本家的剥削，是因为资本家所构成的资产阶级，受到了资本主义生产资料私有制的保护。工人要想摆脱资本主义机器生产对其身心的摧残，就必须推翻资产阶级的统治，消灭资本主义生产资料私有制。在马克思那里，机器成为工人阶级进行政治活动的历史动因之一。这种政治活动的根本目标是要把工人从资本主义机器生产中解放出来，使人得到自由而全面的发展，而不是人类生产劳动的消失。马克思的预测不是基于纯粹的主观想象，而是基于对资本主义社会历史运动规律的科学分析。

在马克思那里，人与机器存在根本的区别。在赫拉利等人那里，人与机器似乎正在跨越传统的区别，从而达到机器对人类生产劳动的最终替代。赫拉利可能没有看到的是，即使当前最先进的人工智能机器，也

---

[1] 参见 Yuval Noah Harari, *Homo Deus: A Brief History of Tomorrow*, Toronto: Signal, 2016, p. 2.

[2] 参见《马克思恩格斯全集》第二十三卷，人民出版社，1972，第434页。

[3] 参见《马克思恩格斯全集》第二十三卷，人民出版社，1972，第436页。

依然还只是模拟人的部分思维能力。人工智能专家克劳斯·迈因策尔（Klaus Mainzer）认为，人工智能这一概念本身的确存在着人与机器可能等价的某种误导，这可能与人类至今仍然难以界定人类思维和行动这一历史事实有关。虽然人类社会历史的进化产生了许多具有不同程度智能的历史产物，但人类依然还是智能的尺度。今天，我们已经被各种智能机器所包围，这些智能系统虽然独立高效，但它依然与我们人类文明不同。[①] 迈因策尔的观点提醒我们应该重视马克思关于人与机器相互区别的基本观点，而不是陷入人工智能这一概念本身所可能隐含的认识误区。

在马克思看来，自然界并不会生产机器，机器依然只是人的创造物，是人类科学知识和历史发展的产物。[②] 这正如迈因策尔所说，智能技术系统即使具有高度的独立性和高效地解决问题的能力，最终还是由人发起的，是人类生产劳动的历史产物。[③] 人工智能机器只是在规则范围内，超越了人的部分生产劳动能力，而不是部分或者完全彻底地替代人类的生产劳动。机器的出现影响了人类生产劳动的社会分工，推进了人类社会生产力的发展，改变了人类社会的生产关系，也改变着人类自身的生存与发展状态。在资本主义生产资料私有制下，一方面，机器生产创造了新的生产劳动条件，加速了资本的增殖和资本积累；另一方面，机器生产也使资本增强了对别人生产劳动成果的贪欲，加剧了资本主义生产方式对工人的压迫。机器也使人类逐渐摆脱人类生产劳动的部分自然限制，从而使人类有了更多的自由时间从事自己所希望从事的生产劳动。正是在这种生产劳动中，技术的优化、机器的发展及广泛应用，创造了大量的物质财富和精神财富，人更有可能成为一种自由而全面发展的自然存在。

三 机器生产与多样化劳动

在马克思的文献中，劳动始终占据着十分重要的地位。从其理论渊

[①] 参见 Klaus Mainzer, *Artificial Intelligence—When do Machines Take Over?*, Berlin：Springer Nature, 2020, p. 1.

[②] 参见《马克思恩格斯全集》第四十六卷下册，人民出版社，1980，第219页。

[③] 参见 Klaus Mainzer, *Artificial Intelligence—When do Machines Take Over?*, Berlin：Springer Nature, 2020, p. 3.

源看，马克思对劳动的重视，不仅受到了黑格尔哲学等西方传统哲学的影响，也受到了古典政治经济学等方面的深刻影响。从其现实实践看，马克思认为，资本主义社会出现之后最重要的表现就是日益发达的商品交易，马克思把对资本主义运动规律的分析首先就聚焦到了琳琅满目的商品上。在《资本论》的开篇，马克思就说："资本主义生产方式占统治地位的社会的财富，表现为'庞大的商品堆积'，单个的商品表现为这种财富的元素形式。因此，我们的研究就从分析商品开始。"① 商品只是一个具体的物，是一个物化的表象。商品因为各种有用性而交换。这种有用性从何而来？在马克思看来，商品不同于一般的自然物，而是经过人类生产劳动改造后的物。正是因为人类的生产劳动，不同的物改变自己的形态，体现不同的功能。如果我们继续抽象掉商品的有用性，就会发现商品只剩下凝结在商品中的一般劳动。马克思说："如果把商品体的使用价值撇开，商品体就只剩下一个属性，即劳动产品这个属性。"② 从这个角度讲，商品在其本质上不是物，而是劳动。各种商品中凝结了人类的一般劳动，但是这种一般劳动在其具体表现形式上又有着千差万别，劳动的千差万别使商品不仅具有了不同的有用性即使用价值，还具有了不同的价值，即凝结在商品中的一般劳动。商品的生产在其本质上体现的是人类劳动力的耗费。在马克思看来，商品只是一种新的劳动方式的产品，生产这些商品只是为了满足这种需要或者那种需要。③

马克思批判了商品因为货币而交换的错误认识，从而揭示了被遮蔽在商品、货币之后的不同形式的人类劳动。马克思说："商品并不是由于有了货币才可以通约。恰恰相反。因为一切商品作为价值都是物化的人类劳动，它们本身就可以通约，所以它们能共同用一个特殊的商品来计量自己的价值，这样，这个特殊的商品就成为它们共同的价值尺度或货币。货币作为价值尺度，是商品内在的价值尺度即劳动时间的必然表现形式。"④ 在马克思看来，货币只不过是商品交换中的一般等价物。这种等价物的出现，只是为了衡量凝结在商品中的一般劳动。不同商品所具

---

① 《马克思恩格斯全集》第二十三卷，人民出版社，1972，第47页。
② 《马克思恩格斯全集》第二十三卷，人民出版社，1972，第50页。
③ 参见《马克思恩格斯全集》第二十三卷，人民出版社，1972，第125页。
④ 《马克思恩格斯全集》第二十三卷，人民出版社，1972，第112页。

有的不同价格，不是因为货币本身的不同，而是因为凝结在商品中的一般人类劳动不同，表现为不同的价格罢了，而不是相反。货币作为人类劳动的社会化身，它是价值的尺度；作为规定的度量，货币是价格的标准。① 不论各种货币怎样变动，它们都起着同样的度量人类劳动的作用。商品、货币在其本质上反映的依然是人类劳动，而不是自己。商品、货币都是人类生产劳动发展到一定阶段的历史产物，而不是先有商品、货币，然后有生产劳动，更不是劳动反映商品或者货币。在这个意义上，商品、货币都只是人类劳动的物化与再现。人们不是因为不同的货币而交换，而是因为不同形式的劳动所产生的不同产物，即人们是因为不同的劳动产品而交换。表面上看，商品交换的是货币，但实际上，商品交换不仅仅是交换不同生产劳动产品的使用价值，更是交换凝结在不同商品中的一般劳动。马克思从现实的资本主义商品交换出发，不仅走出了黑格尔哲学等西方传统哲学对劳动的纯粹抽象，而且揭示了资本主义生产的秘密。

在马克思看来，劳动不仅是凝结在商品中的质，是商品存在的条件，是商品得以交换的内在基础，更是人类生存和发展的基础和条件。马克思强调："劳动作为使用价值的创造者，作为有用劳动，是不以一切社会形式为转移的人类生存条件，是人和自然之间的物质变换即人类生活得以实现的永恒的自然必然性。"② 这一观点与恩格斯的观点有异曲同工之妙。恩格斯认为："政治经济学家说：劳动是一切财富的源泉。其实劳动和自然界一起才是一切财富的源泉，自然界为劳动提供材料，劳动把材料变为财富。但是劳动还远不止如此。它是整个人类生活的第一个基本条件，而且达到这样的程度，以致我们在某种意义上不得不说：劳动创造了人本身。"③ 在马克思和恩格斯看来，没有人类劳动，就没有人类社会的历史发展。不同阶段的生产劳动体现了不同阶段的生产力发展水平。生产力水平的高低实际上反映的是人类社会劳动力水平的高低。我们所看到的不同社会历史阶段的不同人工物，都只不过是无差别的人类劳动的单纯凝结，是人类劳动力耗费的产物。在马克思看来，生产力既是对

---

① 参见《马克思恩格斯全集》第二十三卷，人民出版社，1972，第117页。
② 《马克思恩格斯全集》第二十三卷，人民出版社，1972，第56页。
③ 《马克思恩格斯全集》第二十卷，人民出版社，1971，第509页。

人类生产劳动能力的抽象，更是有用的、具体的生产劳动能力，它在事实上决定了有目的的人类生产劳动的效率，这种生产劳动效率表现为，有用劳动越多，越能创造更多更有用的产品，反之则相反。① 在马克思那里，劳动既是抽象的，但又是具体的，既是贯穿人类历史的，又是具有历史性的。在其抽象上，不同人、不同阶段的劳动并无根本的区别；在其具体上，不同人、不同阶段的劳动就会表现出不同的劳动形态、劳动时间等。人类生产劳动并不是一成不变或者只有唯一的劳动样式，而是会随着人类社会历史的发展表现出各种多样性。

马克思不仅揭示了人类生产劳动的抽象性、同质性，同时早已经认识到了人类生产劳动的多样性。从生产劳动的具体表现看，在上衣的生产上，既需要缝纫的劳动，也需要织布的劳动。没有缝纫的劳动，不同的布无法形成上衣的形，没有织布的劳动，无法形成上衣所需要的材料。从理论抽象看，人类劳动既有简单的劳动，也有复杂的劳动，既有体力的劳动，也有脑力的劳动，等等。作为不同表现形态的上衣和麻布，都是不同形式的生产劳动的产物，同时又是一般劳动的产物。正是由于缝纫和织布具有不同的劳动形态和内容，它们才会使相同的自然生产要素成为不同的物，形成不同的商品得以交换。即使是同一个人，在不同生产劳动场景中也会有不同的劳动。在有些生产劳动场景中，同一个人可能从事缝纫，而在另外一些生产劳动场景中，他可能从事织布。从事什么样的生产劳动，这既与生产劳动者个人有关，也与社会环境有关。在马克思看来，一个人可以从事不同形式的生产劳动，时而采用缝的生产劳动形式，时而采用织的生产劳动形式。一个人可以采用缝或者织的形式生产上衣，也可以采用缝或者织的形式生产裤子，这同样是人的不同生产劳动形式。人们究竟采用什么样的劳动形式，这是由生产劳动的实际需求所决定的。劳动形式发生这种变换时不可能没有摩擦，但这种变换是必定要发生的。② 马克思认为，人类劳动的形式不仅具有多样性，而且会随着时代、环境等因素的改变而发生不同的改变。人类生产劳动的多样性，既表现为纵向历史视角的劳动的多样性，也表现为横向比较

---

① 参见《马克思恩格斯全集》第二十三卷，人民出版社，1972，第59页。
② 参见《马克思恩格斯全集》第二十三卷，人民出版社，1972，第57页。

视角的劳动的多样性。正是这种生产劳动的多样性，创造了不同的生产劳动产品，也创造了不同的人类社会历史。

马克思认为，资本主义机器大生产创造了具有资本主义性质的劳动样式。在这种劳动样式中，首先，工人将自己的劳动力出卖给资本家，然后由资本支配自己的生产劳动。在这种社会状态下，人类劳动已经摆脱了相对久远的最初的劳动样式，而成为资本主义社会独有的社会劳动样式。① 其次，由于生产劳动过程中机器替代了原来生产劳动中工人的某些肢体性体力劳动，工人会聚在同一个工厂内进行生产劳动，由此产生了一种新的生产劳动形式，即协作。② 这里的劳动主要表现的已经不是个人的生产劳动能力，而是集体的生产劳动能力，工人的生产劳动因此从全部的、总体性的生产劳动开始转变为局部的、部分的劳动。最后，资本家利用机器将许多局部工人的劳动集合为总体工人本身。工人的生产劳动被标准化为不同的肢体动作。工人只能按照各自的特长，分类和分组进行生产劳动，而机器成为具有总体性的工人，像具有总体性的劳动者一样从事着生产劳动。在这种生产劳动中，原来具有总体性的工人的各种劳动职能，被分割成各个生产环节的一部分，有的比较简单，有的比较复杂，有的比较低级，有的比较高级，即处于生产环节中各个劳动力的生产劳动，具有相互区别的劳动样式和劳动要求、劳动价值。工场手工业形成以来劳动形式相对在此之前的工人劳动形式已经发生了非常重要的变化：一方面，传统生产劳动中并不突出的劳动等级制度得到了进一步发展；另一方面，原来生产劳动中相互联系的各个环节，依次独立成各个相对独立的生产环节，并形成不同生产环节的专门职能。③

在马克思看来，工场手工业形成以来的资本主义机器大生产，对生产劳动形式的改变并不仅仅是形式上的，而是深刻地影响着劳动者自身的发展。早期生产劳动中的简单协作，并没有改变个人的生产劳动方式，而工场手工业却使这种生产劳动中早就有的劳动协作发生了革命性的改变。马克思说："工场手工业把工人变成畸形物，它压抑工人的多种多样的生产志趣和生产才能，人为地培植工人片面的技巧，这正象在拉普拉

---

① 参见《马克思恩格斯全集》第二十三卷，人民出版社，1972，第 202 页。
② 参见《马克思恩格斯全集》第二十三卷，人民出版社，1972，第 362 页。
③ 参见《马克思恩格斯全集》第二十三卷，人民出版社，1972，第 388 页。

塔各州人们为了得到牲畜的皮或油而屠宰整只牲畜一样。"① 在这种生产劳动中，工人在很大程度上不是因为人的主观意愿而协作，而是因为工场手工业生产的安排而从事不同的生产劳动。工场手工业对生产劳动的分解，产生了从事各种局部性生产样式的工人，也产生了将这些工人有序组织起来的生产管理人员。这样一来，工人的社会地位也因此从原来相对独立自主的生产劳动者，转变为被管理和组织的对象。马克思认为，工场手工业最完善的产物之一，就是生产劳动工具本身特别是生产当时已经越来越多地采用的机械装置，并发展出后来的机器生产。② 机器的资本主义应用，一方面巩固并强化了工场手工业形成以来所产生的生产劳动分工，以及这种生产劳动分工对工人劳动自主性的剥夺；另一方面，进一步激发了资本家追逐更多剩余价值的欲望，强化了资本家对工人的组织管理，从而使工人受到更多资本的支配，被机器排挤的失业工人，不得不听命于资本强加给他们的铁律，受制于资本的意志，从而使工人的生产劳动更加工具化。③

马克思认为，资本主义机器生产不仅带来了生产劳动方式的多样化，更带来了工人生产劳动的异化。在马克思看来，资本主义生产劳动一开始就充分发掘了各种自然资源的不同属性，充分利用了不同地区自然力的多样性，并通过个体的人在生产劳动技能等方面的差异性，发展了社会生产劳动分工，并将这种社会生产劳动分工物化为更加多样化的机器生产，这种历史的变化促使每个人都产生了更加多样化的需要、能力、生产劳动资料和生产劳动方式。④ 因为机器极大地提高了生产效率，从而使传统的具有自主性的个人生产劳动，逐渐被新的劳动方式所替代。新的生产劳动方式本来也可以为工人创造更多的生产劳动产品和个人财富，但在资本主义生产资料私有制下，工人却更加受制于自己所生产的劳动产品。马克思说，在物物交换中，两个私有者中任何一人生产的东西都是他的需要、他的才能和手头有的自然材料直接促使他去生产的，但在资本主义生产资料私有制下，工人生产劳动的产品越多，就越是陷

---

① 《马克思恩格斯全集》第二十三卷，人民出版社，1972，第399页。
② 参见《马克思恩格斯全集》第二十三卷，人民出版社，1972，第407页。
③ 参见《马克思恩格斯全集》第二十三卷，人民出版社，1972，第447页。
④ 参见《马克思恩格斯全集》第二十三卷，人民出版社，1972，第561页。

入谋生的劳动范畴,直到最后他的劳动的意义仅仅归于谋生的劳动,这就是工人生产劳动的异化。① 在这种生产劳动中,资本主义机器生产提高了生产劳动效率,创造的劳动产品越多工人生产劳动的异化程度就越深。马克思说,当前的经济事实是,工人所生产的产品以及所创造的社会财富,与他自己所获得的收益成反比。工人所生产的劳动产品越多,工人自己就越是变成廉价的商品。② 这种异化的劳动对于工人来说是折磨,对于资本家来说却可能是一种快乐和生活的乐趣,因为随着对生产劳动等级以及劳动形式的加速区分,资本主义机器生产中的劳动逐渐转变为一枚硬币的两面,它使资本家获得越来越多的财富,而使工人变成一台具有肉身的机器。

资本主义机器大生产以来的生产劳动多样化,并不应该是人类生产劳动的最终形态,更不是最理想的生产劳动形态。在资本主义机器大生产中,工人的生产劳动不是肯定自己,而是否定自己,不是发展自己,而是使自己更加受制于资本。工人不能自由地发展他的身体和精神能量,却使他的身体受到伤害、思想受到破坏。这种多样化的生产劳动已经彻底违背了人类生产劳动的本质,它的异质性清晰地显现出来。在这样的生产劳动中,只要没有身体或其他强迫存在,劳动就像瘟疫一样被回避。资本主义机器生产既带来了更加细化的生产劳动分工,也带来了资本积累,这种资本主义机器生产越是发展,工人就越是依赖于各种生产劳动,越是依赖于一种片面的类似机器的劳动。工人的精神和身体都处于一种类似于机器运转的状态。马克思认为:"资本主义生产方式使劳动条件和劳动产品具有的与工人相独立、相异化的形态,随着机器的发展而发展成为完全的对立。因此,随着机器的出现,才第一次发生工人对劳动资料的暴烈的反抗。"③ 马克思认为,资本主义社会财富向垄断资本家的集聚,造成的是对工人更多的压迫与奴役,日益壮大的无产阶级的反抗也将逐渐增多,一旦生产资料的集中和劳动的社会化到了同资本主义外壳不能相适应的地步,资本主义制度也就将走向末路。④ 工人阶级也将由

---

① 参见《马克思恩格斯全集》第四十二卷,人民出版社,1979,第28页。
② 参见《马克思恩格斯全集》第四十二卷,人民出版社,1979,第90页。
③ 《马克思恩格斯全集》第二十三卷,人民出版社,1972,第473页。
④ 参见《马克思恩格斯全集》第二十三卷,人民出版社,1972,第831页。

此而获得解放，回归到自然的生产劳动状态。到那时，人们从事不同样式的生产劳动，既是为整个社会而生产劳动，也是为自己自由而全面的发展而生产劳动。

在《德意志意识形态》中，马克思和恩格斯强化了他们对劳动多样化的理解。马克思和恩格斯批判了桑乔所说的人的工作。桑乔所谓的人的工作，只不过是资本主义机器生产的另一种形式。马克思和恩格斯认为，桑乔等人只是知道资本主义社会已经采用了机器生产，而并不知道这种机器生产的具体情况。在马克思看来，工人在资本主义机器生产中的生产劳动当然不是人所应该有的状态。马克思用莫扎特谱写"安魂曲"的例子说，"安魂曲"的大部分也不是莫扎特自己写的，而是和其他曲作家共同完成的；拉斐尔本人"完成"的壁画也只占壁画中的一小部分。[①] 人的本质是一切社会关系的总和。真正的人的正常生活状态应该是自由而全面的发展。在这种状态下，人的生产劳动消除了资本主义生产资料私有制所带来的生产劳动异化，每个人的生产劳动都具有相对自由的多样化选择，而没有僵化不变的生产劳动范围。他们即使在同一天，也可以相对自由地从事不同的劳动，可以随着自己的心愿今天干这事，明天干那事，上午打猎，下午捕鱼，傍晚从事畜牧，晚饭后从事批判。[②] 人的生产劳动的多样性，不仅是人的生存与发展的需要，更是人的本质的重要体现。艺术并不是某些人或者某个人唯一的专属才能，而是每个人都有这样或者那样的艺术才能。即使在一定的社会关系里已经存在非常出色的画家，也并不排斥其他人展现出自己的艺术天赋成为画家。马克思和恩格斯构建了个人的天赋与生产劳动过程及其结果的内在逻辑，即人本真性的存在不是要成为什么，而是本身就是什么，这才真正回归到了人的本质，回归到了人应该存在的状态。

在马克思的论述逻辑中，资本主义机器生产已经孕育着一种"绝对的矛盾"，这种"绝对的矛盾"既蕴含着资本主义制度的社会危机，也孕育着工人获得完全解放、实现自由而全面发展、从事相对自由自主的多样化生产劳动的可能。一方面，人应该得到自由而全面的发展，应该

---

① 参见《马克思恩格斯全集》第三卷，人民出版社，1960，第458页。
② 参见《马克思恩格斯全集》第三卷，人民出版社，1960，第37页。

能够相对自由自主地从事多样化的生产劳动；另一方面，资本主义机器生产却又在不断地强化社会生产劳动分工，将工人强行地"分割"成具有某种生产劳动技能的人，并使之只能从事某些或者某种生产劳动。马克思认为，工人对自由而全面发展的追求，与资本主义机器生产对工人生产劳动的分割之间的现实矛盾，不仅剥夺了工人原来可以占有的生产劳动资料，还剥夺了工人原来可以占有的生活资料，就连工人自己的生产劳动技能，也被无情地转变成了物化的机器，而被资本家剥夺了。现在，工人自己如果不学习新的生产劳动技能，他就将成为剩余的人而被社会所抛弃。[1]

资本家之所以这样做，是因为资本积累、资本逐利的需要。工人之所以自愿成为被"分割"的人，是因为工人已经成为一种商品，而没有自己的生产劳动自主权。这两种前提的存在，使得资本主义机器生产的"绝对的矛盾"始终无法消除，从而呈现出周期性的社会危机。在这种周期性的社会危机中，由资本控制的个人生产劳动成为资本家剥削工人的手段；因为资产阶级的统治地位，这种生产劳动形式以合法的外衣，以一种更可怕的方式被固定和复制下来，成为资本主义机器生产的日常。每个生产劳动者加工生产同一劳动产品，直至他不能再从事这种生产劳动为止。如果既需要满足工人自由而全面的发展，又需要满足资本主义机器生产对工人生产劳动的限制，几乎是不可能实现的。唯一的办法就是推翻资本主义制度，转而建立更加能够促进人的自由而全面的发展的新的社会制度，这可能就是资本主义机器生产的"绝对的矛盾"所产生的积极影响。

马克思对生产劳动多样化的理解，以及对资本主义机器生产"绝对的矛盾"的揭示，提出了一个需要解决的问题，即如何才能从积极的方面，即从真正的人的需要方面，以一种更有利于人的福祉的形式，实现人的多样化劳动和人自由而全面的发展。面对当代资本主义机器生产的进一步发展，布雷弗曼与马克思一样认为，这需要推翻资本主义制度，建立一种新的更加能够实现人的多样化生产劳动、促进人自由而全面发展的社会制度。与马克思不同的是，马克思更多地论述了人在人类的理

---

[1] 参见《马克思恩格斯全集》第二十三卷，人民出版社，1972，第534页。

想社会即共产主义社会的多样化劳动以及人自由而全面的发展。布雷弗曼则更强调已经在人类社会中出现的社会主义制度相对于资本主义制度的现实优越性。布雷弗曼认为，社会主义制度在实现人的多样化生产劳动、促进人自由而全面的发展方面，的确要比资本主义制度更优越。资本主义制度自诞生以来，就一直以资本积累、资本增殖为根本目标，资本主义社会的进步是一种更加精细的剥削的进步，是一种资本与科学技术深度结合的进步，这些进步并没有改变资本主义机器生产的根本属性，也没有改变资本主义机器生产所存在的固有矛盾。作为一种生产方式，社会主义既不像资本主义那样过度地强调自由竞争，过于相信自由市场的作用，也不像马克思所说的共产主义那样遥远和理想，而是通过一定的技术手段和充分体现人类集体有意识的、有目的的社会实践活动，来实现各种发展目标，而不是某一部分人或者某一个统治阶级的集体意志。这种社会实践活动不仅需要克服以前生产劳动的习惯，而且需要克服数千年以来各种阶级社会存在的历史惯性的束缚。随着资本主义的衰落和社会主义的兴起，人类社会结束的不仅是一种社会形式，更是社会生产劳动的最后一种对立的形式，用马克思的话来说，是人类社会历史史前史的最后一章。[①]

马克思已经看到了随着机器生产的发展，人类社会有可能通过多样化的劳动实现个人自由而全面的发展。即使是在早期的资本主义机器生产中，马克思也认为资本主义机器生产已经开始刺激真正的尽管是微弱的个人逐渐走向多样化劳动，促进个人自由而全面发展的趋势。马克思认为："一种历史生产形式的矛盾的发展，是这种形式瓦解和改造的唯一的历史道路。"[②] 在资本主义机器生产中，一方面，发展出了更加丰富的生产劳动教育；另一方面，那些以废除教育、工厂法等旧的生产劳动分工为目标的革命暴动，与资本主义机器生产的形式是相矛盾的，这种矛盾的出现是唯一可以消除既有矛盾并在此基础上进行重构的历史起点和驱动力。资本主义职业教育和工厂法案本身还不足以重塑新的社会生产方式，但已经具备了一定的革命条件。具有革命性的机器生产的出现，已经要求工人有更加充分的发展，工人必须通过更好的教育来满足多样

---

① 参见 Harry Braverman, *Labor and Monopoly Capital: The Degradation of Work in the Twentieth Century*, New York: Monthly Review Press, 1998, p. 23.
② 《马克思恩格斯全集》第二十三卷，人民出版社，1972，第535页。

化的生产劳动需求，这在客观上就已经开始刺激人更加自由而全面地发展。在马克思看来，当时已经出现的工艺学校和农业学校正是从资本主义机器生产变革中产生的一个变革性要素，职业学校是资本主义机器生产中的另一个要素，在这些学校里，工人及工人的子女已经开始接受一些原来并不具备的生产劳动技能教育。① 此时的教育主要是根据资本主义机器生产的需要所开展的教育。到了社会主义、共产主义时期就不一样了。到那时，工人所享受的教育将不再仅仅是把初等教育同工厂劳动结合起来，不再是将资本积累和资本增殖放在教育的首要位置，而是将理论和实践的工艺教育放在教育的首要位置。在这种生产劳动中，越来越多的工人将接受更多理论与实践相结合的教育，并最大可能地促进个人自由而全面发展。

马克思对工人生产劳动多样化的预见在当代的机器生产中得到了现实的体现。诺布尔（David F. Noble）考察了自工业革命以来自动化工业的社会历史后认为，无数自动化机器的资本主义应用，正在将原来的工人降低为生产劳动技能加速更新且在生产体系中并不占有重要地位的无足轻重者。② 随着工人进入新的生产劳动岗位，新的机器生产不断要求工人学习新的生产劳动技能。工人所学习的新的生产劳动技能，一方面促进了工人的多样化劳动，加快了工人自由而全面发展的历史进程；另一方面也使工人更加依附于资本主义生产体系，这种资本主义生产体系是一种利润驱动的高效生产体系。诺布尔像马克思一样认为，资本主义的发展目标不是把任何发展阶段看作发展的终点，而是想尽一切办法维护资本主义的统治。诺布尔说，从资本主义机器大生产发展以来的自动化机器生产孕育了一种新的意识形态，这种意识形态并不是因为其自身强大的逻辑所具有的诱人力量而独树一帜，而是机器与两种观念的当代结合：一种是传统的生产劳动观念，即工作简单化、资本取代劳动力、管理控制集中于生产；另一种是控制劳动力，以维护和扩大管理权力为目标。③

---

① 参见《马克思恩格斯全集》第二十三卷，人民出版社，1972，第535页。
② 参见 D. F. Noble, *Forces of Production: A Social History of Industrial Automation*, London: Ransaction Publishers, 2011, p. 70。
③ 参见 D. F. Noble, *Forces of Production: A Social History of Industrial Automation*, London: Ransaction Publishers, 2011, p. 57。

在诺布尔看来，由资本主义机器大生产发展而来的当代资本主义自动化生产体系，并没有让工人摆脱资本的控制，依然只是资本生产中的一个要素，受到资本的控制。诺布尔说，由于人类积累了大量的生产劳动经验、技能和隐性知识，这种过于坚固的生产劳动制度否定了人类的全部潜力，它只会构成对现有可能性的极度贫乏的认识。此外，在界定人类思想和行为的全部范围时，已经生成的自动化生产体系，缩小了工人原来可以进行自我调节和自我纠正的行动范围，从而增加了整个生产体系的不稳定性和崩溃的概率。[①]

当代自动化机器生产的发展，对工人生产劳动的另一个突出影响是工人也可以不在工厂工作，而在任何地方参与生产劳动，这主要得益于20世纪以来的信息革命。蒂齐亚纳·特拉诺瓦（Tiziana Terranova）发现，随着当代信息技术的发展，越来越多的人卷入了资本主义的机器生产中，整个社会成为一个资本主义化的社会工厂。人们的工作过程转移到了能够与互联网相联结的不同社会角落。在这种新式的生产劳动中，人们的生产劳动既是自愿的，也是无偿的，既是享受的，也是被利用的，这些活动包括阅读信息和邮件、浏览新闻等。这些新的人类活动方式，看似是一个并不产生任何价值的活动过程。但在整个社会生产过程中，这种活动并不是一个非真实的社会生产，而是一种完全内在的持续的价值生产过程。[②] 人们在互联网上的这些活动，之所以被认为是一种生产劳动的新样式，是因为人们在互联网上的这些活动生成了一种新的现实产物，即数据，这些数据成为当代资本主义生产新的原材料。脸书（Facebook）、谷歌（Google）等企业现在从事的主要业务基本上都是数据的采集、存储和分析等，它们已经将以数据为原材料的生产拓展到了机器翻译、视觉识别、人事甄选等各种更加智能化的数据产品开发中。所有这些基于数据的产品，既可以卖给其他公司，也可自己使用，并由此获得高额的资本回报。[③] 在这些新形式的生产劳动中，不仅有工人在工厂

[①] 参见 D. F. Noble, *Forces of Production: A Social History of Industrial Automation*, London: Ransaction Publishers, 2011, p. 71。

[②] 参见 Tiziana Terranova, "Free Labor: Producing Culture for the Digital Economy," *Social Text*, Vol. 18, No. 2, 2000, pp. 33-34。

[③] "The World's Most Valuable Resource," *The Economist*, Vol. 423, No. 9039, 2017, p. 7.

上班,有软件工程师、速记分析师等劳动力,还有无数的互联网活动者提供海量的数据。否则,那些以数据为核心业务的资本主义企业,将无法进行任何数据产品的生产。人们在互联网上的活动也成为一种新形式的劳动,即数字劳动。奥利维尔·弗雷塞等在研究了人的在线活动对数据企业的利润影响后反问道:"当我们的在线活动(称为无偿劳动)为这些数据平台公司提供了主要的收入来源时,我们难道不是在为这些公司工作吗?"[1]

当代资本主义机器生产中所出现的数字劳动,是人类生产劳动多样化的重要体现,但它并没有改变资本主义生产劳动的基本属性。福克斯认为,马克思是第一个将工作的历史特征描述为理解政治经济学关键点的作家。在讨论什么是工作和劳动时,马克思已经为我们提供了最彻底的分析。在经济学百科全书和词典中,诸如劳动、劳动力、劳动过程或劳动理论等词条,往往主要与马克思和马克思主义理论联系在一起。马克思对资本主义生产劳动的分析,为我们理解已经出现极大变化的资本主义机器生产提供了基本的范畴分析工具。[2] 资本主义数据生产,既保留了旧的劳动形态,又产生了新的劳动形态。乌苏拉·休斯(Ursula Huws)、伊兰·费舍尔(Eran Fisher)、克里斯蒂安·福克斯等都曾对此做过非常丰富的理论与实践研究。[3] 福克斯认为,从最初的机器生产发展而来的当代资本主义数字化媒体,依然只是具有资本主义性质的广告、商业化手段和意识形态工具。这些广告和文化产品使人成为资本主义资本积累的工具,而资本主义媒体上的广告等所渗透的意识形态的目的,在于将对资本和商品体系的信仰灌输到更多的人的主体性中。这种新形式的资本主义机器生产,包含了使人类主体成为被资本统治和剥削的再生产工具的更多的策略和尝试。[4] 我们的目标应该是使我们的思想和行动不断超越这种资本主义,并摆脱这种资本对人的思想和行动的控制,从而更好地实现自由而全面的发展。亨利·詹金斯(Henry Jenkins)认

---

[1] 参见 Olivier Frayssé and Mathieu O'Neil (eds.), *Digital Labour and Prosumer Capitalism*, Hampshire: Palgrave Macmillan, 2015, p. 208。
[2] 参见 Christian Fuchs, *Digital Labour and Karl Marx*, New York: Routledge, 2014, p. 25。
[3] 参见 Olivier Frayssé and Mathieu O'Neil (eds.), *Digital Labour and Prosumer Capitalism*, Hampshire: Palgrave Macmillan, 2015, p. 4。
[4] 参见 Christian Fuchs, *Digital Labour and Karl Marx*, New York: Routledge, 2014, p. 80。

为，随着当代信息技术的发展，互联网已经成为生产者和消费者共同参与的生产劳动场所，如今的媒体也已经成为大众化文化参与的公共场所，已经成为资本主义意识形态控制的最新场所，成为资本主义完成资本增殖的新场所。[①] 资本主义机器生产原来已经存在的剥削、异化等，依然还现实而客观地存在着，要想摆脱数字劳动剥削及其异化等，就只有推翻资本主义媒体制度，推翻资本主义媒体制度的根本前提，即推翻资本主义生产资料私有制，转而建立一种与人自由而全面发展相适应的生产资料公有制。

---

① 参见 Christian Fuchs, *Digital Labour and Karl Marx*, New York: Routledge, 2014, p.91。

第五章　马克思机器论的理论重构

20世纪中期以来，随着控制论、当代信息技术、人工智能科学技术的迅猛发展，人类社会对机器的开发与应用已经越来越频繁。今天，我们几乎处在一个机器无处不在的时代。当人类社会生产劳动的肢体动作不断地被机械臂取代，甚至今天的机器已经开始不断地替代人的思维时，我们不禁要问，机器所展现的越来越智能的行为，究竟是对人类身体技能的增强还是机器具有主体性的智能行为？机器是一个认知的主体、一个活的有机体、实验室里的科学大师、一台物理器具、一个为共同目标而行动的集体？在这个机器与人同存的世界，我们如何理解或者定义机器和人在自然界应有的位置？我们是否已经步入一个超人类甚至后人类时代？机器的发展与应用究竟是人类的成长还是异化？这些问题看起来零散且多面，但实际上又具有本体论、认识论和方法论等方面的内在逻辑，可以被概括为三个基本问题，即在今天我们究竟如何理解机器的本质，我们如何理解机器与人类社会历史发展的内在逻辑关联，机器将会对人类解放的历史进程产生怎样的影响。今天我们对机器既需要从辩证唯物主义的基本立场来理解，更需要从历史唯物主义的基本立场来认知。

一　机器本质的内涵重建

关于机器的诞生，格里金地说，在漫长的人类社会历史中，人们创造出了越来越多难以想象的人造物。今天，我们仍然在这样做。随着时间的推移，我们逐渐发现人类并没有成功地改进我们对生产劳动中能量消耗的管理。人体自身所产生的能量以及所能实现的创造总是有限的，而且因人而异。由于人们在生产生活实践中引进了动物的力量，并利用了可从水和风中获得的能量，情况才第一次得到改善。利用这些自然界的力量，人类得以发展一种基本的机器文明。但是，人的工作能力和效率依然无法满足人类社会的历史发展需要，人们依然备受疾病和疲劳的困扰。因为无法彻底解除疲劳与消除疾病,人类总是疲于不断地补充每一位劳动者的生产劳动能力,这使一切生产劳动变得异常复杂。在蒸汽机出现之前,所有的机器都与机器部件的材料、制造时间有关,即使人们学会了把金属加工成非常有用的工具,这些金属制成的工具在过去的几千年里也基本保持着不变。这些因素引起人类社会历史发生了一系列决定性的变化,其结果之一就是历史学家所称的以蒸汽机为代表的工业革命。① 工业革命的核心是一系列相互关联的技术与材料变革,并使人类社会历史进入了机器文明的时代。这些进步表现在三个方面:一是用机械设备代替人类的部分生产劳动技能;二是无生命的力量,特别是蒸汽取代了人类和动物的力量;三是原材料的获取和加工方面有了显著的进步,特别是在现在被称为冶金和化学工业的生产生活实践方面。② 如果我们仔细观察它所涉及的上述三个活动领域,我们就很容易发现,人们在每一个生产生活实践场景中都尽可能地使用了机器,人类生产生活实践的过程、结果也因此发生了许多变化。这些显而易见的变化包括,人在部分生产生活实践领域的体力劳动变得逐渐轻松,一部分人开始从传统的生产劳动中分离出来专门研制新的机器,进而产生新的大规模社会分工等。③

  机器的存在似乎证明的不是人的力量强大,相反,机器的存在精确地反映了人的弱点。机器与原始形态和材料的距离越远,它们就越会强化我们必须弥补的缺点。格里金地认为,第三次工业革命时,人类就已经感到了这种羞辱,不是因为上帝的卓越,不是因为自然的崇高力量,也不是因为英雄的勇敢,而是因为人类所发明的机器有着惊人而完美的结构和日益强大的功能。④ 近些年,随着人工智能机器的迅猛发展,各种各样的人工智能机器已经能够在许多领域代替人而进行各种工作,甚至在计算能力、行为精度等方面远远超过了人的行为能力,这些似乎表明机器要比人强大。格里金地的观点给我们带来了另一种认识,他认为,

---

① 参见 Fabio Grigenti, *Existence and Machine*, Cham: Springer, 2016, p.7。
② 参见赵泽林《机器与现代性:马克思及其之后的历史与逻辑启示》,《哲学研究》2020年第4期,第52页。
③ 参见 Fabio Grigenti, *Existence and Machine*, Cham: Springer, 2016, p.8。
④ 参见 Fabio Grigenti, *Existence and Machine*, Cham: Springer, 2016, p.56。

尽管机器及其所采用的技术取得了令人难以置信的辉煌，但是机器的存在却向我们表明，最古老的发明和最重要的发现并不在于我们对现有各种事物的模仿，而在于人类基于现存事物的各种创造。人类技术的世界就像一个"超人"，它具有天才般丰富的智力，既可能促进生命，也可能毁灭生命，就像人类自己一样，与纯粹的自然有着多重的关系。① 我们不能仅仅从机器优越于人的方面去理解机器的存在，还需要从多方面去理解机器的本质。安德斯（Günther Anders）把自己有机的身体与最先进的机器所能达到的性能进行比较后认为，人类在力量、速度和精度等方面的确不如他的产品，人所制造的机器都使人的智力活动显得可怜，但这些机器仍然是人造物。② 安德斯认为，人是自然发生和漫长进化的历史产物，人类并不能自由地调整或者改进我们自己的发展历史，但我们却能根据人类的生产生活实际需要制造各种机器，即人类才是机器的发源地。机器的本质，只能从人类社会历史的发展中去理解，而不是抛开人类社会历史对人与机器做某种纯粹抽象的比较。

马克思在"机器和大工业"一章的开篇，就涉及了对机器本质的讨论。在当时的数学家、力学家和某些英国经济学家看来，机器就是复杂的工具。马克思注意到密尔在他的《政治经济学原理》一书中提出了一个有趣的问题，即"值得怀疑的是，一切已有的机械发明，是否减轻了任何人每天的辛劳"③。马克思认为，要回答这个问题，首先应该研究生产劳动资料是如何从工具转变为机器的，而不是从机器的某些抽象特征给机器下定义。④ 在马克思看来，当时的数学家、力学家和某些英国经济学家把杠杆、斜面、螺旋、楔等都叫作机器的说明毫无用处，因为其中没有历史的要素。而另外一些人从动力的角度来定义机器，即用手推动机械装置的是工具，而用蒸汽机推动的就是机器，这种观点也是错误的，因为这种观点不符合历史实际。"按照这种说法，在各个极不相同的生产时代存在的牛拉犁是机器，而一个工人用手推动的、每分钟可织96000个眼的克劳生式回转织机不过是工具了。而且，同一台织机，用

---

① 参见 Fabio Grigenti, *Existence and Machine*, Cham：Springer, 2016, p.53。
② 参见 Fabio Grigenti, *Existence and Machine*, Cham：Springer, 2016, p.56。
③ 《马克思恩格斯全集》第二十三卷，人民出版社，1972，第408页。
④ 参见《马克思恩格斯全集》第二十三卷，人民出版社，1972，第408页。

手推动时是工具，用蒸汽推动时就成为机器了。既然畜力的使用是人类最古老的发明之一，那末，机器生产事实上就应该先于手工业生产了。"①为此，马克思对机器给出了自己的基本界定。马克思认为，当时的机器由发动机、传动机构、工具机或工作机三部分构成。其中，发动机为机器运行提供动力，传动机构传递动力，而工具机或工作机执行相应的机械操作。工具机才是机器的核心部分。工具机在取得适当的运动后，用自己的工具来完成过去工人用类似的工具所完成的那些操作，至于这种工具机的动力究竟是来自人，还是来自水、风力、蒸汽等，这并不影响工具机本身的核心实质。②

在马克思看来，机器具有自己的发展历史。在工场手工业时期，甚至更早，就已经有了机器的雏形。正是由于人们创造了工具机，蒸汽机的革命成为必要。当用一台发动机带动更多的工具机一起工作时，就有了现代工业生产中的机器，这才是工业革命的起点。资本主义机器工业生产进程的实质，在于一般工具与现代机器的这次历史性交接，紧接着的是其他相关的工业化历史进程，通过大量增加能够同时在同一台机器上工作的工具数量来实现。一个人一次只能有效地使用一种工具，机器可以与数量多得多的工具同时工作。在马克思的时代，当人们看到不那么创新的纺纱机，也可以同时使用 12 或 18 个纺锤，而最能干的人类劳动工人也只能处理 1 个纺锤时，他们都感到惊讶。机器将人力劳动和机器生产两种元素组合在了一起，精确地重复了人类采用劳动工具的生产劳动形式，以及超越人类劳动者有机身体的生产劳动能力。以前由手持工具的人手来保证生产产品的种类保持不变，机器执行同样的旋转和缝合动作，同样可以生产出原本由人手生产的劳动产品，但机器允许在单位时间内生产劳动工具数量的成倍增加，并且可以提高单个生产劳动操作的执行速度。机器可以像一个巨大的人类工人集合体一样劳动，配备了大量的"手"，所有机器都能以比人类工人快得多的速度生产劳动，不管任何现有劳动工人的手有多灵巧，也难以达到机器同样的"劳动"程度。随着同时被推动的工具机数量的逐渐增加，发动机也在增加，传

---

① 《马克思恩格斯全集》第二十三卷，人民出版社，1972，第 409 页。
② 参见《马克思恩格斯全集》第二十三卷，人民出版社，1972，第 411 页。

动机构也跟着扩展成一个庞大的装置,① 这就是机器的发展历程。马克思发现,用来制造原动机的庞大机器,也是因为最近几十年大规模铁路建设和远洋航运事业发展的实际需要,才产生出来。②

机器具有自己的发展历史,同时,机器的发展历史也改变着人类社会生产的历史。科学技术的进步以及生产实践中对新机器需求的增长,既改变了机器制造的社会生产劳动分工,也产生了更多各种各样的机器制造部门,其目标就是要为整个社会生产提供更多新的机器。③自从有了机器,社会生产不再是不同生产劳动技能的组合,而是机器与人组合,这种新的生产组合改变了人在生产劳动过程中的历史地位。从使用工具的手到连接在机械支架上的手,机器生产最初只让工人做两件事,即提供驱动机器运动所需的能量,以及直观地监控机器的性能。越来越大的工作机器和越来越多同时工作的机器工具,很快就使得开发更强的驱动手段成为必要,而这反过来又需要人类和动物都无法提供的能量。在这种情况下,所有有生命的生物都被排除在机器的操作回路之外,而人类最终只需要充当"监督"的角色,仅仅作为现在可以完全独立完成一系列操作的机器的外部观察者。机器生产已经构建起一个完全客观的生产体系,工人和机器一并成为大工业生产的前提。

马克思认为,大工业通过机器生产,把人类科学认识和巨大的自然力,并入人类社会的生产劳动过程,大大地提高了社会生产劳动效率。现在,资本家不仅可以通过采用新的机器生产获得更多的剩余价值,还能通过采用机器生产削弱拥有关键技术的工人的地位、镇压工人对延长生产劳动时间的反抗、降低劳动力的价格而获得更多的剩余价值。机器生产削弱男性劳动者相较于女性、儿童劳动力的力量优势,这使资本家更倾向于吸纳大量的女性和儿童进入社会生产劳动过程,实现男性劳动力的贬值,从而获得更多的剩余价值。在这种情况下,机器已经不再仅仅是一种社会生产劳动工具,还是一种资本家获得更多剩余价值、扩展资本主义生产的技术手段。

我们不能仅仅将机器看作一个简单或者复杂的物理装置,而更应该

---

① 参见《马克思恩格斯全集》第二十三卷,人民出版社,1972,第415页。
② 参见《马克思恩格斯全集》第二十三卷,人民出版社,1972,第422页。
③ 参见《马克思恩格斯全集》第二十三卷,人民出版社,1972,第419页。

将机器看作能够转移工人生产劳动价值的特殊载体。马克思认为，在已有的资本主义机器生产中，用于生产过程的蒸汽等自然力不费分文，而利用自然力的过程，实际上是利用人类科学知识的过程。获得这些科学知识需要人类的生产劳动，利用这些科学知识制造机器同样需要人类的生产劳动。机器在其本质上就是人类生产劳动的历史产物，是人类生产劳动价值的载体。在马克思看来，资本主义机器生产之所以能够提高生产劳动效率，不是因为机器获得了除了工人之外其他的价值生产来源途径，而是资本通过机器，将人类科学认识和工人生产机器所产生的劳动价值更高效地转移到了新的劳动产品上。

机器是一种死劳动，它本身就蕴含着过去的生产劳动所创造的价值，当机器参与产品的生产劳动过程时，其所蕴含的死劳动的价值，就以生产资料耗费的方式转移到了新的劳动产品上，从而使劳动产品变得更贵而不是更便宜。机器大工业中的机器和机器体系所蕴含的价值量，要比手工业和工场手工业中的生产资料所蕴含的价值量大得多。[1] 马克思认为，机器向生产劳动产品的价值转移，不同于一般的生产资料或者生产工具向生产劳动产品的价值转移。首先，机器总是全部地进入生产劳动过程，但始终只是部分地进入价值增殖过程。这是因为机器并不会像其他生产劳动资料一样迅速丧失其所蕴含的价值，而是由于机器磨损而平均丧失价值。其次，机器向生产劳动产品的价值转移，不同于作为产品形成要素的价值转移，机器向生产劳动产品的价值转移具有周期长等特点。最后，机器比生产劳动工具的生产作用范围大。[2] 机器向生产劳动产品的价值转移，要比生产资料或者生产劳动工具向生产劳动产品的价值转移更加隐蔽和复杂。

马克思认为，在资本主义社会生产中，机器是资本运动中最后形态的生产劳动资料。为了进一步揭示机器在价值生产和价值转移中的重要作用，马克思采用了与区分价值和使用价值一样的方法，将资本分为两个部分，即用来购买生产所需要的生产劳动资料的资本和用来购买生产所需要的劳动力的资本。[3] 资本主义机器生产中的机器，并不像传统手

---

[1] 参见《马克思恩格斯全集》第二十三卷，人民出版社，1972，第424页。
[2] 参见《马克思恩格斯全集》第二十三卷，人民出版社，1972，第425页。
[3] 参见《马克思恩格斯全集》第二十三卷，人民出版社，1972，第238页。

工业生产中的生产工具一样表现为某个生产劳动者的生产劳动资料,而是表现为整个生产劳动过程中的一部分。工人的活动也是这种生产劳动中的一部分,只不过是操作机器或者看守机器,保障机器正常运行的那部分。[①] 在这种生产劳动过程中,机器代替了工人在生产劳动中应该具备的生产劳动技能和力量,成为能工巧匠的化身。机器通过自身的运动规律,而发挥着与工人的肢体运动相类似的作用。机器可以代替工人的部分生产劳动,并成为资本主义机器生产中不可或缺的生产劳动资料。

从这个角度看,机器是人的生产劳动技能的物化,机器的这种物化劳动体现为一种不同于传统工人的生产劳动能力。马克思认为,生产劳动资料发展为机器体系,对于资本来说并不是偶然的,而是人类科学知识、工人生产劳动技能等历史积累的结果,是社会智慧一般生产力不断积累的结果。因此,知识和技能的积累、社会智慧的一般生产力的积累被吸收在资本中,并成为资本运动、资本增殖、资本积累的重要部分,从而表现为资本的属性。[②] 在这里,马克思强调了机器作为人类生产劳动的根本特征和内在规定性,它是人类认识自然和改造自然的智慧结晶,是人类生产劳动和生产力发展的历史产物。

在马克思看来,更为确切地说,机器是资本形态中的固定资本。马克思认为,从资本的流通看,资本在不同的阶段具有不同的规定性,表现为不同的形态。从资本流通的视角看,资本可以区分为流动资本和固定资本。在《经济学手稿(1857—1858 年)》"资本章"中,马克思扬弃了法语和英语国家政治经济学文献对固定资本的理解,采用了德语"Flüßigen und Fixem Capital"、法语"capitale fixe"、英语"circulating capital"来说明他对固定资本的理解。马克思认为,固定资本表现为在资本流通的每个阶段中都有其持续时间,它不是流动的而是固定的。固定资本的运动是随着它的损耗而流通的,正是在这个规定中,固定资本丧失了跟流动资本一样的流动性而成为固定资本。[③] 固定资本因为失去其流动性,并与特定的使用价值相一致的特征,被剥夺了其改造自身的能力。固定资本总是需要资本家付出一笔可观的货币资本,并且这些资

---

① 参见《马克思恩格斯全集》第四十六卷下册,人民出版社,1980,第 208 页。
② 参见《马克思恩格斯全集》第四十六卷下册,人民出版社,1980,第 210 页。
③ 参见《马克思恩格斯全集》第四十六卷下册,人民出版社,1980,第 124 页。

本还不能立即得到回报，它需要通过一定的流通周期才能实现资本的回收。固定资本总是缺乏某种灵活性，而具有较强的投资风险。固定资本一旦被实例化，就只能以已经确定的单一的存在方式被使用，它就被冻结为某些特定的生产功能。由于固定资本只能部分地回报投资于它的价值，所以它也只能在维持其功能条件的情况下这样做。马克思认为，在资本主义机器生产中，最为典型的资本不是货币，而是机器。机器是资本运动中最为卓越的固定资本。机器依赖于固定的电源、原材料、市场需求和相应的生产劳动条件。这种固定资本集合了工人的生产劳动技能和人类的科学智慧，率先采用某些机器的资本家总是可以优先获得超额剩余价值。这种资本增殖的规律，总是会促进资本家不断地利用各种自然力，将工人的生产劳动技能转换为现实的机器并以物化的形式吸纳到资本增殖的物质运动中。

在资本主义机器生产中，机器表现为固定资本，体现的是资本对工人生产劳动的另一种隐性占有。作为人类智慧和工人生产劳动历史产物的机器，已经蕴含了人类智慧和工人生产劳动的价值。资本家之所以使用机器，不是因为机器本身可以创造价值，而是因为机器可以作为生产劳动资料，将已经蕴含在机器中的生产劳动价值，转移到它所参与生产的产品中去。[①] 马克思认为，对于机器所参与生产的产品而言，机器的价值是产品价值生成的一个组成部分，这个部分是工人生产劳动的固化形态，是死劳动。资本主义机器生产的产品所蕴含的劳动，既包括没有机器参与生产的工人所创造的活劳动，也包括机器参与生产所蕴含的死劳动。机器生产的产品总是比没有机器参与生产的产品蕴含着更多的价值，机器参与的整个社会生产所蕴含的价值量，也会比没有机器参与的社会生产所蕴含的价值量更大。

随着资本主义机器生产的发展，当机器生产成为社会的主要生产方式时，机器则成为衡量社会生产力的重要标志。在马克思看来，机器是资本的物的现实表现形式，以机器为代表的固定资本，是衡量社会生产力发展水平的重要标尺，这种社会生产力随着资本无偿占有更多的剩余

[①] 参见《马克思恩格斯全集》第二十三卷，人民出版社，1972，第424页。

价值而得到进一步发展。① 在资本主义机器生产中，资本家以机器的形式固化并占有了工人的生产劳动，此时，工人就已经失去了对自己生产劳动产品的所有权，机器以死劳动的形式与工人一起参与生产劳动。在这种生产劳动中，机器作为工人的对立物而存在，工人的生产劳动技能和已经掌握的科学知识成为外在的异化的物化产物而与工人相对立，工人自己的活劳动则从属于整个机器生产体系，而以部分的形式发挥着生产的作用。

在资本主义机器生产中，机器代表的不是劳动，而是资本，体现的是资本的意志：需要什么样的机器体现资本的意志，就连制造什么样的机器同样体现资本的意志。资本家总是希望在旧机器被完全磨损之前就引进生产效率更高的机器，因为这能提高资本的增殖能力，资本家可以用生产效率更高的机器比其他资本家更快地生产商品。这些商品的价值，即它们的销售价格，仍然由旧的生产劳动系统所需要的生产劳动时间所决定，而旧的生产劳动系统一般没有引入新技术。越想更快获得资本增殖，资本家对机器生产劳动效率和更新速度的恐慌就越强烈。在这种社会生产方式下，资本家总是不断地提高生产劳动速度，以便更快地收回购买机器这种固定资本的投入。

生产速度对于资本主义机器生产而言是至关重要的。这里所讲的生产速度，既包括采用一定的机器进行社会产品生产劳动的速度，也包括人类利用科学技术制造新机器的速度，这就引发了一个内在的矛盾，即人类科学技术进步的速度对于每个资本家而言并不是完全一致的。已经掌握最先进的科学技术的资本家发现整个社会还需要很长一段时间才会掌握相应的科学技术时，会倾向于保守科技创新的秘密，而不是共享先进技术造福整个人类社会。资本更感兴趣的是资本增殖与资本积累，而不是整个社会财富的增加。在这种资本主义机器生产中，资本不仅支配着活的劳动力，而且支配着富含工人生产劳动的死劳动的机器，支配着整个社会生产的过程、速度等。在马克思看来，资本主义生产关系并不是采用机器体系的最适当和最完善的社会生产关系。②

---

① 参见《马克思恩格斯全集》第四十六卷下册，人民出版社，1980，第210页。
② 参见《马克思恩格斯全集》第四十六卷下册，人民出版社，1980，第212页。

马克思已经看到，机器本质的体现不可能独立于社会历史条件。马克思发现，在17世纪，人们已经开始间或地使用机器，这时机器的应用为现代力学的创立提供了现实基础。在工场手工业时期，人们已经开始制造新的机器代替工人的局部操作，并试图尽可能多地代替工人的实际操作。这个时候，机器已经展现出了将许多局部工人结合起来代替总体工人的趋势。① 到了资本主义机器大生产阶段，机器已经能够完全代替工人一部分的生产劳动，原来工人所从事的局部生产劳动，已经集成为一台机器的运转。在这里，工人的生产劳动技能已经部分或者全部转移到了机器上，机器本身就成为一个新的能工巧匠。它通过在自身中发挥作用的力学规律而发挥各种原来工人才具有的生产劳动功能，它为了自身不断运转而消费煤炭、石油等，就像工人消费食物一样。

马克思说，机器是人类科学认识的物理载体和物质表现形态，当机器出现资本主义应用后，资本就作为一种异己的力量，通过机器控制、占有并指挥着工人与机器一起围绕资本增殖这一根本目的而开展各种生产劳动，这个时候资本就穿上了机器的外衣。② 此时的机器是人类科学认识、生产劳动技能等的物化产物。在这种生产劳动过程中，机器已经从社会生产劳动中的物质性要素，上升为生产劳动过程本身。工人不再是生产劳动过程的主人，而是机器生产的看管者。当资本主义机器生产发展到不需要工人的参与就能完成原材料的加工等处理时，资本主义生产就发展出了自动的机器体系。不同的机器共同组成具有整体性的机器体系，这种机器体系有着庞大而又庄重的躯体，其各个组成部分依据共同的物理节奏开展不同的社会生产。③

马克思意识到，机器的资本主义应用阻碍了机器本质的体现，资本主义并不是机器本质体现的最终阶段。工场手工业生产了机器，而资本主义机器大工业借助机器排除了手工业生产和工场手工业生产。当这种机器生产发展到一定程度，就会建立起新的社会生产基础，推翻旧的社会生产基础。④ 工场手工业、资本主义机器大工业的机器生产，都只是

---

① 参见《马克思恩格斯全集》第二十三卷，人民出版社，1972，第387页。
② 参见《马克思恩格斯全集》第四十六卷下册，人民出版社，1980，第208页。
③ 参见《马克思恩格斯全集》第二十三卷，人民出版社，1972，第418~419页。
④ 参见《马克思恩格斯全集》第二十三卷，人民出版社，1972，第419~421页。

机器生产发展过程中一个特定的历史阶段。在这个历史阶段中，机器成为一种没有肌肉而比工人更加灵活的生产劳动手段，成为资本家实现资本增殖和资本积累的工具。机器通过代替工人的生产劳动，把大量劳动力抛向了劳动力市场，迫使原来熟练工人的劳动力贬值。"机器从一开始，在增加人身剥削材料，即扩大资本固有的剥削领域的同时，也提高了剥削程度。"①

在马克思看来，资本主义的机器应用，就其本身来说缩短了工人的生产劳动时间，但它却相对延长了工人为资本家创造更多剩余价值的生产劳动时间。机器的运用本身可以减轻工人的生产劳动，而它的资本主义应用却因为资本家不断地追求资本增殖，不断增强工人的生产劳动强度。本来，机器是人类利用自然力的劳动成果，而现在，机器的资本主义应用却使机器成为奴役人的新工具。在资本主义社会中，机器的广泛应用不仅没有让工人变得更加富有，相反使工人受到资本家更多的剥削而变得更加贫穷。② 马克思认为，资本主义的社会制度和生产方式的客观存在，导致机器无法充分体现机器的本质，并造成了工人生产劳动及其产品与工人自己相异化。这种不可调和的内在矛盾和对抗，并不是从机器本身中产生的，而是从机器的资本主义应用中产生的。③

马克思构想了一种客观体现机器本质的理想。在马克思看来，机器本身具有降低人类生产劳动强度的功能，是人类对自然力的胜利。如果机器完全按照自己价值中立的理论逻辑运行，机器应该是提高人类的生产劳动效率、缩减工人的生产劳动时间、降低工人的生产劳动强度，将工人从自然力量的统治中解放出来。机器不应该让人产生异化，而恰恰应该帮助人类实现更加人性化的生产劳动，让人从繁重的生产劳动中解放出来，让人的生产劳动回归到劳动本身。马克思认为，机器本身具有价值中立性，机器既不是天然就具有让工人生产劳动产生异化的基本属性，也不是天然就具有分割工人与生产生活资料的现实功能。机器本身所具有的自然功能，首先在于替代工人的部分生产劳动，进而适当减少工人的生产劳动，在于提高生产劳动效率，进而增加单位时间内的生产

---

① 《马克思恩格斯全集》第二十三卷，人民出版社，1972，第434页。
② 参见《马克思恩格斯全集》第二十三卷，人民出版社，1972，第483页。
③ 参见《马克思恩格斯全集》第二十三卷，人民出版社，1972，第483页。

劳动产品数量，使之更便宜。①

机器是人类社会发展的历史产物，是为了弥补人类在生产劳动中所体现的自然局限性而诞生的人造物。在已经出现的机器的资本主义应用中，当资本不断提高生产劳动强度，并且把机器的每一次改进都变成吮吸劳动力的手段时，资本的这种趋势就会达到一个新的历史转折点。②马克思指出，从17世纪开始，工人就一直试图通过暴动砸毁机器，改变自己在机器生产中受压迫的地位。在19世纪最初的15年里，英国工场手工业区也爆发了鲁德运动，试图对蒸汽织机等机器生产进行大规模的破坏，以此改变工人的生活境况。③ 机器蕴含了一种解放人类的力量，这种力量不仅仅表现在减轻人类生产劳动强度、缩短生产劳动时间等方面，还体现在不断塑造更加适合人自由而全面发展的生产关系方面。资本主义机器应用通过它已有的灾难性现实，促使人类必须努力探寻更加适合人类社会历史发展的道路。

机器的本质在其根本上体现的是人的自我解放及其历史进程。人类制造的各种生产工具都是一种自我的外在体现，这些生产工具体现了人类对他生存和发展境遇的基本认知、现实需求和实际能力。机器的应用无疑给人类实现自由而全面的发展提供了各种各样的机会，使人类可以突破自然的各种局限而实现对自然的改造，使自身获得更好的发展机会和历史条件。马克思揭示了机器的资本主义应用所带来的历史局限，但也看到了机器是提高生产劳动效率的重要手段。马克思发现，在资本尚未侵入的那些行业中，缩短一种商品生产所需的工作时间，是由人类力量的自然本性所决定的。当机器进入生产劳动实践之后，在工业发展历史上出现了这样一个显著的现象，即机器扫除了以往的社会历史条件对工人工作时长的一切道德和自然限制，这意味着人类社会开始进入新的历史篇章。

温德林认为，在马克思对资本主义机器工厂的场景描述中，最吸引人的是，机器本身被描述为一个身体，在这种物质运动机制中，有一个中央动力源或心脏，在传输机制中有一个大脑，在工作机器中有无数只

---

① 参见《马克思恩格斯全集》第二十三卷，人民出版社，1972，第483页。
② 参见《马克思恩格斯全集》第二十三卷，人民出版社，1972，第457页。
③ 参见《马克思恩格斯全集》第二十三卷，人民出版社，1972，第469页。

手。面对这样一个生产系统，人类力量的"自然"极限不再有任何意义。① 我们应该能够构建一种合理利用机器的人类活动方式，消除机器的不恰当应用所带给人类的痛苦。实现这种改造，不仅需要我们放弃实现资本无限增殖的本能冲动，还需要我们合理地理解人类生产劳动的价值。机器在人类社会历史中的本质，既在于提高人类社会的生产劳动效率，也在于不断重建人类社会的价值追求，并帮助人们不断超越价值追求的现有目标，不断促进人类社会自由而全面的发展，促进人类社会的彻底解放。正如马克思所看到的，资本主义的机器应用创造了巨额的社会财富，却给劳动者带来了各种前所未有的痛苦，人类的生活需要表现出狭小的生存范围。这种机器的资本主义应用历史提醒我们，我们需要通过对人类社会历史更加合理的价值引导，客观体现机器的本质，而不是着迷于机器所创造的物质财富。

二 机器的社会历史逻辑

马克思对机器的论述最突出的特点就是把机器置于人类社会历史之中，揭示机器与人类社会互动的历史与逻辑。在马克思看来，机器并不是孤立而抽象的存在物，而是人类社会发展的历史产物；不是从宙斯头脑中蹦出的全副武装的雅典娜，而是人类在生产劳动实践中认识自然和改造自然的历史产物。马克思和恩格斯在其著名的《德意志意识形态》中认为，现代工业的诞生强化了"人和自然具有统一性"这个命题的现实性和重要性，而且这种统一性在每一个时代都随着工业或快或慢的发展而不断改变，这种改变既受制于已经建立的生产力和生产关系，也会在产品生产、分配、交换和消费等社会实践中影响着生产力和生产关系的进一步发展。② 马克思看到，资本主义机器大生产的兴起，并不是由于任何粗野的新发明，而是由于珍妮纺纱机等机械装置连接起来的。③ 对于资本主义机器大工业发展的后期阶段，马克思的分析更加精辟，他

---

① 参见 A. Wendling, *Karl Marx on Technology and Alienation*, London: Palgrave Macmillan, 2009, p. 116。
② 参见《马克思恩格斯全集》第三卷，人民出版社，1960，第49页。
③ 参见《马克思恩格斯全集》第二十三卷，人民出版社，1972，第410~411页。

向我们展示了这种变化是如何发生的。首先，把各种不同的机器混合在一起构成更复杂的机器，使它们朝着共同流动的、半自动的或全自动的方向发展，这是20世纪机器大工业的重要特点。其次，通过扩大机械手段的应用范围，特别是在重型工程和钢铁工业领域，机器开始帮助人类完成以往依靠有限的个人力量不可能完成的事情。马克思说，现代资本主义机器大工业必须自己掌握机器，掌握其特有的生产工具，并一台接一台地制造机器。直到它做到这一点，它才为自己建立了一个合适的技术基础，并站稳了脚跟。①

马克思看到，机器的发展实际上是科学认识与工业发展的历史互动，这一发展将科学技术与工业进步紧密联系起来，凝聚在资本主义现代机器大生产中的机器上，产生了深刻的社会历史影响。马克思说："自然界没有制造出任何机器，没有制造出机车、铁路、电报、走锭精纺机等等。它们是人类劳动的产物，是变成了人类意志驾驭自然的器官或人类在自然界活动的器官的自然物质。它们是人类的手创造出来的人类头脑的器官；是物化的知识力量。"② 在工业革命的早期，机器的诞生建立在滑轮、齿轮和以往的其他机械工具之上。直到瓦特发明第二种蒸汽机，即双向蒸汽机，突破人的肢体劳动自然极限的机械工具获得了新的动力源泉，它通过消耗煤和水而自行产生动力。这种动力既受人控制，又可移动，突破了风力、水力的自然局限，同时它本身又是机器推动力。

当生产劳动工具从人类的手工工具转变为机械工具，转变为工具机时，发动机也逐渐摆脱了人力限制，取得了独立的形式。现在，同一台发动机可以同时驱动许多工具机一起工作，这样一来现代资本主义机器大生产便成为现实。这种生产劳动，需要用自然的力量代替人力，需要有意识地根据经验法则运用科学知识，改造人们的生产劳动。在工场手工业中，人们的社会生产劳动过程的组织完全是主观的，每个工人都是一个生产的主体，而在资本主义机器生产中，劳动者仅仅是整个生产劳动体系中的一部分。③ 马克思指出，机器生产不是根据工人的个人主观意志进行，而是把整个生产劳动过程分为各个生产劳动环节，并利用人

---

① 参见《马克思恩格斯全集》第二十三卷，人民出版社，1972，第422~423页。
② 《马克思恩格斯全集》第四十六卷下册，人民出版社，1980，第219页。
③ 参见《马克思恩格斯全集》第二十三卷，人民出版社，1972，第423页。

类已经掌握的自然科学知识进行生产。这样一来，在工场手工业基础上产生的旧的社会生产劳动分工就会被瓦解，从而孕育和产生适合资本主义机器大工业的社会生产劳动分工，并使这种生产劳动分工不断发生新的变化，表现出新的现实形式。[1]

机器生产改变了旧时的人与自然、社会、世界的互动关系。随着机器的大量引入，工人的生产劳动被简化为由机器所指示的常规和机械操作，或者机器的输入、供给、照管和维护工作。生产劳动的工业化和机械化为更加全面的自动化机器生产劳动形式铺平了道路，这种形式在最近一个世纪中获得了极大的发展，目前仍在迅猛发展中。机器所承担的工作量越大，人类的生产劳动就越会被机器所接管。在这种生产劳动中，人类可以靠边站，正如马克思已经看到的那样，人只是站在机器旁，成为机器的附属物。此时，工人生产劳动的性质是由生产劳动资料本身的性质所决定的。随着工场手工业向资本主义机器大生产现代大工业的过渡，工人的生产劳动已经由外在的合作和社会化过程，彻底转变为内在的社会化过程。每一个产品的生产都不再是工人个人生产劳动的结果，而是整个社会集体生产劳动的结果。

因为广泛采用了生产劳动效率更高的机器，整个社会的生产规模不断扩大，生产不再只是为满足特定的和当地的需要。工人的这种生产劳动更像是黑格尔所强调的抽象劳动、一般劳动，工人的生产劳动和生产的产品变得更加抽象和一般，工人生产劳动中原来的主客体关系也随之进一步异化。随着资本主义机器大生产的发展，工人与自己所生产的劳动产品之间也越来越中介化和疏远化，现在的生产劳动过程不再包括劳动者对客体的直接转化，工艺元素也几乎完全从生产活动本身中删除。在整个产品的生产劳动过程中，机器越来越倾向于按照自己的规定进行行动，似乎大自然的一切都可以转化为机械的自我行动。人类的生产劳动则是通过科学技术的进步展现自己的目的，机器大生产创造了一种高度中介和抽象的工人与自然、社会、世界的关系。[2] 在这种人与自然、社会、世界的关系中，工人不再是产品的直接生产者，而只是产品生产

---

[1] 参见《马克思恩格斯全集》第二十三卷，人民出版社，1972，第505页。
[2] 参见 S. Sayers, "The Concept of Labor: Marx and His Critics," *Science & Society*, Vol. 71, No. 4, 2007, p. 441.

的参与者或者中介者。

机器生产缔造了彻底的社会化大生产。赛耶斯说,黑格尔和马克思见证了机器大生产的社会历史发展的商业化开端。黑格尔倾向于把商业看作一种本质上与机器制造业有关并隶属于机器制造业的生产劳动类型。黑格尔认为,公共行政和教育是一个独特的生产劳动领域,商务、行政和服务工作不会产生直接的实物产品。黑格尔和马克思都将这类产品纳入形成性生产活动的范畴,并将它们纳入与其他类型产品相同的理论框架之中,他们的工作起到了创造和维持这些经济和社会关系的基本作用。[①] 这样一来,现代机器大工业就缔造了一种不同于以往的社会生产劳动模式,即社会化大生产。社会化大生产弱化了每个生产者在生产劳动过程中的作用,强化了生产劳动过程中的合作。现在,每个参与产品生产的工人都只是整个社会化生产中的部分,而不是全部。

引起这一变化的根本在于资本的力量。资本首先将工人变成了商品,然后将工人纳入资本的管理范围之内。现在,资本不需要工人像在传统的生产劳动中一样,用手工工具去参与生产劳动,而是需要工人用一个会自行操作工具的机器,去代替工人的生产劳动,工人只需要看管好机器或者配合好机器的运行。在马克思看来,当机器转变为资本家的固定资本,蕴含在机器中的科学技术、死劳动也一并成为资本家所购买的固定资本,它们的职能都一并地转变为为资本家的资本增殖而服务。在这种资本主义生产劳动中,对于工人来讲,不仅机器表现为异己的、敌对的和统治的权力,就连科学认识也同样表现为异己的、敌对的和统治的权力。一方面,人们的生产劳动经验逐渐通过科学知识化,转变为工人生产劳动的科学知识;另一方面,人们又通过科学知识的社会传播,将科学知识应用到社会生产实践中,促进社会生产。随着机器生产的推广,旧时的学徒法被废除,科学技术得到了更加广泛的社会化应用。

马克思认为,利用科学技术的进步,资本主义机器大工业吸收了巨大的自然力,这种科学技术进步、自然力与资本主义机器生产的现实结合,既提高了整个社会的生产劳动效率,也彻底改变了整个人类社会的

---

① 参见 S. Sayers, "The Concept of Labor: Marx and His Critics," *Science & Society*, Vol. 71, No. 4, 2007, p. 442。

生产劳动方式。① 最初，机器生产还能与旧时的工场手工业并存。随着资本主义机器生产的发展，原来已经建立的生产劳动协作关系，更加与机器生产的需要不相适应。工人从小就需要就各种连续、标准化的操作进行训练，以便适应机器生产流程中一系列的生产环节。只要还存在机器生产，工人就需要将自己的生产劳动力贡献给不同的机器生产劳动环节，以规定的、单调的、训练有素的肢体动作，配合机器完成一个又一个连续的生产过程，不断制造出新的劳动产品。工人所参与的这种生产劳动，已经不再是从工人出发，而是从机器出发。② 就整个社会生产而言，一旦建立了任何生产劳动分支，机器生产就会启动自身强大的内在技术逻辑，促使资本家加速开发新的机器或者机械，构建更为复杂的机器生产体系。

由此，机器生产又产生了一些完全新的生产劳动部门，创造了一些新的生产劳动领域，并使社会生产劳动分工发展到比工场手工业时期更为复杂的程度。随着通信和运输工具的发展，社会生产过程的一般条件必须进一步改进，以满足世界市场的需要。一种新的国际生产劳动分工也自此出现。这种生产劳动的国际分工，不再局限于以往的某个国家或者地区，而是将世界上的不同国家和地区逐步转变为具有不同社会生产劳动功能而又相互协作的特定区域，服务于整个人类社会的产品生产，此时世界上的每一个地区都只是整个人类社会生产的一部分。③ 在马克思看来，现代机器大工业的加速发展，既提高了整个社会的资源调度水平，也强化了对世界市场的依赖。资本增殖逻辑驱动世界上的资本家疯狂地加快社会生产，并使得各种产品迅速充斥整个世界市场，而当世界市场因为某些因素不能以相应的速度消费这些产品时，整个社会就会出现活跃、繁荣、生产过剩、危机、停滞这几个时期的不断转换。在马克思看来，资本主义机器生产不是让工人处于更加稳定的生活状态，而是处于通常性的不稳定和无保障状态。④

资本主义机器生产所创造的新生产劳动方式蕴含着新的社会矛盾。

---

① 参见《马克思恩格斯全集》第二十三卷，人民出版社，1972，第424页。
② 参见《马克思恩格斯全集》第二十三卷，人民出版社，1972，第461页。
③ 参见《马克思恩格斯全集》第二十三卷，人民出版社，1972，第494页。
④ 参见《马克思恩格斯全集》第二十三卷，人民出版社，1972，第497页。

马克思引用恩格斯的描述说,这种苦役不仅损害工人的神经系统,还侵占了工人的自由活动时间,伤害了工人多方面的成长,就像苦刑一样压在工人身上。① 机器并没有把劳动者从生产劳动中解放出来,而是剥夺了他们的一切兴趣。资本通过将原来的生产工具转变为自动从事生产劳动的机器,使工人原先具有较大社会竞争优势的生产劳动技能,在资本和科学技术的结合中,在资本与自然力的现代结合中,在整个社会生产面前,已经变得微不足道。科学、巨大的自然力、群众性的社会化大生产在资本主义生产机器体系中一道构成了资本这个主人的权力。②

在资本主义机器大生产中,工人被束缚在某种专业性的机械操作中,比以往任何时候都更加依赖资本主义。在这种社会生产中,科学知识被资本所占有,生产的知识性力量也作为生产资料所有者的财产呈现在劳动者面前。工人被系统地、残酷地转变为一种没有生命机制的机器的活的附属物。马克思痛斥了这种资本主义机器生产所带来的顽疾,并认为工人应该通过社会革命来改变这种机器的资本主义应用。马克思说,工业、商业、航海业和铁路等方面的发展,加剧了资产阶级社会财富的集聚,使资产阶级迅速成为整个社会中最有竞争力的阶级。它把医生、律师、牧师、诗人和学者变成了受它雇用的仆役。机器的采用范围越广,分工越细,劳动量也就越多,无产者的生活地位也就越来越没有保障,这个时候,个别工人同个别资产者之间的冲突就越发会成为两个阶级之间的冲突。③ 马克思认为,无产阶级革命是不可避免的。

在马克思后来的文献中,马克思进一步探讨了人类摆脱资本主义机器生产的可能性,阐明了资本主义机器生产在人类社会历史中所必然具有的过渡性。在马克思看来,人与机器之间的互换性并不是只能为资本服务,它也可以为工人所利用,这一权利的实现不是以过时的生产劳动形式为依托,工人可以在人机互换中寻求到更多的自由时间来提升自己的生产劳动技能,获得更加自由而全面的发展。当然,在资本主义制度下,工人的这种对机器的利用是非常困难的,但是这并不妨碍工人对机

---

① 参见《马克思恩格斯全集》第二十三卷,人民出版社,1972,第 463 页。
② 参见《马克思恩格斯全集》第二十三卷,人民出版社,1972,第 464 页。
③ 参见《马克思恩格斯全集》第四卷,人民出版社,1958,第 475 页。

器的利用成为一种社会理想。① 马克思认为,现代大工业所奉行的基本原则是,把社会生产劳动的每一个过程都分解为各个组成部分,而不考虑这些过程可能由人来完成,这一原则创造了新的现代科学技术。在新的现代科学技术的帮助下,过去许多看起来毫无联系的存在物现在又被重新联系起来,转变为各种基于自然科学的有意识的技术应用系统,从而实现某种社会生产。②

马克思发现,这种资本主义机器生产看起来十分复杂,实际上最复杂的机器也不过是简单机械力的重新利用。现代工业发展本身就是一个不断实现自我革新的历史过程,在这种历史过程中,现代工业总是会不断获得新的现实表现形式,③ 即使是现代工业的机器生产本身就具有革命性。这种革命性不仅会消解人类社会已经形成的旧的生产劳动方式,同时也会建立新的生产劳动方式。在马克思看来,在资本主义机器生产中,资本主义生产方式已经作为客观的存在发挥着自己的历史性作用,在这种历史作用下,资本主义不仅消灭了曾经阻碍其发展的旧的社会生产力及生产关系,还发展出了新的社会生产力和社会生产关系,从而使资本主义获得新的历史发展。④ 新的人类社会历史的现实发展将表明的是,资本主义机器生产只是人类社会历史发展的一个重要阶段。马克思意识到,资本主义机器生产与存在的社会生产劳动关系是相矛盾的,正是这种矛盾的存在促使资本主义机器生产最终走向灭亡。

对于马克思来说,资本主义机器生产既有资本主义的属性,同样也孕育着共产主义的幼芽,这两个历史时期的共同基础之一就是机器。马克思认为:"蒸气和机器就引起了工业中的革命。现代的大工业代替了工场手工业;工业中的百万富翁,一批批产业军的统领,即现代的资产者,代替了工业的中层等级。"⑤ 这些现代的资产者推翻了封建地主阶级的统治,促进形成了新兴的城市共和国、君主国中纳税的第三等级等。再后来,他们在工场手工业时期,形成与封建贵族相抗衡的势力。最后,他

---

① 参见《马克思恩格斯全集》第四十六卷下册,人民出版社,1980,第297~298页。
② 参见《马克思恩格斯全集》第二十三卷,人民出版社,1972,第533页。
③ 参见《马克思恩格斯全集》第二十三卷,人民出版社,1972,第533页。
④ 参见《马克思恩格斯全集》第二十三卷,人民出版社,1972,第534~535页。
⑤ 《马克思恩格斯全集》第四卷,人民出版社,1958,第467页。

们从大工业和世界市场的确立中夺得了独揽的政治统治权,建立了管理整个资产阶级共同事务的委员会,即现代的资本主义国家政权。[①] 在马克思看来,机器的广泛应用对于资产者、资产阶级、资本主义国家的诞生都具有十分重要的社会历史意义。现代资产者因为机器生产创造了前所未有的社会财富,极大地展现了整个人类社会的生产力。

马克思也看到,在不断发展的机器生产中,资产阶级不仅拥有了能够帮助他们获得更多剩余价值的机器这种物质性力量,还造就了能够运用这种武器来反对他自己的无产阶级这种主观性力量。马克思认为,资产阶级即资本越发展,机器生产就越是会造就更多的现代工人,无产阶级也就越是得到发展。[②] 机器应用范围越是广泛,生产劳动分工越细,工人的异化劳动也就越是普遍,越是受到资本的束缚,工人对资本主义机器生产的反抗也就越激烈和彻底。随着现代工业的发展,无产阶级不仅人数会增加,其力量也会增强,与日俱增的剥削将促使所有的无产阶级联合起来共同反对并推翻资本主义的机器生产,转而建立适合更多人自由而全面发展的共产主义社会。

马克思在《资本论》第一卷第十五章试图用三个规律来揭示资本主义机器生产的未来,阐述机器对人类社会历史的辩证作用。马克思认为,在"工作日的长度和劳动强度不变(已定),劳动生产力可变"这个假定下,劳动力的价值和剩余价值由三个规律决定:第一,"不论劳动生产率如何变化,从而不论产品量和单个商品的价格如何变化,一定长度的工作日总表现为相同的价值产品";第二,"劳动力的价值和剩余价值按照相反的方向变化";第三,"剩余价值的增加或减少始终是劳动力价值相应的减少或增加的结果,而绝不是这种减少或增加的原因"。按照第三个规律,劳动生产力的变化所引起的劳动力价值的变化是剩余价值量发生变化的前提。[③] 在这些规律的作用下,整个社会劳动生产效率不断得到提高,并不断消除一切无用劳动,提高各种生产劳动资料的利用效率。在劳动强度和劳动生产力已定的情况下,每个工人的生产劳动都将走向一种新的平均,这种平均既是指生产劳动

---

① 参见《马克思恩格斯全集》第四卷,人民出版社,1958,第468页。
② 参见《马克思恩格斯全集》第四卷,人民出版社,1958,第472页。
③ 参见《马克思恩格斯全集》第二十三卷,人民出版社,1972,第568、570页。

本身分配到每个人身上的越来越平均，也是指生产劳动的产品分配到每个人身上的越来越平均，从而每个人从事自由活动、脑力活动和社会活动的时间也就越来越多，个人也就会获得更多自由而全面发展的时间和机会。① 在马克思看来，资本主义的机器应用既有积极的一面，也有消极的一面。积极的方面是资本主义的机器应用改变了人们的社会生活乃至整个社会历史发展，尤其是产生了新的社会阶级，带来了社会生产关系的历史性变革；消极的一面是资本主义机器生产带来了工人的异化，孕育了新的社会矛盾。马克思不仅积极地面向人类社会历史发展的未来，还通过政治经济学批判揭示了资本主义机器生产已经产生的未来理想社会的最初萌芽。

按照马克思的观点，现代工业生产以向机器生产的转变为历史特征，撕破了人类自己生产劳动过程的社会面纱。资本主义机器生产简化了人类社会的历史结构，社会日益分裂为资产阶级和工人阶级两大敌对的阵营，② 并以赤裸裸的方式揭示了人类社会历史始终存在的社会生产关系。机器就像人类的身体一样，不是作为单个人的身体，而是作为一个集体的身体，集中体现了人类认识自然界的社会历史水平，并以社会知识总和的一般物化状态参与到社会生产中，改变着"人类"这个概念所蕴含的阶级、性别、种族、亲属等一切社会生产关系，当然也有可能造成资本主义社会的两极分化，并最终也可能消灭资本主义社会的两极分化。在马克思看来，机器不仅是资产阶级获得更多剩余价值的手段，同时也是工人阶级实现革命的关键要素，也是人类社会走向理想的共产主义社会的重要物质基础。

工人与机器一起从事生产劳动创造了更加丰富的物质财富，并为快速生产更多的物质财富打下了坚实的社会历史基础，以至于可以提供一个解放社会的历史机遇。人们要想走向理想的共产主义社会，不能没有高度发达的社会生产力，不能没有足够丰富的社会物质财富，机器是创造这些物质财富、提高生产劳动效率的重要工具。以蒸汽机的发明和应用为标志的工业革命，极大地促进了整个人类社会的历史发展，却塑造

---

① 参见《马克思恩格斯全集》第二十三卷，人民出版社，1972，第579页。
② 参见《马克思恩格斯全集》第四卷，人民出版社，1958，第466页。

了束缚人自由而全面发展的社会经济结构。资本从一开始就不是一种个人的力量，而是一种社会的力量，是一种集体的产物，它只有通过整个社会的集体活动才能运动起来，才能创造更多的社会财富。① 以蒸汽机开启的整个资本主义机器生产历史，都具有形成生产资料公有制的内在社会历史倾向。

马克思展示了在消灭资本主义生产资料私有制，建立生产资料公有制之后的机器生产愿景。在资本主义生产资料私有制社会里，资产阶级占据统治地位，享有自由时间，这是因为整个社会工人阶级的全部社会生活时间，都转化为社会生产劳动时间，并被资产阶级以剩余价值的形式而无偿占有。即使是工人参与的机器生产创造了巨大的社会财富，活劳动也只不过是资本增殖和资本积累的一种手段。在共产主义社会里，由于实行了社会生产资料公有制，工人参与的机器生产所创造的社会财富归全社会所有，机器不再是某个资本家的财富，不再是资产阶级榨取工人生产劳动的手段，而是回归到创造社会财富的手段这个本质上。此时，机器又重新回归到减轻人类生产劳动痛苦的初衷，参加社会生产劳动的工人也就有了更多的空余时间用于促进自己自由而全面发展。

马克思说："在共产主义社会里，已经积累的劳动只不过是扩大、丰富和促进工人的生活过程的一种手段。"② 所以，在资本主义社会里，作为以往人类生产劳动积累的历史产物的机器，支配着工人现在的生产劳动，但在共产主义社会里，则是现在支配着过去，促进自由而全面的发展。③ 马克思对资本主义与共产主义的比较性阐明，强调了不同社会制度下机器生产的不同影响。约翰·埃尔斯特（John Elster）在解释机器技术的社会历史变化时，将技术应用所带来的这种利弊双重阐释结构，描述为莱布尼茨（Gottfried Wilhelm Leibniz）对于人类和社会科学中所有功能解释的继承，即当我们在揭示任何技术应用所带来的恶，并对其作出解释时，也会因此最大限度地激发技术应用所具有的善。④ 马克思坚持

---

① 参见《马克思恩格斯全集》第四卷，人民出版社，1958，第481页。
② 《马克思恩格斯全集》第四卷，人民出版社，1958，第481页。
③ 参见《马克思恩格斯全集》第四卷，人民出版社，1958，第481~482页。
④ 参见 John Elster, *Explaining Technical Change: A Case Study in the Philosophy of Science*, Cambridge: Cambridge University Press, 1983, p. 56。

了这种辩证的思维，并把这种辩证的思维运用到了机器的社会历史逻辑中。在马克思那里，机器对于社会历史的影响，既不是只有消极的，也不是只有积极的，而是辩证的，即机器本身的历史发展逻辑就是社会历史逻辑的一种重要体现和组成部分，二者的历史发展具有内在的辩证统一性。

马克思把合理利用机器生产的社会历史进程交给了工人自己。在马克思看来，消除资本主义机器应用所带来的异化劳动、社会剥削等，只有通过工人自身的革命来实现。马克思认为，资本主义机器生产日益加剧资本家对工人生产劳动的剥削，随着机器的进步和机器工人本身生产劳动经验的积累，工人参与资本主义机器生产劳动的速度、强度也会自然增加。[1] 马克思说，在资本主义机器生产中，参与现代工业生产的工人，并不是随着工业生产的进步而进步，恰恰相反，工人们的生活境遇正逐渐地降低到本阶级生存条件水平以下。[2] 大量的工人因为采用机器生产和资本主义生产资料私有制的存在，而变成赤贫者，贫困人口也因为资本主义机器生产的发展和资本家财富的增加而增加，这种无止境的异化与剥削增强了工人进行社会性反抗的历史冲动，为工人追求自我解放增加了革命的动力。工人与机器之间的斗争也逐渐成为现实。马克思说，在整个工场手工业时期，工人与资本家之间的斗争就一直存在。只是到了资本主义机器生产的阶段，工人才开始反对机器这种生产资料本身，并以反对机器这种生产资料本身来反抗资本主义生产资料所有制。[3] 在资本主义机器生产中，机器不仅是工人生产劳动极其强大的竞争者，它还被资本公开地有意识地宣布为一种和工人敌对的力量被资本家加以利用。在已经发生的多场工人革命中，机器都再次成为资本家镇压工人反抗资本专制周期性暴动和罢工等强有力的武器。[4] 工人要想反抗资本主义机器生产所带来的异化和剥削并不是件容易的事情。

工人阶级必须掌握自己的理论工具，来反抗机器的资本主义应用。马克思认为，工人对机器的反抗是虚假意识形态的另一种症状。早期的

---

[1] 参见《马克思恩格斯全集》第二十三卷，人民出版社，1972，第449页。
[2] 参见《马克思恩格斯全集》第四卷，人民出版社，1958，第477页。
[3] 参见《马克思恩格斯全集》第二十三卷，人民出版社，1972，第468页。
[4] 参见《马克思恩格斯全集》第二十三卷，人民出版社，1972，第476~477页。

工人运动攻击的对象主要是生产工具本身，工人总是希望通过破坏机器等生产资料来恢复他们曾经享有的社会历史地位。然而，工人阶级应该反抗的不是机器，而是机器的资本主义应用。在资本的统治下，作为生产资料的机器，已经不是在传统社会生产劳动过程中工人可以任意摆弄的对象，而是与工人相竞争的生产劳动力。资本主义生产劳动过程中采用的机器越多，被机器所排挤的具有同样生产劳动功能的工人也就越多。一部分工人被迫成为过剩的人口，另一部分人则涌向比较容易就业的工业生产部门，从而使劳动力的价格降到最低限度。[1] 这种以资本增殖为核心的社会历史逻辑，破坏了原有田园牧歌式的社会生产关系，型塑了资产阶级与工人阶级紧张的现代资本主义社会生产关系，进而引起了工人对机器所包含的科学技术的恐惧。

劳伦斯·波斯特（Laurent Portes）认为，对科学技术进步的不信任有着特定的思想发展谱系。反动势力和贵族圈子构成了谴责科学技术实践的第一梯队，他们对科学技术进步的反对与未来所谓的平等主义有很大关系。但是用不了多久，对技术社会的批判就席卷了整个社会，而这个社会最初是与精英主义的精神联系在一起的。[2] 工人阶级要想改变自己的生存境遇，就不能被资本主义的虚假意识形态所误导和控制。封建地主阶级痛恨科学技术的进步，是因为科学技术的进步带来了思想的启蒙。毕竟蒸汽机的应用重新分割了封建庄园。工人要想摆脱机器的资本主义应用，不是要摧毁机器，而是要改变资本主义制度。机器是人类社会历史的产物，是人类生产劳动经验的社会积累与智慧的历史产物，反抗机器实质上反抗的是人类自身的生产劳动。工人阶级不能把机器与机器的资本主义应用混为一谈，把对机器的资本主义应用及其所依附的社会生产关系的反抗，错误地转变为对机器这种人类社会历史发展成果的反抗，工人也可以利用机器这种新的生产劳动资料，创造更加有利于工人自由而全面发展的社会。[3]

马克思认为，资本主义的机器应用同样也具有促进人类解放的一

---

[1] 参见《马克思恩格斯全集》第二十三卷，人民出版社，1972，第471页。
[2] 参见 Roland Schaer, Gregory Claeys, and Lyman Tower Sargent (eds.), *Utopia: The Search for the Ideal Society in the Western World*, New York: Oxford University Press, 2000, p. 244.
[3] 参见《马克思恩格斯全集》第二十三卷，人民出版社，1972，第469页。

面。马克思给出了机器劳动的社会历史谱系，首先是部分工具机的发明与应用。工场手工业得到了迅速发展，随后是蒸汽机的出现，不仅机器代替了手工劳动，而且突破了社会生产的能源供给瓶颈。马克思将机器定位为人类工业的衍生品，定位为人类社会生产劳动实践的历史产物，并强调了机器在现代工业生产以及人类社会历史演变中的重要作用。马克思扬弃了密尔的观点。密尔认为，机器减轻了工人的生产劳动是值得怀疑的，因为机器生产也同样延长了劳动者的工作时间。马克思认为，实际上，关键并不在于缩短工作时间，而在于缩短工人生产与工资等价的商品所必需的劳动时间。使用机器缩短工人的必要劳动时间实际上是为了缩减资本家雇佣工人的工资成本，进而使资本家获得更多的剩余价值。资本家使用机器，绝不是为了减轻工人每天的生产劳动。[①] 工人必须创造一个新社会，创造一种能够更加发挥机器潜力的新的社会生产方式，并最终把工人从机器的资本主义应用中解放出来。在马克思看来，机器的资本主义应用已经缔造了最具革命性的工人阶级。随着资本主义机器生产的历史发展，工人也会获得更多的科学知识，构成更为庞大的无产阶级。进而，无产阶级运动不同于以往为少数人谋利益的运动，它是为绝大多数人谋利益的独立自主的运动。[②] 这些社会历史发展都将有助于无产阶级实现自身的解放，并最终将人类社会导向更加适合每个人自由而全面发展的新社会，在这个新的社会中，人类将实现自由而全面的发展。

三 机器应用与人类解放

一般认为，从《德意志意识形态》开始，"人"和"人性"作为非历史的、非人类学的本质概念内涵几乎就从马克思的著作中消失了。马克思认为，人、人性并非一成不变，而是同样有着自己的历史发展过程。关于这一点，我们在马克思对蒲鲁东的批判中也能见到一些踪迹。在马克思看来，"蒲鲁东先生不知道，整个历史也无非是人类本性的不断改变

---

① 参见《马克思恩格斯全集》第四十七卷，人民出版社，1979，第359页。
② 参见《马克思恩格斯全集》第四卷，人民出版社，1958，第477页。

而已"①。在《德意志意识形态》的序言中,马克思和恩格斯明确地指出,对人的纯粹抽象的理解是一种天真而幼稚的空想,这种空想构成了现代青年黑格尔哲学的核心。《德意志意识形态》的写作目的就是:揭露这些自称为狼实际为羊的"哲学英雄"的本质,指出他们的咩咩叫声只不过是以哲学的形式来重复当时德国市民的观念,而这些哲学评论家的夸夸其谈,只不过是反映出德国现实的贫乏;揭穿这种沉溺于幻想的哲学。② 我们要讨论的前提不是任意想出的,它们不是教条,而是一些只有在想象中才能加以抛开的现实的前提,是用纯粹经验的方法才能确定的现实的个人。③ 马克思和恩格斯指出,现实的个人的存在是形成人类社会历史的第一个前提,一方面,这种存在是人拥有自身的肉体组织,受到自然条件的制约,并反映出不同历史时期人与自然的基本关系;另一方面,人会在人与自然的发展历史进程中,构成不同时期和同一时期人与人之间的不同社会关系。在不同历史时期的每个人,都是在一定的物质的、不受他任意支配的界限、前提和条件下能动地表现自己的人,是现实的个人。④

在马克思看来,机器生产既反映了人受制于自然这个现实,也反映了人追求自身解放的自然诉求及其漫长的历史发展过程。在人类社会早期,人们只能直接从自然界攫取生活生产资料,如打猎、捕鱼等。只有到了一定的社会历史阶段,人们才开始使用工具从自然界获取新的生活生产资料。罗马帝国以水磨的形式把一切机器的原始形态留传下来;手工业时期留下了指南针、火药、印刷术和自鸣钟等伟大的人类发明;到了工场手工业时期,人们创造了工具机,并看到了人力作为机器动力的局限。阿克莱的水力纺纱机是用水推动的,但使用水力作为主要动力有种种困难。当蒸汽机被发明后,人类终于找到了利用自然力突破自身精力、动力局限的新方式。由于使用了机器,人类社会以往所积累的大规模社会生产力开始全部进入现代的生产劳动过程,并使它们作为生产资料全部地进入生产劳动过程。

---

① 《马克思恩格斯全集》第四卷,人民出版社,1958,第174页。
② 参见《马克思恩格斯全集》第三卷,人民出版社,1960,第15页。
③ 参见《马克思恩格斯全集》第三卷,人民出版社,1960,第23页。
④ 参见《马克思恩格斯全集》第三卷,人民出版社,1960,第29页。

现在，人们已经不再简单地接受自然的馈赠，而是利用水力、风力等自然力来满足人类社会生活和生产的需要。这样一来，人类对自然资源的直接依赖性也逐渐减弱。这种直接依赖性的减弱，也使现在的人类社会似乎更加远离了最初的那个自然界。马克思认为，在采掘工业中，人们的生产劳动对象是天然存在的自然物。除采掘工业外，一切产业部门所处理的对象都成为机器生产的原料，即已经被人类生产劳动加工过的劳动对象，本身就已经是生产劳动的产品。农业生产中的种子看起来是自然物，但实际上是人们以前生产劳动的结果，人们利用这些生产劳动成果又来生产后来新的农作物、动物等产品，以及未来生产的材料。马克思强调，任何生产劳动资料，即使是最肤浅的眼光也能发现，它们的绝大多数有过去人类生产劳动的痕迹，[①] 是过去人类生产劳动的产物，它反映了人类社会在当时的生存和发展状况，反映了人类追求自身解放的基本历程。

马克思认为，各个经济时代的区别，并不在于生产什么，而在于怎样生产和用什么样的劳动资料生产。[②] 在资本主义机器生产中，资本家利用货币资本在商品市场上购买了生产劳动过程所需要的生产资料和劳动力。工人在资本家的监督下跟随机器生产的节奏进行生产，他的生产劳动及其产品属于资本家，而不是被直接生产这种劳动产品的工人所占有。资本家和工人在这种生产劳动过程中具有不同的地位。从进入资本家的机器工厂开始，工人的劳动力的价值就已经不属于自己，而属于资本家了。马克思把工人的这种生产劳动视为一种谋生的生产劳动，这种谋生的劳动包含着劳动对劳动主体的异化和偶然的联系，包含着劳动对劳动对象的异化和偶然的联系，包含着工人的使命不是服务于自己的需要而是受制于社会，工人的意义只在于他是社会需要的奴隶，包含着工人活着只是为了谋取生活资料，而不是为了个人自由而全面的发展。[③]

在这种机器生产中，工人追求自身解放的愿望和需求更加强烈和明显。特隆蒂（Mario Tronti）认为，自资本主义采用机器生产以来，整个人类社会就成了一个社会工厂。资本主义机器大生产越发展，即相对剩

---

① 参见《马克思恩格斯全集》第二十三卷，人民出版社，1972，第206页。
② 参见《马克思恩格斯全集》第二十三卷，人民出版社，1972，第204页。
③ 参见《马克思恩格斯全集》第四十二卷，人民出版社，1979，第29页。

余价值的生产越渗透到各个地方，生产、分配、交换、消费就越发展，资本家对工人的控制就越强烈，工人对自身获得解放的需求也就越强烈和明显。资本主义机器生产与资产阶级社会的构成、资本主义国家结构等方面的关系也就变得越来越紧密。在资本主义发展的最高阶段，机器生产将整个资本主义社会整合起来，形成了一个类似机器的社会机器。所有的社会要素都作为社会工厂的一种局部性功能而存在，这种社会工厂对整个社会其他可能性的排他性统治也在不断扩大。①

马克思指出，资本主义生产资料私有制下的机器生产，既夺去了人的生产对象，也夺去了人所固有的真正的人的生活。工人生产的产品越多，工人自己所占有的东西就越少，工人同他的劳动产品、他的劳动活动、他的类本质就越相异化，就越对立。② 马克思认为，在资本主义机器生产中，工人生产劳动的异化，不仅表现在自己的劳动产品不被自己所占有这个生产劳动的结果上，还表现在生产劳动过程中的生产行为上，表现在生产活动本身中。③ 这是因为，在资本主义机器生产中，工人越是生产出更多的机器和其他劳动产品，工人就越是受到机器生产的束缚，越是成为整个资本主义机器生产中微不足道的局部工人，越是没有了自己的生活。在这种社会生产劳动中，工人只有在进行维持自己生理机能的活动中，才真正从事着属于自己的活动。④ 人的这种生活生产状态并不是人的理想状态。在这种社会历史中，人也不可能得到自由而全面的发展。在这种异化劳动中，人已经把展现人的类本质的自我活动和自由活动贬低为一种手段，降低为人仅仅维持动物性存在的手段，人的各种生产活动都成为替他人服务的、受他人支配的与处于他人强迫和压制之下的活动。通过异化劳动，工人还生产出了跟自己的生产劳动相对立的资本家，生产出了原来并不存在的工人与资本家的雇佣劳动关系，生产出了资产阶级、资本主义国家和维护资产阶级利益的各种具体的社会制度。工人与资本家这种社会生产关系的出现，再次加深了工人生产劳动的异化程度，强化了工人追求自身解放的迫切需要。

---

① 参见 M. Tronti, *Worker and Capital*, trans. by D. Broder, New York Verso, 2019, p. 13.
② 参见《马克思恩格斯全集》第四十二卷，人民出版社，1979，第 92 页。
③ 参见《马克思恩格斯全集》第四十二卷，人民出版社，1979，第 93 页。
④ 参见《马克思恩格斯全集》第四十二卷，人民出版社，1979，第 94 页。

第五章 马克思机器论的理论重构

机器和支撑机器生产的社会体系之间是有区别的,生产方式和生产手段之间是有区别的。资本主义机器生产带给工人的异化,并不是机器本身的错,而是另有原因,这个原因就是资本主义生产资料私有制。资本主义生产资料私有制并非一向就有,而是伴随着手工工场的诞生而出现的。工场手工业及资本主义生产资料私有制在其产生初期,已经超越了在此之前的所有制形式,极大地促进了人类社会生产力的发展,但是造成了整个社会财富的分配不均,造成了一个阶级对另一个阶级的剥削和压迫,制约了人自由而全面的发展。马克思和恩格斯认为,只要整个社会生产的规模还没有达到满足社会全体成员需要的程度,又有剩余去帮助资本家实现资本增殖时,就总会有支配社会生产力的统治阶级和另外一个贫穷和受压迫的阶级存在,[①] 只要人们还生活在人类社会历史之中,只要私人利益和公共利益之间还有分别,只要社会生产劳动分工是迫于某种异己的、对立的他者力量,人也就不可能实现自由而全面的发展。[②] 实现人自身的解放,摆脱异化劳动的控制,首先就是要消灭生产资料的私有制,消灭资本主义生产资料的私有制。马克思认为:"工资是异化劳动的直接结果,而异化劳动是私有财产的直接原因。因此,随着一方衰亡,另一方也必然衰亡。"[③] 只有消灭资本主义生产资料私有制,才能使工人摆脱异化劳动。在资本主义生产资料私有制下,人所参与的社会生产劳动造成了人的生活的绝对贫困,这种贫困不是物质上的贫困,也不是精神上的贫困,而是人的本质体现的绝对贫困,即人在这种社会生产劳动中,无法实现自由而全面的发展,因而也就无法全面体现人的本质。

只有消灭资本主义生产资料私有制,进而消灭人的本质的绝对贫困,才能够从自身的生产劳动中产生人自身的内部的丰富性,也只有这种丰富性才能实现人自由而全面的发展,才能充分体现人的本质。马克思说:"私有财产的扬弃,是人的一切感觉和特性的彻底解放;但这种扬弃之所以是这种解放,正是因为这些感觉和特性无论在主体上还是在客体上都

---

① 参见《马克思恩格斯全集》第四卷,人民出版社,1958,第365页。
② 参见《马克思恩格斯全集》第四卷,人民出版社,1958,第37页。
③ 《马克思恩格斯全集》第四十二卷,人民出版社,1979,第101页。

变成人的。"① 只有通过对资本主义生产资料私有制的扬弃，人的一切感觉和特性无论是在主体上还是在客体上，才会成为人自己的感觉和特性，而不是作为手段和他人占有的存在。在这种情况下，人的感觉通过自己的实践成为人自己的理论家。人和自然界的一切也就失去了自己的纯粹的有用性，成为人的效用，② 人与自然的关系也就转变为人与自然和谐相处的关系。人只有在这种人与自然和谐相处的自然界，才能够实现自由而全面的发展，才能得到彻底的解放。

马克思认为，因为生产资料私有制的存在，现存的资本主义机器生产，既体现了人的本质力量，又受到资本主义生产资料私有制的束缚，而无法实现人自由而全面的发展。马克思认为，"工业的历史和工业的已经产生的对象性的存在，是一本打开了的关于人的本质力量的书，是感性地摆在我们面前的人的心理学"③，通过这本"书"，我们看到了人的本质力量，看到了人类社会发展的历史过程。只不过，资本主义机器大生产的工业史是以异化的形式呈现在我们的眼前。在这种社会历史中，支配他人成为每个人异化的内在冲动，这种内在冲动使自己的需求得到现实的满足。④ 资本主义机器生产越是发展，工人生产的与自己相异化和对立的对象也就越多，与工人自己相异化和对立的力量也就越强大。如果不消灭生产资料私有制，资本主义的机器生产还将加倍地把软弱的工人变成机器，把人变成资本家获得更多社会财富、实现资本增殖的工具。

工人阶级的解放并不仅仅关涉工人自身的解放，其实质是全人类的解放。马克思认为，工人在资本主义机器生产劳动中所出现的异化，并不是某个工人或者某个阶级在某个方面的异化，而是已经从工人的劳动异化发展为整个社会政治生活、社会生产关系等方面的社会性异化。这种异化首先表现为社会生产力发展的异化，处于这种社会生产力发展中的每个社会成员的共同活动本身，并不是出于个人意愿，而是出于资本家对资本增殖的狂热追逐。这种发展社会生产力的力量，在除资本家之

---

① 《马克思恩格斯全集》第四十二卷，人民出版社，1979，第124页。
② 参见《马克思恩格斯全集》第四十二卷，人民出版社，1979，第124页。
③ 《马克思恩格斯全集》第四十二卷，人民出版社，1979，第127页。
④ 参见《马克思恩格斯全集》第四十二卷，人民出版社，1979，第132页。

外的其他人看来，就不是他们自身自愿的联合力量，而是某种异己的、在他们之外的权力所构成的社会性力量，① 这种权力对形成社会力量的个体具有强制力，这就是在资本主义机器生产中所表现出来的社会异化。

由于新的生产力的出现，发展生产力的强制性力量孕育了一种具有强制性的物化的社会生产关系，这种物化的社会生产关系，消解了人与人、人与物之间原生性的各种情感联系与社会表达，取而代之的是以物为核心而存在的社会生态。② 马克思说："从异化劳动同私有财产的关系可以进一步得出这样的结论：社会从私有财产等等的解放、从奴役制的解放，是通过工人解放这种政治形式表现出来的，而且这里不仅涉及工人的解放，因为工人的解放包含全人类的解放；其所以如此，是因为整个人类奴役制就包含在工人同生产的关系中，而一切奴役关系只不过是这种关系的变形和后果罢了。"③ 工人实现自身的解放，其实质就是实现全人类的解放。

工人阶级实现自身的解放，实现全人类的解放，其实质是要构建更加适合每个人自由而全面发展的所有制。在马克思看来，所有异化的根源在于资本主义生产资料私有制。消除资本主义生产资料私有制，构建更加适合人自由而全面发展的生产资料所有制，是工人阶级实现自身解放、实现全人类解放的基本要求。只有消灭了生产资料私有制，生产力不再作为盲目的强制性力量来统治生产者，人们才可能从整个社会的异化中解放出来。生产资料私有制本身并不是自然界的天然存在，而是人类社会历史发展的历史产物，具有多种表现形式。它存在于生产劳动资料以及生产劳动条件属于私人的地方，④ 这些存在于私人的地方的生产劳动资料和现实条件，只能被个体性的生产劳动所占有并利用。个体性的生产劳动者能够私人占有并利用这些生产劳动资料，与个体性生产劳动方式的历史形成及其个体性生产劳动者的个性化发展在其生产劳动实践的现实性上是互为条件的。

当社会生产力发展到一定程度后，一部分社会成员开始利用劳动者

---

① 参见《马克思恩格斯全集》第三卷，人民出版社，1960，第39页。
② 参见《马克思恩格斯全集》第十三卷，人民出版社，1962年，第23页。
③ 《马克思恩格斯全集》第四十二卷，人民出版社，1979，第101页。
④ 参见《马克思恩格斯全集》第二十三卷，人民出版社，1972，第829页。

生产的各种劳动产品，占有另一部分社会成员生产的劳动产品时，劳动者就开始与自己生产的产品相对立、相异化，生产资料私有制的存在就会进一步加剧劳动的异化。在这种情境中，靠自己劳动挣得的私有制，即以各个独立劳动者与其劳动条件相结合为基础的私有制，被资本主义私有制，即以剥削他人但形式上是自由的劳动为基础的私有制所排挤。[1] 资本主义生产资料私有制的诞生否定了以个人劳动为基础的分散的私有制。消灭资本主义生产资料私有制，同样是对资本主义生产资料私有制的否定，这种否定不是要重建生产资料私有制，而是要在资本主义等以往人类社会发展历史成就的基础上，建立一种更加适合人与社会自由而全面发展的生产资料所有制。

废除资本主义生产资料私有制，建立更加适合人自由而全面发展的共产主义社会，是资本主义发展的历史必然。恩格斯说，在已经出现的人类社会历史上，只要废除奴隶制这种生产资料私有制，奴隶就能解放自己。但是这种废除，奴隶会因此变成无产者。无产者只有废除一切私有制才能解放自己。[2] 工人阶级要实现自身的解放，就必须废除一切私有制。资本主义生产资料私有制的发展，已经造就了对立的资产阶级和工人阶级，并建立了维护资产阶级利益的资本主义国家机器。随着机器大工业的发展，资产阶级力量在增加，工人阶级的力量也会增加。机器生产将会使各种生产劳动之间的差别越来越小，从而使工人阶级的生活条件也越来越趋于一致。如果在此时资产阶级继续加大对工人的剥削，会使工人阶级形成更稳固的反抗同盟，不仅会带来更多的工人运动，[3] 而且也会给整个社会带来灾难性的周期性经济危机，造成社会财富的极大浪费。

国家并不是从来就有的，而是社会生产力发展到一定程度，人们的生产劳动创造了更多的社会财富，一部分社会成员比另一部分社会成员更加有利地占有了更多的社会财富后，才出现了生产资料私有制，出现了阶级和维护某一阶级利益的国家机器。资产阶级赖以生存的条件就是社会财富积累在私人手里，使资本形成和增殖。资产阶级在以往的历史

---

[1] 参见《马克思恩格斯全集》第二十三卷，人民出版社，1972，第830~831页。
[2] 参见《马克思恩格斯全集》第四卷，人民出版社，1958，第360页。
[3] 参见《马克思恩格斯全集》第四卷，人民出版社，1958，第477页。

发展中无意推动而又无力抵抗工业的进步，却使工人阶级达到革命团结。随着资本主义机器大工业的发展，资产阶级借以生产和占有工人阶级生产劳动产品的基础本身，也将被抽掉。马克思指出："资产阶级的灭亡和无产阶级的胜利同样是不可避免的。"①

消灭资本主义生产资料私有制、实现工人自身的解放、实现全人类的解放不可能一蹴而就，而是一个艰苦而漫长的历史过程。马克思认为，人类社会历史有着自身的发展规律。私有制的产生和发展都经历了一个相当漫长的历史时期，虽然资本主义蕴含了自我灭亡的内在发展逻辑，但是资本主义生产资料私有制并不会立刻自我灭亡，而是需要一定的社会历史条件，需要一个相对漫长的社会历史发展过程。只有经过了机器大工业的历史发展，大量生产资料被创造出来之后，人类社会所创造的物质财富和精神财富足够丰富，社会生产力已经足够发达，才能废除生产资料私有制。恩格斯根据当时的思考，在《共产主义原理》中揭示了废除私有制的主要措施。在恩格斯看来，所有这些已经列出的主要措施都不可能一下子实行起来，而是需要一个跟着一个地实行。只有当全部资本、全部生产和全部交换都集中在人民手里的时候，私有制才会被消灭，旧的各种社会关系也才会消失。②

在《资本论》中，马克思在阐述资本主义积累的历史趋势时也表达了相同的观点。马克思说，资本主义生产资料私有制的诞生，经过了一个相当漫长的人类社会历史发展过程。以社会生产为基础的资本主义生产资料私有制，转化为更加适合每个人自由而全面发展的公有制，也将是一个长久而艰苦的历史过程。前者是少数掠夺者剥夺人民群众，后者是人民群众剥夺少数掠夺者，③ 前者造就了资本主义生产资料私有制下的两极分化和异化劳动，后者造就的是全社会更多人民群众自由而全面的发展，是工人阶级、全人类的解放。到那时，劳动者与自己生产劳动的产品，不是对立、对抗的异化关系，而是生产劳动者自己共同占有自己生产的劳动产品，劳动也将不再是谋生的手段，而是人的类本质的自然呈现，是人的彻底解放的路径。

---

① 《马克思恩格斯选集》第一卷，人民出版社，2012，第413页。
② 参见《马克思恩格斯全集》第四卷，人民出版社，1958，第368页。
③ 参见《马克思恩格斯全集》第二十三卷，人民出版社，1972，第832页。

实现人类的全面解放并不是不可能，机器大工业已经蕴含了人类实现全面解放的可能性。一方面，由于采用了机器生产，人类社会得到了更加快速的发展。即使是在资本主义机器生产中，机器的广泛应用也使得资本主义社会在短短一百年间比过去整个人类社会历史所创造的社会生产力还要大，所创造的社会财富还要多。[①] 社会生产力的提高和社会财富的急剧增加，改变了人们对财富的理解。机器大工业的发展将给社会提供足以满足全体社会成员需要的产品。这样一来，人们既不再需要私有制，也会逐渐创造出另一种人来，即人们越来越需要并认同由整个社会共同地和有计划地来管理整个社会生产，而每个人都将打破既有的社会生产劳动分工，成为一个更加自由而全面发展的人。[②]

另一方面，机器大工业的到来，意味着人类社会的生产劳动更有可能从一般自然条件的历史限制中解放出来。在马克思看来，真正的自由开始于工人不是迫于外在压力而进行生产劳动，而是可以根据自己的意愿进行生产劳动。人类为了自己的生存和发展，就必须与自然进行斗争。随着这个自然必然王国的发展，人自由而全面的发展逐渐实现。参与社会化生产的劳动者将以更有可能的合理条件，处理好他们和自然之间的物质变换，会更可能提高物质变换的实际效率，在最无愧于和最适合于他们的人性的条件下进行这种物质变换，从而达到必然王国的彼岸。只有在自由王国，作为目的的人类能力的发展才是可能的，人才能实现自由而全面的发展。[③] 当工具从人那里转移到某种物理机构后，机器就代替了单纯的工具，代替了人的部分肢体性生产劳动，使人能够从肢体性劳动中解放出来。随着科学技术的发展，人类会创造出更多的机器，让人从以往的各种自然强制性的生产劳动中解放出来。

资本主义机器大生产的历史性进步之一就是，它使人类更加接近于自然的主人，而不是像以往任何时期那样成为自然的奴仆。在人类社会历史发展的早期，生产力水平极其低下，人们对自然的理解多具有直观性和臆想性。有些自然现象，人们甚至无法解释，而只能诉诸各种神话传说和宗教信仰。随着近代科学技术的发展，随着工业革命的开展，人

---

① 参见《马克思恩格斯全集》第二十三卷，人民出版社，1972，第471页。
② 参见《马克思恩格斯全集》第四卷，人民出版社，1958，第370页。
③ 参见《马克思恩格斯全集》第二十五卷，人民出版社，1974，第926~927页。

们才开始从敬畏自然走向改造自然，并试图征服自然。也正是在这一时期，人类社会的生产力得到了前所未有的发展。马克思说，资本主义所创造的奇迹远远超过了埃及的金字塔、罗马的水道、哥德式的大教堂，它还进行了让以前所有民族大迁徙和"十字军东征"都黯然失色的远征。总而言之，资产阶级在它不到一百年的统治时期所创造的社会生产力，比以往一切时代所创造的全部生产力还要多。① 资本主义之所以会具有如此强大的社会生产力，取得如此大的历史成就，一个非常重要的原因就是，资本主义的统治阶级为了获得更多的剩余价值，不断地创造新的生产机器，提高整个社会的生产劳动效率。这些新的机器不断引起各种物质生产环境的变化，进而引起整个社会生产关系的变化。

马克思指出，资产阶级的存在离不开生产工具的不断变革，离不开社会生产关系的不断革命。生产工具和社会生产关系的不断革命，各种社会条件的不断扰乱，永远的不稳定和动荡，使资本社会历史发展不同于以往任何旧的时代。在这个社会历史发展过程中，一切固定的和停滞的关系连同他们那套古老而可敬的偏见都被扫除了，一切新形成的关系还没有来得及僵化就已经过时了。它消散了所有等级制的和停滞的东西以及所有神圣的东西，人类最终清醒地面对他自己的真实生活条件和他与同类的关系。② 相比过去的社会生产力以及由此而生成的社会关系而言，在所有的方面，资本主义同样存在着一种向好的方向发展的进步性力量。

如果资本主义对人类实现全面解放只有好处而没有坏处，马克思为什么要极力批判？为什么他认为资本主义应该而且必然会被推翻和取代？马克思认为，从微观上看，资本主义最终将失去它的历史效用。资本主义在过去时代的基础上，创造了巨大的社会生产力和巨大的社会财富，但这些社会财富并没有得到完善的分配，在法律上，这些产品并不属于实际生产这些产品的社会成员。资本主义生产资料私有制的存在，疏远和异化了劳动产品的生产者与产品之间的关系，异化了独特的人类社会生产能力，尤其是异化了劳动者创造和享用更加美好的生产劳动产品的

---

① 参见《马克思恩格斯全集》第四卷，人民出版社，1958，第469、471页。
② 参见《马克思恩格斯全集》第四卷，人民出版社，1958，第469页。

能力。从宏观上看，资本主义社会有其自我颠覆的内在逻辑。这种内在逻辑不仅包含在资本主义制度的自我运行之中，而且还积极而自然地创造和播下了毁灭它自己的种子，事实上已经创造了自己的掘墓人。

资本主义机器大生产的发展，为资产阶级创造了实现资本增殖的新手段，加速了资本增殖，同时也造就了工人阶级从自由竞争转向更加团结的同盟。资本主义社会的每一个行动、制度或是实践都会产生各种意想不到的历史结果或者对于资产阶级而言的副作用。为了实现资本增殖，追求剩余价值的最大化，资产阶级把工人们聚集到一起组织和训练他们，教会他们为了一个共同的目标而合作，并在不知不觉中缔造了一个共同的敌人。资产阶级通过他自己的方式，得到了他们自己所需要的资本增殖，但同时也创造了他们不想看到的无产阶级革命。[①] 恩格斯说，工人阶级夺取政权是解放的手段，这一目标从国际工人运动一开始就一直写在自己的旗帜上。[②] 从最初的摧毁机器，到全世界各地此起彼伏的工人运动，工人阶级从未放弃实现自身解放的理想，这种理想也从未因为某个国家或地区工人运动的低潮而从人类社会历史中消失。

在《资本论》第一卷第十三章"机器和大工业"的结尾，马克思意识到资本主义发展了科学技术，并将科学技术应用到资本主义社会生产的各个环节中，此时的科学技术与各种生产劳动结合在一起造就了资本主义的社会生产力和社会生产关系。资本主义社会财富的积累是通过资产阶级对工人阶级的剥削来实现的。[③] 在《资本论》第一卷第十五章若干重要的段落中，马克思揭示了资本主义是如何通过机器生产，将社会的全部生产劳动转嫁给工人阶级的。马克思认为："在资本主义社会里，一个阶级享有自由时间，是由于群众的全部生活时间都转化为劳动时间了。"[④] 马克思同样意识到，随着机器大工业的发展，资本主义生产资料私有制所创造的富有和贫困，正在产生废除资本主义生产资料私有制和建立更加适合人自由而全面发展的全部社会历史条件。已经产生的社会

---

① 参见《马克思恩格斯全集》第四卷，人民出版社，1958，第479页。
② 参见《马克思恩格斯全集》第三十三卷，人民出版社，1973，第417页。
③ 参见《马克思恩格斯全集》第二十三卷，人民出版社，1972，第553页。
④ 《马克思恩格斯全集》第二十三卷，人民出版社，1972年，第579页。

正在创造着更加自由而全面发展的、人的本质体现更加丰富的人。①

马克思相信，共产主义的实现是人类社会历史发展的必然，是人类社会历史发展通过多向度的解放而必然实现的美好社会状态。② 资本主义机器生产所产生的异化劳动，只不过是人类社会历史中的一个特定的历史阶段，即使是在无产阶级革命之后，机器生产也还会继续下去，只是工人参与机器的生产劳动不再处于异化的状态，而是人与机器的和谐相处。马克思对资本主义机器生产的批判，既不是要求人们回到更为原始的无机器存在的生产方式，也不是批判具有启蒙意义的科学技术的进步以及机器在生产实践中的应用，更不是批判人类社会历史上资本主义机器生产做出的各种贡献，而是主张通过对人类社会生产生活实践的深刻反思，实现每个人自由而全面的发展，实现工人阶级自身的解放，实现全人类的共同解放。作为一种社会理想和一种人类社会历史进程，马克思并没有也不可能在他的著作中阐释人类实现自我解放历史进程中的每一个时代。时代在进步，历史在发展，我们仍然需要沿着马克思的足迹，将马克思基本文献所包含的内容，结合不断更新的机器生产以及由此而不断发展的人类社会历史实践，探寻人类实现自由而全面解放的历史奥秘。

---

① 参见《马克思恩格斯全集》第四十二卷，人民出版社，1979，第126页。
② 参见刘同舫《马克思人类解放理论的叙事结构及实现方式》，《中国社会科学》2012年第8期，第112页。

第六章 马克思机器论的当代旨归

马克思所要批判的并不是机器本身，而是机器的资本主义应用。在马克思的语境中，机器不仅不应该被批判，反而应该是促进人类社会生产力发展的重要元素，是生成新的人类社会生产关系的重要因素。迄今为止的机器发展历史同样表明，机器的历史发展"繁殖"的不仅仅是人的某些肢体、器官的功能，它还试图"繁殖"出人的系统功能以及人所创造的生产关系。工业革命以来，人们将不同的设备组合起来，使不同机器的组装成为可能，这背后的原理使得构建复杂的自动机器成为可能，这些自动机器越来越有能力进行出色的人类活动。当代人工智能的迅猛发展，再次展现出这种机器"繁殖"的强大生命力，展现出机器在人类社会生产力历史发展与人类社会生产关系历史变迁中的重要作用。这种机器的发展历史使我们看到，机器并不是由机器进化而来，而是活体生理学的一种人工发展。曾有哲学家认为，我们每个人都是一台完美的机器。在今天，人工智能的发展使我们看到了这种古老哲学观念的当代镜像，即机器不仅是一种生产工具，更是另一个我的现实存在，是人类社会生产力和生产关系的显性推动者。我们需要考虑的不是是否抛弃机器，而是现在和未来如何与机器和谐相处，并利用机器发展人类社会的生产力和生产关系，推进人类实现全面解放的社会历史进程。

一 机器与生产力的进步

"生产力"不仅是马克思文本中的核心范畴，同时也是与马克思同时代的经济学家、哲学家所讨论的重要概念。在与马克思同时代的许多政治经济学家那里，生产力主要指的是个人的一种生产劳动能力，而在马克思那里，生产力已经发展为具有社会历史性的哲学范畴。马克思明确地认为，工人的生产劳动技能、科技发展水平及应用程度、生产劳动资料的规模和效能、自然条件等都是影响劳动生产力的重要因素。① 劳动生产力的提高，与蕴含在商品中的劳动价值成反比。如果某种劳动产品有更多的劳动价值量，似乎就应该凝结更多的生产劳动时间。然而，现实的人类社会生产却总是试图提高生产劳动效率，也就是总是试图减少生产某种产品的社会必要劳动时间。马克思发现，生产劳动效率与生产劳动产品所蕴含的价值量之间存在着特定的协变关系，即在其他因素不变的情况下，提高生产劳动效率，就会缩短生产这种劳动产品的社会必要劳动时间，从而降低蕴含在这种生产劳动产品内的价值量。② 从个体性的产品生产来看，可能并不一定具有提高生产劳动效率的内在动机，但从整个社会生产来看，提高生产劳动效率的这种动机却并不一定不存在。如果生产某种产品的劳动过程已经具备了变革生产劳动力的现实条件，社会生产力就会发生新的历史改变，资本主义机器生产就是这样诞生的。

马克思意识到，"在资本主义生产中，发展劳动生产力的目的，是为了缩短工人必须为自己劳动的工作日部分，以此来延长工人能够无偿地为资本家劳动的工作日的另一部分"③。资本家这种生产劳动目的的客观存在，为生产力的提高创造了主观条件。但是，仅仅有提高生产力的主观条件是不够的，还需要具备提高生产力的客观条件。从客观的方面看，在以往的社会生产中，人们的社会生产总是受到特定的自然条件的限制，导致个体的生产劳动必然具有极限。为了摆脱这种个人生产所必然具有的自然极限，人类的社会生产就必须将更多的个人生产劳动集合起来，这就是从手工作坊到机器生产最初的客观逻辑。马克思发现，把各种个体性生产劳动集合起来所产生的生产效果，超越了以往单个人生产劳动的既有效果。这种集体的生产力，实现了个人生产力与社会生产力的同步提升和改善，大大加速了社会历史的现实发展。④ 由于提高生产劳动的机械力，人类生产劳动的空间也得以扩大。在短时间内，不同的工人可以同时通过社会性协作而生产同一种产品的不同部分。在所有这些情

---

① 参见《马克思恩格斯全集》第二十三卷，人民出版社，1972，第53页。
② 参见《马克思恩格斯全集》第二十三卷，人民出版社，1972，第60页。
③ 《马克思恩格斯全集》第二十三卷，人民出版社，1972，第357页。
④ 参见《马克思恩格斯全集》第二十三卷，人民出版社，1972，第362页。

况下，不同生产劳动的有机结合，就已经从传统的不同的个体生产力，发展为具有社会性的社会生产力或者社会劳动的生产力。① 马克思认为，在资本主义社会中，协作本身表现为一种同单个的独立劳动者或小业主的生产过程相对立的资本主义生产过程的特有形式。②

马克思发现，机器的出现与个体生产劳动的社会化协作具有某种历史与逻辑的一致性。一方面，工场手工业通过手工业活动的自然分解，形成了具有不同生产劳动技能的手工业者；另一方面，工场手工业中的生产劳动工具，也逐渐转变为具有某种特定生产职能的生产劳动工具。这种局部的工人和生产劳动工具可以提高生产劳动效率，却无法生产出共同的劳动产品。现在，他们需要集合起来一起生产。最初的资本就已经具有这种将生产劳动工人和生产劳动资料集合起来一起生产的社会功能，它将工人和生产劳动资料集聚到一个工厂内，并按这种生产所需要的质和量的比例组织整个社会的生产劳动，这样就形成了新的社会生产劳动形式和社会生产力。③

随着机器的出现，将具有不同生产劳动技能的工人聚集在一起进行集体协作式的生产劳动只是一种技术上的现实。在此之前，工人的生产劳动都还是个体性的，他们自己控制着生产工具，进行各种局部的或者总体的生产劳动。在此之后，工人的生产劳动成为某种产品的生产劳动过程中的一个部分。机器不仅具有将以往各种不同专门化生产工具集合起来的现实作用，还具有将不同工人集合起来共同协作生产某种劳动产品的社会功能。马克思区分了手工业时期的协作与资本主义生产协作的不同，这种不同最根本的是，在资本主义机器生产之前，工人的生产劳动协作并不受具有社会性的统摄性力量的控制，而在资本主义机器生产中，工人的局部性的生产劳动协作和机器一起被资本所购买，并成为资本控制的对象。在工场手工业中，工人是利用生产工具通过生产劳动生产某个产品，工人表现为活的生产劳动主体；而在资本主义的机器工厂中，工人被当作活的附属物并入死的生产机构之中。④ 这样一来，原来

---

① 参见《马克思恩格斯全集》第二十三卷，人民出版社，1972，第366页。
② 参见《马克思恩格斯全集》第二十三卷，人民出版社，1972，第372页。
③ 参见《马克思恩格斯全集》第二十三卷，人民出版社，1972，第403页。
④ 参见《马克思恩格斯全集》第二十三卷，人民出版社，1972，第463页。

创造社会财富的全部工人劳动都最终被资本所吸纳和控制。

资本主义机器生产究竟是如何提高生产力、如何产生更多社会财富的？与马克思同时代的许多经济学家并不是很清楚这些问题的答案。蒲鲁东对机器生产的困惑，便是当时更广泛的政治经济学家对机器生产的困惑，他们并不清楚机器的资本主义应用对人类社会所产生的深刻影响，而只是看到机器给资本家带来的巨额财富要比以往任何生产方式所带来的财富还要多，至于为什么机器生产能够带来更多的社会财富，他们并不清楚。蒲鲁东认为，社会上日新月异的机器的不断出现只是分工的反题，正是因为这种反题的出现，社会财富的生产才变得更加容易，才能生产出更多的社会财富。在蒲鲁东看来，所谓机器，就是把社会分工后彼此分开的劳动又重新联结起来的一种特殊方式，每一台机器都可以看作以往若干个体性生产劳动的组合，机器在这里集合了以往劳动者的生产劳动，并使之以机器生产的方式得以复原，① 正是这种特殊的联结方式使得机器生产要比以往的手工生产的劳动效率更高，所创造的社会财富更多。

蒲鲁东还注意到，这种集合性的机器生产已经对以往的人类社会生产关系产生了影响。蒲鲁东认为，机器的广泛应用改变了生产劳动者原有的社会地位，在政治经济学中同社会生产劳动分工相对立的机器，把权力原理带入了社会生产劳动领域。此时的劳动者不再是主人，而是从属于机器或工厂的主人，劳动者从手艺人的地位下降到了小工的地位。② 在蒲鲁东那里，工人的贫穷并不是源自其他原因，而正是源于机器和现代工厂的出现，源于早在世界存在的初期就已经存在的"社会分工"。蒲鲁东不知道，现代社会生产劳动的分工只是在竞争处于统治地位的现代工业社会中才形成的。

马克思并不同意蒲鲁东等人的观点。在马克思看来，蒲鲁东完全颠倒了社会分工与机器生产的历史与逻辑，不是社会分工被机器生产集合起来，而恰恰是劳动者被集合在一个作坊是社会分工发展的前提。马克思说，无论是在 16 世纪还是 17 世纪，我们都找不出任何一个实例能够

---

① 参见《马克思恩格斯全集》第四卷，人民出版社，1958，第 164 页。
② 参见《马克思恩格斯全集》第四卷，人民出版社，1958，第 164 页。

说明同一种生产劳动彼此分开的各部门已经发展到完全可以被集合到同一个生产场所，形成现代的手工作坊。与此相反的恰恰是，只要生产者和生产工具被集合到同一个生产场所，行会制度下曾经有过的社会分工就必然再度出现在作坊内部。机器并不是从来就有的，而是有着自己的发展历史，真正的机器只是18世纪末才出现。[①] 这种机器，不是生产劳动者各种操作的组合，而是劳动工具的结合。

机器的发展历程是由简单的工具发展到复合的工具，复合的工具获得了新的发动机后就演变出了机器，并由此发展出有一个发动机的机器体系和有自动发动机的机器体系。[②] 马克思认为，生产工具的集聚和社会生产劳动分工彼此不可分割，正如政治领域内权力的集中和私人利益的差别不能分离一样，生产劳动工具的集聚不是社会生产劳动分工的反题，不是对社会生产劳动分工的否定，而恰恰促进了社会生产劳动分工的进一步发展。正是因为这样，机械方面的每一次重大发明都会使社会生产劳动的分工进一步发展，而每一次社会分工的加剧，同样也会引起机械方面的新发明，促进机器生产的进一步发展。在马克思看来，蒲鲁东把机器看作社会分工的反题，看作使分散了的劳动重归统一的合题，只是荒谬至极的想法而已。[③]

对于马克思来说，物质财富的急剧增加是机器生产增强生产系统净生产力最为直接的表现，原有的价值评价体系可能已经成为一种过时的评价制度。马克思意识到，机器生产所带来的社会生产劳动分工，并不仅仅影响到当地的生产方式，还将基于机器生产的社会生产劳动分工扩展到了全世界，形成了世界性的社会分工，从而促进了生产劳动产品的国际交换和新的国家分工。在这种背景下，现代工厂主就比以往任何时候都更加需要机器。关于机器的科学技术也就得到了前所未有的发展，进而促进了整个社会的生产力和生产关系的发展。马克思意识到，资本家所获得的社会财富，虽然并不一定是他自己直接剥削工人生产劳动的产物，却仍然是社会生产劳动的产物。马克思说："生产力的这种发展，归根到底总是来源于发挥着作用的劳动的社会性质，来源于社会内部的

---

① 参见《马克思恩格斯全集》第四卷，人民出版社，1958，第168页。
② 参见《马克思恩格斯全集》第四卷，人民出版社，1958，第168页。
③ 参见《马克思恩格斯全集》第四卷，人民出版社，1958，第168页。

分工，来源于智力劳动特别是自然科学的发展。"① 只有科学的发展才是最坚实的财富形式，包括其产品和生产者，足以瓦解已经陈旧的封建社会。

马克思认为，当时的经济学家仅仅把封建地主阶级建立的封建制度视为人为的，而把资产阶级建立的资本主义制度视为天然而永恒的，这是非常奇怪的。在马克思看来，当时的经济学家之所以说现存的资产阶级生产关系是天然的，只不过是想以此说明，这些关系正是使生产财富和发展生产力得以按照自然规律进行的那些关系罢了。② 为了保证文明的果实不被剥夺，新兴的资产阶级必须粉碎生产力中的那些传统形式。他们拼命地维护自己，用人类生产劳动的标准来衡量所有的物质财富。他们甚至幻想如果科学技术足够发达，就可以完全替代人类生产劳动并使人类劳动消失。也正是如此，机器与有关机器的科学技术以及机器应用在资本主义制度下获得了前所未有的迅猛发展。

自从人类社会进入资本主义社会以来，机器生产的确得到了迅猛发展。今天的人类社会不仅已经非常熟悉各种利用机器进行生产的社会场景，而且已经熟悉利用机器制造机器、机器自动化生产等一系列新的机器生产的历史性进步。如果追溯机器生产的全部历史，人们也会像马克思一样意识到某一特定的机器的前身是手工制造的。马克思在追溯了机器的历史发展后说，第一批机器是在工场手工业条件下用手工劳动制成的。从机器到机器生产同样经过了一个历史过程，这个历史过程包括蒸汽动力的发明，以及蒸汽动力的应用等。另外，生产一系列后来发明的工作机，以及哲学仪器，是需要机器的。第一批蒸汽机是用工场手工业和手工业方法制造的。用同样的方法制造的还有第一批用蒸汽机推动的纺纱机、织布机和磨粉机等。③"第一，机器的应用，不论是代替了手工业生产（例如在纺纱业方面），从而首先使某种工业部门受资本主义生产方式的支配，还是使从前只是以分工为基础的某种工场手工业发生革命（如象在机器制造厂中那样），最后，也不论是用更完善的机器把以前的机器排挤掉，还是将机器的应用推广到某一个工厂中以前未采用机

---

① 《马克思恩格斯全集》第二十五卷，人民出版社，1974，第97页。
② 参见《马克思恩格斯全集》第四卷，人民出版社，1958，第153～154页。
③ 参见《马克思恩格斯全集》第四十七卷，人民出版社，1979，第450页。

器的局部操作上,——在所有这些情况下,正如上面所指出的,机器的应用,使暂时还受旧生产方式支配的工人的必要劳动时间延长了,也使他们的总工作日延长了。但是,另一方面,机器的应用,却使最初采用机器的工厂中的必要劳动时间相对地缩短了。"① 这就是资本主义机器生产的秘密,即机器生产不仅改进了劳动产品的质量,还大大提高了整个社会的生产劳动效率。机器生产打破了文艺复兴以来人所具有的崇高地位,这种崇高地位开始被机器所侵占,机器似乎变得比人更具有价值。

马克思试图提醒我们,资本主义机器生产所创造的社会财富,并不仅仅来源于工厂的机器本身,而是死劳动与活劳动的结合。马克思认为,机器只不过是凝结以往人类劳动的"死劳动"的现实载体。仅仅有机器,并不能增加任何新的社会财富,能够增加财富的依然是工人的生产劳动。机器看起来是独立的、不依赖于人的劳动的,但实际上依然只是工人以往生产劳动的历史产物,并与新的工人生产劳动一起参与到资本主义机器生产中,从而创造出更多的社会财富。机器仅在表面上消除了沉重的活劳动,实际上机器不过是创造出同这种劳动的旧形式并存的新形式。无论是机器直接完成的生产劳动,还是机器可能完成的生产劳动,自始至终都包含着人类的生产劳动。② 既然资本主义机器生产既包含着以往的人类生产劳动,又包含着新的人类生产劳动,且二者都是来源于工人的生产劳动,那么资本主义机器生产又如何可能比以往的生产劳动增加更多的价值?

马克思意识到,机器生产使资本增殖效率和生产劳动效率都在同步提高,这种生产劳动效率和资本增殖效率的提高,是资本主义社会生产力得以迅速提高的催化剂。马克思用机器生产1码麻布和不采用机器生产1码麻布的例子来说明这一点。马克思认为,采用机器生产1码麻布所包含的活的劳动量,要比不采用机器生产1码麻布所包含的活的劳动量要少,但是,并不能因此就得出结论说:以前生产1码麻布,现在用机器生产1000码。由于采用了机器生产,每1码麻布变得更便宜了,但1000码麻布比过去1码所使用的辅助劳动增加到1000倍。③ 增加的这

---

① 《马克思恩格斯全集》第四十七卷,人民出版社,1979,第372页。
② 参见《马克思恩格斯全集》第四十七卷,人民出版社,1979,第568页。
③ 参见《马克思恩格斯全集》第四十七卷,人民出版社,1979,第569页。

1000倍,不来自任何地方,只能是来自工人的生产劳动。资本主义机器生产增加社会财富的根本原因之一就是,机器生产提高了生产劳动效率,迫使工人以新的形式增加劳动量,而不是表面上看起来的那样减轻工人的劳动量。

面对资本主义机器生产中机器具有较大的贡献而劳动力仅仅具有较小贡献但又产生巨额财富的表象,马克思基于李嘉图的分析认为,在现代工业中,人类第一次成功地使他过去的生产劳动成果像大自然的力量一样,大规模地、无偿地生产出来。① 马克思批判了当时的部分经济学家对人的生产劳动价值的贬低。对于马克思来说,人与机器具有某种力量上的连续性,在物质和功能上具有某种一致性,这一共性使得人与机器具有某种相互调节和替代的能力。在马克思对机器历史谱系的论述中,机器只不过是过去人类活劳动凝结而成的死劳动。机器并不是天然的,而是人类生产劳动的历史产物。马克思认为,机器生产所用到的风、水等自然力不是人类生产劳动的历史产物,不具有价值,但机器具有价值。

在资本主义机器生产中,机器以不变资本的形式进入生产领域,并发挥其价值转移的作用。② 马克思把机器在资本主义生产中的作用确定为固定资本的一种表现形式。正是借助机器这种固定资本,人类才第一次大规模现实地占有并利用自然力,创造出比以前多得多的社会财富。由于自然力本身没有价值,所以,它并不进入生产劳动产品的价值形成过程。但是,因为机器的存在,它会使人类的生产劳动具有更强的生产能力,从而提高生产劳动效率。马克思认为,越是大规模地应用机器,越会形成工人相应的集结,越是大规模地应用自然力,就越是能提高这个地方的生产能力。③ 这样一来,人在机器生产中的作用就不再仅仅是进行各种体力劳动,而是更多地发挥自身的创造力,更多的是通过脑力劳动参与到各种机器生产中。

马克思意识到,资本主义机器生产的出现是一场深刻的生产力革命。革命的第一个方面是风、水等自然力从自然界天然的力量迅速转变为社会性的力量、转变为社会生产劳动的力量,并被资本所吸纳、

---

① 参见《马克思恩格斯全集》第二十三卷,人民出版社,1972,第425页。
② 参见《马克思恩格斯全集》第四十七卷,人民出版社,1979,第364页。
③ 参见《马克思恩格斯全集》第四十七卷,人民出版社,1979,第570页。

利用和占有。革命的第二个方面是机器成为资本主义生产投入的显性表现，而工人生产劳动的重要性被降低，资本家可以以更加低廉的价格购买到更加优质的劳动力。革命的第三个方面是资本家找到了更快更好地获得社会财富的新路径，那就是利用科学技术提高生产劳动效率，而不是利用以往生产劳动中所经常利用的体力劳动。马克思发现，在资本主义机器生产中，一方面，资本主义机器生产产生了科学进步的历史需求，并促使更多新的发明和新的生产方法被开发出来，并很快应用到资本主义生产实践中；另一方面，资本主义机器生产对新的科学技术的应用，又促使科学技术获得了新的发展的可能。马克思说："资本不创造科学，但是它为了生产过程的需要，利用科学，占有科学。"[①] 这样一来，资本对人的生产劳动成果的占有，占有的就不再仅仅是肉眼可见的体力劳动，而更多的是看不见的脑力劳动。马克思说，在追求资本增殖的逻辑驱动下，科学成为资本增殖的手段，同时也成为一部分社会成员的致富手段，这样一来，科学研究也成为一种新的具有竞争性的特殊职业。科学技术也因此第一次被有意识和广泛地发展、应用并体现在人们的各种现实生活之中，[②] 人类的生产劳动技能也以新的、隐性的方式进入了资本主义机器生产，并转移到各种机器生产的劳动产品中，这在以前是根本不可想象的。

  随着19世纪生产力的进一步发展，机器已经可以自己生产自己。马克思试图用更为客观的方式来阐明这种生产力的历史性变革。在马克思看来，机器是人类生产劳动资料最新的物质存在方式，是利用自然力和劳动力的现代物质性中介。因为机器的出现，资本主义社会建立了以前的生产劳动没有的现代机器工厂。在以往的手工业生产中，每一件劳动产品的生产更多的是主观的生产；而在现代的机器生产中，不仅其整个生产集体是以客观的物质体而出现在工人面前，而且工人对每一件劳动产品的生产，都需要根据机器生产的客观步骤来完成。因此，机器生产的整个劳动过程相对于以往的生产劳动过程其性质已经改变，现在的生产劳动已经成为由生产劳动资料本身的性质所决定的技术上的必要了。[③]

[①] 《马克思恩格斯全集》第四十七卷，人民出版社，1979，第570页。
[②] 参见《马克思恩格斯全集》第四十七卷，人民出版社，1979，第572页。
[③] 参见《马克思恩格斯全集》第二十三卷，人民出版社，1972，第423页。

马克思总是用"客观化"来指明这种机器生产的新特性,即人类开始作为一个整体的普遍的集体生产,而不是任何个人的生产而存在。

客观化社会生产的生产目标并不应该是造福某个阶级或者某个社会群体,而应该是造福全人类,它所创造的社会财富不应该被某一部分人所占有。但是,在资本主义机器生产中,机器的特征表现为"主人的机器",机器的职能体现为生产过程中主人的职能,即使是这些机器和生产方法中所蕴含的科学技术,也只不过是为"主人"的利益而服务。① 马克思发现了资本主义机器生产中某种客观性集体生产,与主观性个人占有之间的内在矛盾,即客观性的集体生产相对于整个人类社会发展而言是有益的,但生产资料的私有制所导致的个人占有又在工人身上表现为一种异己的、敌对的力量。科学的合理应用,是要服务于人类社会的生产力发展,服务于人自由而全面的发展,而不是剥夺工人的生产劳动成果。如果使用机器的目的,仅仅是使劳动贬值并且用非熟练劳动排挤熟练劳动,那么这种生产力内部的矛盾就会不可避免地爆发出来。

马克思希望机器不是进一步加重工人生产劳动程度的新工具,而应该是更进一步发展社会生产力,进而促进每个人自由而全面发展的重要工具。在马克思看来,人类社会的历史发展不是要放弃劳动,而是要发展并合理利用人的生产能力,从而使人的生产劳动为人自由而全面的发展服务。每个人自由而全面发展的自然权利与整个社会生产力的发展并不应该是对立的,而应该是相辅相成的。资本主义机器生产同样有可能为社会创造更多的自由时间,从而使人获得自由而全面的发展。马克思在《我自己的笔记本的提要》中论述固定资本发展的意义时写出了这样的等式,即"真正的节约(经济)= 劳动时间的节约 = 生产力的发展。自由时间和劳动时间之间对立的扬弃"②。在劳动强度和劳动生产力已定的情况下,生产劳动产品的社会性分配越是平均,越有可能把原来受到剥削的社会阶层解放出来,越是有可能让他们获得更多的自我发展的空间和时间。③ 在马克思看来,机器生产已经蕴含着实现人自由而全面发

---

① 参见《马克思恩格斯全集》第四十七卷,人民出版社,1979,第571页。
② 《马克思恩格斯全集》第四十六卷下册,人民出版社,1980,第533页。
③ 参见《马克思恩格斯全集》第二十三卷,人民出版社,1972,第579页。

展的能力。之所以在资本主义机器生产中人们还没有看到机器生产所带来的自由时间对每个人自由而全面发展的实际效用，是因为在资本主义社会中，工人生产劳动从机器生产中获得的自由时间被资产阶级所占有了，而资产阶级获得自由时间则是由于工人将全部生活时间都转化为生产劳动时间。工人阶级要实现自由而全面的发展，不是要放弃机器，而是要在发展生产力的同时争取更多的自由时间，这才是人的生产劳动与整个社会生产力发展之间的良性循环，是人的生产劳动与人、社会自由而全面发展这一内在目标一致性的现实体现。

机器生产快速提高社会生产能力的另一个原因是，机器生产促进了人类社会的日常消费。马克思发现了机器生产与社会消费之间的内在逻辑。在马克思看来，消费本身就是一种社会生产力。马克思说，无论社会生产的过程表现为什么样的具体形式，整个社会生产都必须毫不间断地经过一个又一个发展阶段，不断延续下来。① 一个社会的消费不会停止，生产也不会停止，生产与消费之间具有必然的内在相互作用。在资本主义机器生产中，采用机器生产的直接结果是增加了资本家所能够占有的剩余价值，也增加了这些剩余价值的产品量，从而也增加人们对各种产品的消费。这种消费进一步促进了社会生产力的发展，促进了社会生产劳动分工的进一步发展，新的生产部门和生产劳动领域也因此而诞生，并孕育和表现出新的工业革命迹象，② 整个社会的生产力也就得到了进一步的提高。

马克思还发现，在各种不同的社会经济形态中，生产和消费都会累进增加，转化为生产资料的产品也会累进增加，这种累进增加在资本主义机器生产中表现为资本家的资本积累，表现为资本家对各种机器生产所产生的剩余价值的无偿占有。③ 随着社会生产力的提高，体现一定量价值从而体现一定量剩余价值的产品量也会增加，整个社会的消费也将因此进一步增加，并进一步刺激整个社会生产出更多的商品。这种机器生产与社会消费之间的相互作用逻辑，不仅教会资本家充分利用机器生产获得更多的剩余价值，也教会了资本家把生产过程和消

---

① 参见《马克思恩格斯全集》第二十三卷，人民出版社，1972，第621页。
② 参见《马克思恩格斯全集》第二十三卷，人民出版社，1972，第488页。
③ 参见《马克思恩格斯全集》第二十三卷，人民出版社，1972，第656页。

费过程中的废料投入再生产过程的循环中去，创造出新的资本材料，从而进一步提高整个社会的生产效率，并表现为社会生产能力新一轮的提高。

马克思意识到，随着资本主义机器生产的发展，资本主义社会已经形成了自己的生产力发展规律。马克思说，一定的资本主义生产劳动方式决定了资本有机构成的不同变化。社会资本的增长、工人人数的增加、劳动生产力的提高，都会带来更多的社会财富，并增强资本对工人的排斥与吸纳，资本的有机构成和资本的技术表现形式也会因此而不断发生变化，并将这些变化扩散到社会生产的每一个部门和每一个角落，这一发展规律是资本主义机器生产力发展规律的重要内容。[1] 资本积累以及随着资本积累而来的劳动生产力的发展带来了资本的扩张，这不仅仅是因为资本主义机器生产执行了资本运行的基本职能，也不仅仅是因为社会对资本增殖的信用预期，还因为不断改良的机器与其他生产劳动资料的结合，能够更快地生产出更多的剩余价值，并有可能将这种剩余价值投入新的生产中，帮助资本家加速扩大生产规模，进而加速资本的扩张，[2] 从而为更高效率的社会生产提供新的历史条件。

资本主义生产方式和劳动生产力的历史发展，既是资本家完成资本积累的结果，又是资本家完成资本积累的原因。[3] 越是提高社会生产力，资本越是需要更多的生产劳动资料和劳动力，越是需要进行更多更快的社会生产，工人所要承受的生产劳动压力也就越大。一旦工人识破资本主义机器生产的秘密，生产力水平越高，他们就越是连充当资本增殖手段的职能都没有保障。一旦工人试图通过联合等各种方式来消除或者削弱资本主义生产规律的控制，资本主义机器生产可能就难以为继。[4] 在马克思看来，资本主义机器生产当然具有推动生产力发展的历史性作用。但同时，资本主义机器生产也具有其内在的必然矛盾，这种矛盾还会引起生产关系的历史性变革。

---

[1] 参见《马克思恩格斯全集》第二十三卷，人民出版社，1972，第690页。
[2] 参见《马克思恩格斯全集》第二十三卷，人民出版社，1972，第693页。
[3] 参见《马克思恩格斯全集》第二十三卷，人民出版社，1972，第697页。
[4] 参见《马克思恩格斯全集》第二十三卷，人民出版社，1972，第702页。

二 机器时代的生产关系

所谓生产关系,是指人们在社会生产生活实践中所形成的各种社会关系。一般认为,马克思与恩格斯在《德意志意识形态》中第一次阐述了生产力和生产关系最一般的客观规律,即一定的生产力状况产生了一定的生产关系。在《德意志意识形态》中,马克思和恩格斯对生产关系的论述多少还有些模糊,有时候他们用"交往关系",有时候他们用"交往形式"等术语来表达后来所常用的"生产关系"。正是在这个文献中,马克思和恩格斯指出,一定的生产关系是在一定生产力的基础上形成的,并会与特定的生产力相互作用。当生产关系适应生产力的发展时,这种生产关系则会推动生产力发展;当已经生成的生产关系不再适应生产力的发展的时候,生产关系则会阻碍生产力的发展。解决这个矛盾的办法就是创造新的生产关系。

马克思和恩格斯认为,现实的生产关系与生产力并不一定相适应。起初,在一定生产力历史条件基础上产生的生产关系可能适应生产力,但由于生产力的发展,原有的生产关系则可能成为生产力发展的桎梏,这个时候,旧的生产关系就需要用新的生产关系来代替。[1] 现代资本主义国家也一样,它们会采用适合于它们生产力水平的社会制度,重新调整人们的生产关系。当一种新的生产方式出现之后,也就必然需要重新构建新的生产关系。这种新的生产关系的出现,并不是由任何人的主观意志所决定的,而是生产力的发展需要使然。马克思和恩格斯认为,历史上任何冲突的根源都在于生产力与生产关系的内在矛盾。

马克思和恩格斯说:"按照我们的观点,一切历史冲突都根源于生产力和交往形式之间的矛盾。"[2] 在阶级社会中,这种生产力与生产关系之间的矛盾可能表现为思想意识的矛盾,也可能表现为政治斗争,也可能直接地表现为工人罢工等社会冲突等。当生产力与生产关系之间的矛盾已经变得不可调和时,就可能爆发激烈的革命冲突。之所以需要革命,

---

[1] 参见《马克思恩格斯全集》第三卷,人民出版社,1960,第81页。
[2] 《马克思恩格斯全集》第三卷,人民出版社,1960,第83页。

不仅是因为没有其他任何办法能够推翻统治阶级所主导的生产关系，而且还因为只有通过革命推翻原来的统治阶级才能清除掉束缚生产力发展的东西，才能为新的社会发展开辟道路，从而促进生产力的进一步发展。革命的任务并不是要将人类社会历史推倒重来，而是要在原有生产力的基础上，构建和发展能够适应并促进生产力发展的新的生产关系。

在马克思和恩格斯看来，任何时代的生产力发展都受制于现实的物质生产条件，受制于各种历史遗留下来的现实环境，他们在前一代人所创造的历史环境中才能获得进一步的发展。因此，每一代一方面继承和发展了前人所创造的生产力；另一方面又在发展后的生产力基础上改变着现实的生产活动条件，改变着既有的生产关系。[1] 人类社会历史的改变，既是生产力的改变，也是生产关系的改变；既是某个个人历史的改变，也是整个世界历史的改变；既是个人意识的改变，也是整个社会意识的改变；既是人们物质生产的改变，也是人们社会精神生产的改变。某一地方创造出来的生产力在往后的发展中是否得以传承，取决于人们随后所进行的社会交往，以及由此而构成的社会生产关系。

马克思和恩格斯认为，机器生产不仅改变了人类社会的生产方式，极大地促进了人类社会生产力的发展，而且还促使人们建立新的生产关系。即使是最原始的机器联系在一起的生产劳动，很快就显出它是最有发展能力的，这种机器生产很快就孕育出不同于以往工场手工业的生产关系。过去的农民可能是为了自己的穿衣需求而顺便从事织布业，现在他们是为了自己和别人所必需的衣着，是为了资本增殖的需要而从事织布业。所有这一切建立在新的生产方式上的生产关系又推动了织布业在数量和质量上的发展，最终使它获得了新的生产劳动形式。现在的织布工所生产的布匹不仅仅供自己使用，还可能远销到世界上任何一个有需要的地方。[2] 这样一来，一种基于全世界的生产关系就逐渐建立起来。马克思和恩格斯发现，从工场手工业开始就已经动员了大量自然形成的资本，并且逐渐增加了活动资本的数量。随着工场手工业的产生，工人和雇主的关系发生了深刻的变化。在封建行会中所建立的帮工与师傅之

---

[1] 参见《马克思恩格斯全集》第三卷，人民出版社，1960，第51页。
[2] 参见《马克思恩格斯全集》第三卷，人民出版社，1960，第62页。

间的宗法关系,逐渐被工场手工业中工人与资本家之间的金钱关系所取代。美洲和东印度航路的发现扩大了世界上不同地区人们的世界性交往,从而促使工场手工业和整个社会生产有了巨大的发展,并加速了各种资本的现实积累。① 在工场手工业的巨大发展中,新生的资产阶级则应运而生。机器生产不仅加速了资本主义生产方式的世界性扩张,而且加速了资产阶级的成长。马克思和恩格斯说,在17世纪,商业和工场手工业的迅猛发展,既造就了像英国这样商业和工场手工业相对集中的国家,也创造了商业和工场手工业的世界性需求,这种生产力的现实需求引起了社会生产力的巨大变革,产生了机器大工业,并引起了整个社会最为广泛的社会分工。②

资本主义机器生产所出现的社会分工,迅速改变了旧有的社会生产关系。恩格斯意识到,当蒸汽机和新的工具机把工场手工业变成现代的机器大工业,整个社会的生产力和生产关系就发生了革命性的改变。整个社会结构开始越来越快速地分化为大资本家和无产者,在此之间的是不稳定的手工业者和小商人群众,他们很快成为最具流动性的人群。即使是在这种革命性变革的最初,机器生产就已经惊人地改变了建立在以往生产方式基础上的社会生产关系。一切传统的约束、宗法制从属关系、家庭关系都解体了。③ 当纺纱机、机动织布机和蒸汽锤逐渐代替了纺车、手工织布机和手工锻锤,成百上千的人在同一个工厂进行协作生产也代替了过去的小作坊。④ 与这种生产方式一同诞生的是,个体性的生产劳动也逐渐变成多个人协同生产的社会生产劳动,其产品也将不再是某个人的产品,而是大家共同生产的产品。现在,通过机器工厂生产出来的纱、布、金属制品,都是许多工人共同生产的产品,都必须顺次经过他们的手然后才变成成品。⑤ 在《德意志意识形态》中,马克思和恩格斯说,机器大工业通过普遍的竞争迫使所有人极度紧张起来,不仅创造了新的社会生产劳动分工,还把原来具有自然性质的生产劳动关系,转变

---

① 参见《马克思恩格斯全集》第三卷,人民出版社,1960,第64页。
② 参见《马克思恩格斯全集》第三卷,人民出版社,1960,第67页。
③ 参见《马克思恩格斯全集》第二十卷,人民出版社,1971,第285~286页。
④ 参见《马克思恩格斯全集》第二十卷,人民出版社,1971,第294页。
⑤ 参见《马克思恩格斯全集》第二十卷,人民出版社,1971,第294页。

成了具有竞争性的雇佣劳动关系。"凡是它所渗入的地方，它就破坏了手工业和工业的一切旧阶段。"① 马克思和恩格斯认为，在这个新的历史阶段，新兴的资产阶级用赤裸裸的金钱关系，替代了以往的家庭亲情关系，替代了封建社会曾经起积极作用的依附于长辈而建立的各种生产关系。②

机器生产的历史发展使整个人类社会建立了一种与以往不同的社会生产关系。在这种生产关系中，整个社会分裂为两大敌对的阵营，即分裂为资产阶级和无产阶级这两大根本对立的阶级。③ 占统治地位的是那些已经成长起来的资产阶级，备受奴役的是那些只有自身劳动力的无产阶级。在这些新生的资产阶级和无产阶级之间，所形成的已经不是过去师傅与帮工的生产关系，而是雇佣与被雇佣的社会生产关系。马克思和恩格斯说，资本主义生产方式的确立，已经改变了原来医生、律师、诗人等不同职业的性质，现在他们通通转变为了资本的雇佣劳动力，资本主义生产方式还将原来的亲情关系变成了赤裸裸的金钱关系。④

资产阶级用货币购买了无产阶级的劳动力，然后又用无产阶级的劳动力进行社会化的资本主义生产，并由此使已经成为资本的货币增殖，进一步巩固了资产阶级的社会地位。他们一天一天地消灭生产资料、财产和改变人口原有的分散状态，并使无数的劳动力在现代机器工厂中聚集起来，使生产资料逐渐聚集在仅仅是少部分人的资产阶级手里。这样一来，原先各自独立的不同利益集团也逐渐联合起来，他们成立了拥有统一的政府、法制、阶级利益的现代资本主义国家。资本主义现代国家与法治的出现进一步巩固了资产阶级的统治地位，并使无产阶级被统治的社会处境恶化。由此我们看到的是，从封建社会孕育并诞生的资本主义生产方式，已经逐渐取代了封建社会旧有的生产关系，取而代之的是自由竞争和与自由竞争相适应的社会政治制度，即资产阶级在经济上和政治上的全面统治。⑤

马克思和恩格斯意识到，由于机器应用范围的扩大和社会生产劳动

---

① 《马克思恩格斯全集》第三卷，人民出版社，1960，第68页。
② 参见《马克思恩格斯全集》第二卷，人民出版社，1957，第468页。
③ 参见《马克思恩格斯全集》第四卷，人民出版社，1958，第466页。
④ 参见《马克思恩格斯全集》第四卷，人民出版社，1958，第468~469页。
⑤ 参见《马克思恩格斯全集》第四卷，人民出版社，1958，第471页。

分工的细化,"无产者的劳动已经失去了任何独立的性质"[①]。工人已经从过去从事独立自主生产劳动的劳动者,转变为机器生产中简单的附属品。现在的工人所承担的工作已经不再是过去那些需要经过长期训练而富含生产劳动技能的生产劳动,而是一些极其简单的、极其单调和极易学会的机械式操作。机器的应用范围越广泛,社会生产劳动分工越细,工人在这种机器生产中的劳动量也就越增加,[②] 从事这种生产劳动所获得的工资也就越低。工人原来所具有的生产劳动技能已经贬值。现代资本主义机器生产越是发达,原来具有熟练生产劳动技能的男性工人越是感受到女性和童工劳动力的排挤。这种女性劳动力和儿童劳动力替代男性劳动力的社会变革,立即变成了资本家加速获得资本增殖的一种手段,变成了整个资本主义生产的一种手段。

马克思发现,资本主义机器生产还从根本上改变了工人和资本家之间的契约关系。当一部分人成为可以自由买卖的劳动力之后,资本家可以利用资本购买未成年人或者半成年人的劳动力,从前还可以自由出卖自己劳动力的工人,现在他需要被迫出卖自己妻子儿女的劳动力。[③] 这意味着工人的社会地位已经发生了彻底的改变。现在,处于资本主义机器生产中的工人,已经从完全独立的生产劳动者,转变为资本统治下仅仅服务于资本增殖的生产劳动者。在这种资本主义机器生产劳动中,他们只有依据资本主义机器生产的节奏被迫出卖自己或妻子儿女劳动力的权利,而已经没有从事任何自主生产的权利。

工人在资本主义机器生产中对机器与资本的依附,彻底改变了工人与资本家旧有的平等关系,进而形成的是资本家与工人之间剥削与被剥削的社会生产关系。以前,工人依靠自己的生产劳动资料和劳动力从事各种生产劳动并生产出所需要的产品,此时工人可以完全占有自己所生产的产品;而现在,工人成为资本主义机器生产的一部分,他们需要与资本家所购买的机器一起参与生产劳动,从而生产相应的产品。在这种生产中,机器和原材料都属于资本家,而工人的生产劳动力同样被资本家所购买,这样生产出来的产品已经不可能被工人自己所占有,而只能

---

① 《马克思恩格斯全集》第四卷,人民出版社,1958,第 473 页。
② 参见《马克思恩格斯全集》第四卷,人民出版社,1958,第 473 页。
③ 参见《马克思恩格斯全集》第二十三卷,人民出版社,1972,第 434 页。

被资本家所占有，这为资本家无偿占有工人的生产劳动提供了现实的条件。

马克思发现，在资本主义机器生产中，"机器从一开始，在增加人身剥削材料，即扩大资本固有的剥削领域的同时，也提高了剥削程度"[①]。一种剥削方式是马克思所说的绝对剩余价值的生产，即通过延长工人的生产劳动时间来增加资本家无偿占有工人生产劳动的部分价值，提高剥削程度，使用这一种剥削方式并非易事；另一种剥削方式是提高生产劳动效率，提高剥削程度。机器生产因为能够快速提高生产劳动的效率而被资本家所青睐。一方面，机器生产比工人的手工生产劳动效率更高，而使得工人的劳动贬值，资本家因此有了更多的理由为工人支付更低的工资；另一方面，机器生产能够在短时间内生产更多的产品而加速资本的增殖和循环。在这两种情形下，资本家都比以前更有条件无偿占有工人生产劳动产品的部分价值。马克思说，采用机器的直接结果是增加了社会财富，但是这些财富都集聚到了资本家那里，帮助资本家获得了更多的剩余价值，扩大了资本家群体。[②] 社会阶层数量的增加，反过来再一次增加了工人的生存压力和提高了工人被剥削程度。

资本主义机器生产不仅提高了资本家对工人生产劳动的剥削程度，还给工人带来了无尽的身心伤害，加速了无产阶级与资产阶级之间敌对关系的历史演变。马克思说，资本主义机器生产最初还只是使儿童、少年像工人妻子一样，在以机器为基础而产生的工厂内直接接受资本的剥削。[③] 随着资本主义机器生产的发展，他们所受到的剥削范围和强度不断扩大和提升。马克思列举了当时的英格兰资本主义机器生产中儿童和妇女的各种历史调查数据，揭露了资本主义机器对儿童和妇女等工人身心的现实摧残。[④] 马克思认为，高强度的资本主义机器生产对工人身心造成了极大的伤害，甚至一些本来是旨在减轻工人生产劳动的技术革新、限制工作时间等措施也成了折磨人的手段，因为这种资本主义的机器应

---

① 《马克思恩格斯全集》第二十三卷，人民出版社，1972，第434页。
② 参见《马克思恩格斯全集》第二十三卷，人民出版社，1972，第487页。
③ 参见《马克思恩格斯全集》第二十三卷，人民出版社，1972，第436页。
④ 参见《马克思恩格斯全集》第二十三卷，人民出版社，1972，第437页。

用，不是使人摆脱劳动，而是使工人的劳动毫无内容。① 即使是制定了限制工人生产劳动时间的法令，工人的生产劳动也不能得到相应的减轻。资本增殖的驱动总是力图不断提高生产劳动强度，来补偿工人因缩短生产劳动时间而减少的劳动价值量。

马克思对资本主义机器生产进行了极力的批判。马克思说，为了使工人按照资本的意志进行生产劳动，资本主义社会出现了各种工厂法令，试图通过限制工人的生产劳动时间来缓解资本家与工人之间的现实矛盾。但是，一旦强制缩短工人的生产劳动时间，资本家又会强迫工人在同样的时间内消耗更多的劳动力，从而提高工人的生产劳动强度，使得工人的生产劳动更紧密地填满了工人所有可能被生产劳动所利用的时间。在这种情境下，资本逻辑的现实存在，使得工人的生产劳动不仅没有因为采用机器而减轻，反而得到了进一步加强。在马克思看来，工人的生产劳动技能在机器生产中逐渐被机器所替代，并使得工人不再需要习得这种生产劳动技能，工人也就没有必要再去掌握这种生产劳动技能，转而工人所积累的只不过是工人操作机器的生产劳动技能。这样一来，以往具有熟练生产劳动技能的工人逐渐被机器所代替，并受到机器生产的控制。在这些机器工厂中，工人就像士兵一样被编制起来，从事着简单的机械操作。他们不仅是资产阶级的奴隶，还受到机器、监工和各工厂主的奴役。为了降低资本主义机器生产对工人的依赖，资本加速了对机器技术的革新。华莱士（Anthony F. C. Wallace）从技术史的视角呼应了马克思的观点。华莱士说，从克朗普顿时代起，发明家们的目标就是使纺纱机完全自动化，从而把制造商对高技能、高收入、往往独立思考的成年男性纺纱工的依赖降到最低。② 此后在任何引入自动纺纱机的工厂里，最熟练的成年操作员和最不熟练的儿童助手的数量减少了一半。这种技术上的减员迫使大量的工人要么重新回到劳动力市场接受资本以更低廉的价格雇佣，要么学习新的生产劳动技能以适应资本主义机器生产的需要。

马克思揭示了资本主义机器生产已经构建的人机关系的实质。在马

---

① 参见《马克思恩格斯全集》第二十三卷，人民出版社，1972，第463页。
② 参见 A. F. C. Wallace, *Rockdale: The Growth of an American Village in the Early Industrial Revolution*, Nebraska: University of Nebraska Press, 2005, p. 193。

克思看来，资本主义机器生产中的人机关系，已经完全不同于在此之前的人与任何机械工具之间的关系。在以往的生产劳动中，人们是机械工具或者机器的主人。在资本主义机器生产中，人与机器同属于资本的仆役，共同受到资本的控制与支配。当机器生产在部分的职能和效率上超越人所能承受的生产职能和效率时，人要么被迫增加生产劳动强度跟随机器一起劳动，要么被机器所淘汰。马克思意识到，在工场手工业中，工人能够自主地进行生产劳动，此时他的活动由他自己决定。在新式的资本主义机器工厂中，工人自己已经不能自主地决定自己的活动，他只能跟随死的机器的生产节奏而进行各种生产劳动，此时工人只是这个死的生产机构的附属物。[①]"疲劳"成为资本主义机器生产中一个重要的核心范畴。围绕资本增殖的生产成为资本主义机器生产的重要特征，而产品的私人占有则再一次加剧了资本主义机器生产的强度。此时的资本主义机器生产不仅仅是生产产品，而是试图耗尽所有可能的劳动力。就机器本身来说，机器的存在是为了提高生产劳动效率，减轻人类的体力劳动和脑力劳动强度，而机器的资本主义应用却是在不断地提高工人的生产劳动强度。

马克思意识到，在资本主义社会体系内部，资本增殖的逻辑主导了一切提高社会生产力的方法，并转变为统治和剥削生产者的手段，促使工人出现了畸形的发展，使工人成为局部的人、机械的人。在这种资本主义机器生产中，人与机器一样，人被贬为机器的附庸，受到劳动的折磨，失去劳动的内容，并且随着科学并入生产劳动过程之中而被进一步异化。[②]在这里，剩余劳动成为具有决定性的东西。剩余劳动时间完成了对工人精神生活和肉体生活的侵占。工人与资本家之间的矛盾与冲突已经变得不可避免。

马克思说，工人和资本家之间的斗争并不是天生的，而是同资本主义生产方式的演变和资本主义生产关系的改变一起开始的。17世纪就已经开始出现了反对织带子和花边的机器的工人暴动。后来在英国爆发的工人对机器的大规模破坏，都反映出工人对资本主义机器生产的现实反

[①] 参见《马克思恩格斯全集》第二十三卷，人民出版社，1972，第463页。
[②] 参见《马克思恩格斯全集》第二十三卷，人民出版社，1972，第708页。

抗。① 马克思和恩格斯在《共产党宣言》中总结性地论述了工人反对资本主义机器生产的历史运动。这种历史运动首先是个别工人的反抗，然后是一个工厂的工人的反抗，然后是一个地方或者一个部门的工人发起的反抗，他们捣毁机器、焚烧工厂，不仅是为了破坏机器这种与他们相竞争的新式生产劳动资料，更是为了破坏资本主义生产关系，恢复他们已经失去的中世纪工人的地位。②

许多历史学家也记载了19世纪的资本主义机器生产所带来的社会冲突，这些社会冲突一定程度上反映出资本主义机器生产中资产阶级与无产阶级之间阶级矛盾的不可调和性。兰德斯写道，机器生产给资本家带来了巨额的财富。但不幸的是，这种机器生产使当时的英国面临着深刻的社会矛盾。一方面，正如我们所看到的，英国不断提升的劳动力成本激励了资本主义生产继续推进机械化，从而促进了资本主义机器生产的历史发展；但另一方面，机器取代工人的比率也反映了工人工资和工资需求的波动。在很大程度上，纺织制造商断断续续地引进自动纺纱设备和动力织机，实际上是对工人怠工、罢工威胁和管理当局面临的其他威胁做出的应对性反应。③

马克思认为，工人与资本家之间的矛盾与冲突，不仅不会因为部分冲突的短暂结束而结束，而且还会发展成一种具有集体性质的社会阶级冲突。马克思相信，随着机器大工业的发展，资本家为了达到自己追逐剩余价值和资本增殖的目的，不得不继续扩大社会生产，继续加重对工人生产劳动的剥削。这样一来，一方面，原来个别工人与资本家之间的矛盾与冲突就会随着机器的日益改良和广泛应用，演变成工人阶级和资产阶级之间的社会性冲突；另一方面，这种冲突和矛盾也会随着机器的改良和广泛应用逐步加剧。④ 资产阶级为了维护自己阶级的利益会形成自己的阶级同盟，而工人阶级要维护自己的利益也必须结成自己的阶级同盟。否则，工人阶级将只能被迫接受资产阶级的剥削。现代资本主义国家政权的建立，就是资产阶级维护自身利益、巩固资本主义生产关系

---

① 参见《马克思恩格斯全集》第二十三卷，人民出版社，1972，第466~498页。
② 参见《马克思恩格斯全集》第四卷，人民出版社，1958，第474页。
③ 参见 D. S. Landes, *The Unbound Prometheus*, Cambridge: Cambridge Books, 2003, p. 115.
④ 参见《马克思恩格斯全集》第四卷，人民出版社，1958，第475页。

的重要一环。

甚至资产阶级在经济基础上的每一次进步都会有一些新的政治上的收获。在封建时期，资产阶级还是一个被压迫的阶级，而在工场手工业时期就已经形成了能够与封建地主阶级相抗衡的力量。到了机器大工业时期，资产阶级已经建立了新的国家政权来维护自己的阶级利益。马克思和恩格斯在《共产党宣言》中说，现代资本主义国家政权，只不过是管理整个资产阶级共同事务的委员会罢了。① 在马克思和恩格斯看来，现代资本主义机器生产所导致的资本家对工人生产劳动的剥削，无论是在英国还是在法国或者其他任何国家，其本质都是一样的，都使无产阶级失去了任何可能的民族性。现在，资本主义机器生产已经使得工人阶级与资产阶级的矛盾与冲突，发展成为整个人类社会共同面临的社会历史问题，成为全人类共同面临的重大理论与现实问题。只要这些资本主义国家政权还存在，资本家对工人的剥削就不可能停止，资本家与工人之间的矛盾和冲突就不可能停止。

马克思意识到，解决工人与资本家之间的矛盾与冲突的根本途径，不是砸毁机器，而是建立无产阶级政权，进而改变资本主义社会生产关系。马克思和恩格斯认为，在当时，资本主义的机器应用越是发展，意图破坏机器的工人数量就越多。在资本主义机器生产中，工人的生产劳动力越高，资本家就越有可能获得更多的剩余价值，就更有资本来榨取工人更多的剩余价值，工人们所承受的压力也就会越大，他们的生活也就越困难和越没有保障。② 在资本主义社会中，资产阶级所获得的社会财富，归根到底是来源于社会内部的生产劳动分工，来源于资本家对工人剩余劳动的无偿占有。资本主义机器生产获得多大的发展，同样工人阶级就会发起多少对资产阶级的冲突。伴随着资本主义制度的发展，资本积累的规律同样制约着同资本积累相适应的工人阶级贫困与痛苦的积累。在这种社会境遇中，社会的一极是资产阶级社会财富的积累，同时社会的另一极，即社会财富生产劳动的另一极是工人阶级贫困、受生产劳动折磨、受奴役、无知、粗野和道德堕落的积累。③ 马克思和恩格斯

---

① 参见《马克思恩格斯全集》第四卷，人民出版社，1958，第468页。
② 参见《马克思恩格斯全集》第二十三卷，人民出版社，1972，第707页。
③ 参见《马克思恩格斯全集》第二十三卷，人民出版社，1972，第708页。

说，资本主义机器生产已经使得无产阶级处于现代资本主义社会的最底层，无产阶级如果再不起来奋起反抗，推翻由资产阶级建立的服务于资产阶级利益的各种上层建筑，无产阶级的生存境遇只会变得更加悲惨和难以忍受。[①] 随着资本主义机器生产的发展，工人阶级对资产阶级的革命已经变得不可逆转，这既是由资本家与工人之间的个体利益冲突所决定的，也是由资产阶级与工人阶级整个社会不同阶级利益所决定的。

马克思反复提醒工人阶级，需要把机器与机器的资本主义应用区别开来，当然这可能并不是一个短暂的历史过程。在马克思看来，工人要学会把机器和机器的资本主义应用区别开来，实现从对物质生产资料本身的革命到对物质生产资料的社会使用形式的革命转向，并不是一蹴而就的，而是需要一个历史过程，需要工人阶级在革命实践中不断积累自己的斗争经验。[②] 不过，这并不意味着工人阶级就不可能自我觉醒，工人阶级也会通过自己的生产劳动实践，在各种生产生活劳动实践中逐渐认识到机器与资本主义机器应用之间的本质区别。马克思相信，资本主义机器大生产造就了维护资产阶级利益的社会制度，也在客观上无意中造就了暂时还无力抵抗但终究会团结起来的工人阶级。工人阶级也终究会在各种社会生产实践中意识到资本主义制度的根本问题，意识到推翻资本主义生产关系的历史必然性，这不是由某个人的个人意志所决定的，而是由在资本主义制度下资本积累的一般规律所决定的。

马克思说，在资本主义制度下，社会财富越是被资本所控制，工人阶级的数量和力量越是会增长。无产阶级也就越有可能推翻资产阶级的统治，建立维护更多人利益的社会制度。在既有的阶级社会中，已经取得统治地位的阶级总是会想尽一切办法保障他们已经取得的社会地位。过去的封建地主阶级是这样，现在的资产阶级也是这样，无产阶级要想获得自身的解放，就必须进行这样的社会变革。工人阶级并不需要惧怕这种变革，或者是被这种变革中所遇到的困难吓到，而是需要把握这种社会变革的必然规律，建立一个新社会。在这个新的社会中，资本将回归社会的本性，社会财富将从少数人的占有变成整个社会的集体占有，

---

① 参见《马克思恩格斯全集》第四卷，人民出版社，1958，第477页。
② 参见《马克思恩格斯全集》第二十三卷，人民出版社，1972，第466~498页。

从而每个人都愿意并能自发自主地进行各种生产劳动。伴随着这种新的机器生产，人与人、人与机器也将在机器时代，建立一种新的人与人、人与机器相和谐的生产关系，这个新的社会就是共产主义社会。

三 机器与共产主义进程

马克思对资本主义机器生产的批判，并不意味着马克思没有看到资本主义机器生产的进步意义。在马克思看来，机器大工业把巨大的自然力和自然科学成就应用到社会生产过程中，必然会大大提高整个社会的生产劳动效率，这一点是一目了然的。[①] 这种历史进程不仅提高了整个社会的生产劳动效率，而且还摧毁了已经与社会历史发展不相适应的手工业生产方式，并建立起与机器大工业相适应的上层建筑。正是因为这个历史进程，与机器大工业相适应的一般生产条件才得以形成，并使整个社会的生产劳动能力获得了跳跃式的发展。机器大工业的发展促使资本主义在短短不到一百年的时间内所创造的社会生产力，比过去一切时代所创造的全部社会生产力还要多，还要大，[②] 这是不争的历史事实。

随着整个社会生产劳动效率的提升，整个社会生产对原材料的需求也增加了，已经率先采用机器生产的资本主义国家不得不积极开拓海外市场，并加速对全世界原材料的开发与利用。一种与机器生产相适应的新的国际分工也就应运而生，一部分国家和地区成为整个人类社会生产的原材料供应地，而另外一些国家和地区则成为整个社会生产的加工地，还有一些国家和地区可能成为整个人类社会生产的消费地。这种人类社会历史的改变，已经不再是某个国家、地区和民族的区域性改变，而已经是整个世界、整个人类社会历史的整体性改变。它使整个世界也因此走向了新的普遍交往。马克思和恩格斯认为，只有这种普遍交往，才会促使世界上不同国家和地区的人们增进了解，促进每个人更加自由而全面地发展，才会促使狭隘的地域性的个体性的发展被具有世界历史性的、真正普遍性的人类社会历史发展所替代，进而实现全人类的共同发展。

---

① 参见《马克思恩格斯全集》第二十三卷，人民出版社，1972，第424页。
② 参见《马克思恩格斯全集》第四卷，人民出版社，1958，第471页。

面对资本主义机器生产已经暴露出的问题,我们不是要抛弃机器,而是要合理地应用机器。马克思认为,在资本主义机器生产中,工人生产的产品越多,通过自己的生产劳动所创造的社会财富越多,工人也就越贫穷,越是容易让自己变成更加廉价甚至是被抛弃的劳动力。此时,物的世界的增值,不是同人的自由而全面的发展相适应,而是同人的自由而全面的发展相背离,同人的世界的贬值成正比,① 这就是资本主义机器生产所造成的劳动异化。资本主义机器生产中,工人生产劳动异化的实质在于,工人生产劳动的产品不是为了生产者的存在而存在,而是成为生产劳动者的一种异己的存在物,一种不依赖于生产者而又与生产劳动者相对立的力量,这种力量不是促进了工人自由而全面的发展,而是制约了工人自由而全面的发展。

这样一来,工人的生产劳动也就失去了其本来的意义,即工人把自己生命的全部投入了生产劳动过程之中,但这些用全部生命换来的生产劳动产品不仅不属于自己,而且还阻碍了自己的生存和发展。劳动这种本身应该一直存在的生命活动,也成为维持工人肉体存在所必需的手段。工人在整个资本主义机器生产中也只不过是其中一个部分而已,即一个生产劳动产品、实现资本增殖的生产工具而已。资本主义机器生产中的劳动异化,不仅是针对工人本身、针对自然界、针对人的生产劳动而言的,同时也是针对整个社会生产劳动而言的,针对人的存在方式而言的。在马克思看来,资本主义机器生产中的劳动异化,已经改变了人的存在本质,改变了人之所以存在的根本性意义。如果人所从事的活动,仅仅是一种替他人服务的、受他人支配的、处于他人的强迫和压制之下的活动,② 那么这种活动必然是一种异己的力量。这也表明,此时的人并没有实现自由而全面的发展,也不可能体现人真正的存在的本质。

马克思认为,在资本主义机器生产中,工人的生产劳动之所以是一种异化状态,其根本原因在于工人生产劳动的产品不是被自己所占有,而是被另一个人即资本家所占有。正是这样一种生产劳动与生产劳动产品的分离,给工人带来了无穷无尽的压迫感和制约感,而不是生产劳动

---

① 参见《马克思恩格斯全集》第四十二卷,人民出版社,1979,第90页。
② 参见《马克思恩格斯全集》第四十二卷,人民出版社,1979,第99页。

本身相对于生命的存在所应该具有的快乐与享受。马克思意识到,在资本主义制度下,工人的生产劳动过程仅仅表现为资本增殖的手段,表现为一个不断物化在别人所占有的产品之中的过程。在这种资本主义机器生产中,工人自己生产的客观的财富,总是不断地成为与自己相异化的、统治自己的和剥削自己的力量。[1] 随着资本主义机器生产的发展,工人的这种异化劳动不是减轻了,而是加强了。劳动生产力越高,工人们就越依附于资本的力量,越是依附于工人的异化劳动已经生产出来的与自己相异化的生产力和生产关系。就整个资本主义社会的历史发展来看,不管工人的报酬如何,工人的状况必然随着资本的积累而日趋恶化。[2] 处于资本主义机器生产中的个人,已经逐渐脱离了生产劳动的本质,这种生产仅仅是为了生产而生产,仅仅是一种维持生命存在的谋生手段。

资本主义机器生产之所以造成了工人生产劳动的异化,是因为资本主义生产资料私有制的存在。马克思认为:"劳动产品和劳动本身的分离,客观劳动条件和主观劳动力的分离,是资本主义生产过程事实上的基础或起点。"[3] 正是因为在商品市场上一方面出现了可以自由交易买卖的生产劳动资料,另一方面出现了失去生产劳动资料但又可以自由交易的生产劳动力,最初的资本主义生产的基本条件才具备。马克思说,资本主义生产关系产生的前提是劳动者与劳动实现条件的所有权之间的分离。新兴的资产阶级一旦站稳脚跟,就会想尽一切办法保持这种分离,而且不断地以资本主义再生产的方式扩大这种分离。资本主义发展的历史过程,一方面使整个社会的生活资料和生产资料不断地转化为资本主义生产所需要的各种资本,另一方面又使更多的原本自由的生产劳动者转化为资本的雇佣工人。正是在这个发展过程中,逐渐加深了生产劳动者与他自己的生产劳动资料相分离的程度,工人最终变得更加赤贫。[4] 保障这种生产劳动者与生产资料相分离的社会制度就是资本主义生产资料私有制。正是因为资本主义生产资料私有制的存在,资本家一方面狂热地追逐对社会财富的私人占有,并以资本增殖为核心目标而进行社会

---

[1] 参见《马克思恩格斯全集》第二十三卷,人民出版社,1972,第626页。
[2] 参见《马克思恩格斯全集》第二十三卷,人民出版社,1972,第708页。
[3] 《马克思恩格斯全集》第二十三卷,人民出版社,1972,第626页。
[4] 参见《马克思恩格斯全集》第二十三卷,人民出版社,1972,第782~783页。

生产；另一方面，为了占有更多的剩余价值，维护资产阶级的利益，占据统治地位的资产阶级又制定了更多维护资本主义生产资料私有制的各种具体的社会制度，巩固和加剧了资本家对工人生产劳动的剥削，使从事社会生产劳动的工人无法合理地占有自己生产的产品，而产生了资本主义机器生产劳动下的异化。

　　马克思批判了当时的思想家和经济学家们对私有制的抽象理解。马克思说："私有制不是一种简单的关系，也绝不是什么抽象概念或原理，而是资产阶级生产关系的总和（不是指从属的、已趋没落的，而正是指现存的资产阶级私有制）。"① 这种私有制并不是一向就有的，而是有自身的历史发展过程。在人类社会早期，生产力较低下的情况下，社会生产的产品本身就很少，为了维持最初的人口繁衍，人们只能自发地形成最为原始的财产共有。只有到了生产劳动产品有了一定的剩余之后，最初的私有制才在人类社会的生产实践中逐渐形成起来。恩格斯发现，西方社会在中世纪产生了一种手工工场那样的新生产方式，这种生产方式超越了当时封建和行会所有制的范围，进而形成了私有制。② "私有制，就劳动的范围内来说，是同劳动对立的，私有制是从积累的必然性中发展起来的。起初它大部分仍旧保存着共同体的形式，但是在以后的发展中愈来愈接近私有制的现代形式。"③ 正是在资本主义生产方式的发展中，人们靠自己生产劳动而生活的私有制，才逐渐被以剥削他人的但形式上是以自由劳动为基础的私有制所替代。当时的政治经济学家却在政治经济学中把两种不同的私有制混同起来了。其中一种是以生产者自己的劳动为基础的私有制，另一种是以剥削他人的生产劳动为基础的私有制，后者不仅与前者相对立，而且是在前者的坟墓上逐渐成长起来的。④ 正是在这种私有制的前提下，工人的生产劳动不是为了自己，而是为了得到生活资料，仅仅是为了保持相对自由的生产劳动力的现实存在而劳动。此时的生产劳动不是对人的生命本质的肯定，而是对人的生命本质的否定，是作为资本增殖而存在的工具。

---

① 《马克思恩格斯全集》第四卷，人民出版社，1958，第352页。
② 参见《马克思恩格斯全集》第四卷，人民出版社，1958，第364~365页。
③ 《马克思恩格斯全集》第三卷，人民出版社，1960，第74页。
④ 参见《马克思恩格斯全集》第二十三卷，人民出版社，1972，第833页。

消灭资本主义生产资料私有制，转而建立一种新的生产资料所有制成为历史的必然，也只有消灭资本主义生产资料私有制，工人才能解放自己。马克思说，私有制已经使我们变得愚蠢和片面，当它对我们来说作为资本而存在的时候，我们表面上是作为人活着的，但实际上，我们已经只是作为资本化的手段而存在着。① 劳动与资本的这种对立，是资本主义生产资料私有制的重要特征，其本质是资本对一切人类生产劳动的私人占有。在资本面前，真正的生产劳动者不是作为现实的人、体现人的本质的人而存在，而仅仅是作为抽象的人而存在，因而，这种从事生产劳动的人成为绝对而现实的无，成为现实的非存在。而资本却以人类活动的主宰的方式占有了人类生产劳动的一切，这就让一切生产劳动的社会性及人的生产劳动产品的社会性逐渐消失了，连生产劳动产品的生产者本身的主体性也消失了，进而私有制本身的社会性也逐渐丧失了。当劳动与资本的对立达到一定的极限，就必然成为全部私有财产关系的顶点和最高阶段，其结果也必然是私有制的灭亡。②

对私有财产的扬弃，不仅是历史发展的必然，而且也必然成为人的一切感觉和特性的彻底解放。在马克思的语境中，对私有财产的扬弃是一切异化的积极的扬弃，通过这种对私有财产的扬弃，人才能从宗教、家庭、国家等向自己的人的即社会的存在复归，③ 才能体现人的本质。在马克思看来，只有私有财产发展到最后、最高的阶段，私有制与异化劳动、外化劳动的真正关系以及资本主义生产资料私有制的本质才得以暴露出来，"私有财产一方面是外化劳动的产物，另一方面又是劳动借以外化的手段，是这一外化的实现"④。资本主义生产资料私有制不仅不是天然而永恒的必然性存在，而且必然随着资本主义生产资料私有制的现实运动走向灭亡。

在马克思看来，取代资本主义生产资料私有制的不是不要财产所有制，而是要建立一种新的财产所有制，这种财产所有制就是更高级的生产资料公有制。马克思看到了生产资料私有制运动所蕴含的辩证法，并

---

① 参见《马克思恩格斯全集》第四十二卷，人民出版社，1979，第124页。
② 参见《马克思恩格斯全集》第四十二卷，人民出版社，1979，第106页。
③ 参见《马克思恩格斯全集》第四十二卷，人民出版社，1979，第121页。
④ 《马克思恩格斯全集》第四十二卷，人民出版社，1979，第100页。

运用辩证思维对人类社会生产资料所有制的发展规律做出了深刻的阐述。马克思说，资本主义生产资料私有制否定了以往的生产资料私有制，但是，这种生产资料私有制造成了对人自身的否定，进而造成了对生产资料私有制本身的否定，这是人类社会生产资料所有制运动中否定的否定。在这种生产资料私有制的否定的否定之后，人类社会需要建立的不是任何新的形式的生产资料私有制，而是要在人类社会已有历史成就的基础上，重建更加适合人与社会自由而全面发展的生产资料所有制。[1] 这种所有制就是马克思和恩格斯所说的生产资料公有制。

马克思和恩格斯所说的生产资料公有制，已经不同于人类社会初期在生产资料私有制还没有诞生前所出现的生产资料公有制。马克思和恩格斯所说的生产资料公有制，是建立在生产力高度发达、物质财富极度丰富基础上的生产资料公有制，这种生产资料公有制是人类社会发展到一定程度的必然而主动的选择，它出现在马克思和恩格斯所说的共产主义社会中。人类社会早期在生产资料私有制还没有诞生前所出现的生产资料公有制，是建立在生产力低下、物质财富匮乏基础上的生产资料公有制，这种生产资料公有制是人类社会历史发展早期必然而被动的选择，它出现在人类社会早期如亚细亚的生产方式中。恩格斯看到，资本主义社会已经出现的"自由竞争是私有制最后的、最高的、最发达的存在形式。因此一切以保存私有制为前提同时又反对自由竞争的措施，都是反动的，都有恢复私有制低级发展阶段的趋势"[2]，这些措施最终都将因为违背了生产资料所有制的发展规律而失败。

马克思强调，从资本主义生产资料私有制发展到更高级的生产资料公有制并不是一个短暂的历史过程，而是一个非常漫长而艰巨的历史过程。马克思认为，资本主义生产资料私有制的历史形成经过了一个十分漫长的历史过程，建立更加适合人自由而全面发展的共产主义生产资料公有制同样是一个十分漫长的历史过程。前一个历史过程是整个社会成员中的少数人剥夺大部分人民群众实现对社会生产劳动资料的占有，而后一个历史过程是整个社会成员中的多数人剥夺少数人实现对社会生产

---

[1] 参见《马克思恩格斯全集》第二十三卷，人民出版社，1972，第832页。
[2] 《马克思恩格斯全集》第四卷，人民出版社，1958，第302页。

劳动资料的占有。[①]

　　恩格斯向工人阐明了整个革命的历史进程。在恩格斯看来，首先是无产阶级通过革命建立属于无产阶级的民主制度，以便于通过各种社会具体制度来限制私有制的历史发展，进而剥夺土地私有者、工厂以及铁路和海船所有者的财产，没收一切流亡分子和叛乱分子的财产等，直到私有制完全废除为止，对社会的一切成员实行劳动义务制等。[②] 在马克思看来，资本主义生产资料私有制与资本主义社会化生产之间存在着一种尖锐的内部矛盾，这种矛盾将在资本主义自由竞争之后所形成的垄断中爆发出来。资本主义的自由竞争必然会促使一些行业的资本家成为这个行业的垄断者，这样一来，资本的垄断又会反过来阻碍资本的自由竞争，束缚社会生产力的发展。资本主义生产资料私有制所造成的这种社会生产劳动资料的高度集中，与资本主义生产劳动的社会化形式与要求之间的矛盾冲突也就到了不能再相容的地步。这个时候，资本主义生产资料私有制也就敲响了自己的丧钟，剥夺者也就要被剥夺了，[③] 转而将会出现的是共产主义的生产资料公有制。

　　在马克思看来，共产主义是对以往私有财产即对人的自我异化的积极的扬弃，这种社会坚持的已经不是任何形式的生产资料私有制，而是更发达更高级的生产资料公有制。在共产主义的生产资料公有制下，每个人都从事着不同的生产劳动，而他们也将共同占有自己的生产劳动所生产的各种生产资料和社会财富。共产主义社会的这种生产资料公有制是通过人并且是为了人的本质而出现的真正占有，是为了人的本质、社会的本质而出现的所有制，是对人与社会自由而全面发展的历史性复归。马克思认为，共产主义是完成了的自然主义、人道主义，它真正解决了人和自然界之间、人和人之间的矛盾，解决了存在和本质、对象化和自我确证、自由和必然、个体和类之间的斗争，[④] 是人与自然、人与人、人与社会和谐共生的理想社会。共产主义的历史运动是同私有财产相对立的历史运动，是在私有制的历史运动中为自己寻找出路的历史运动。

---

① 参见《马克思恩格斯全集》第二十三卷，人民出版社，1972，第832页。
② 参见《马克思恩格斯全集》第四卷，人民出版社，1958，第367页。
③ 参见《马克思恩格斯全集》第二十三卷，人民出版社，1972，第831页。
④ 参见《马克思恩格斯全集》第四十二卷，人民出版社，1979，第120页。

在马克思看来，共产主义是人类社会自我否定的否定之后而出现的历史阶段，是人类社会历史不以人的意志为转移的必然环节。只要人的异化仍在现实地发生，人们就越能意识到它是异化，它也就越是可能发展成为更大的异化。只有通过工人阶级现实的共产主义革命实践，才能消除这种基于生产资料私有制的异化。马克思说，要消灭私有财产的思想，有共产主义思想就完全够了，而要消灭现实的私有财产，则必须有现实的共产主义行动。① 人们仅仅有共产主义观念，这只是对以往生产资料私有制的一种思想观念上的扬弃；而只有现实的共产主义行动，才能把共产主义变成一种现实，才能真正从现实上实现共产主义对生产资料私有制的真正扬弃。

在马克思和恩格斯看来，随着工业革命的出现以及资本主义机器生产的历史发展，废除资本主义生产资料私有制这种现实的共产主义运动实际上已经开始。恩格斯把废除私有制看作工业发展所必然产生的历史结果。在恩格斯看来，工业革命带来了生产力的高度发展，创造了大量的生产资料和非常丰富的社会财富，也带来了人类社会生产方式的高度社会化，这种高度社会化的一切社会生产部门最终将要求由整个社会来管理。为了整个社会的公共利益，整个社会高度社会化的社会生产已经不能够由少数人说了算，而只能是由更多的社会成员按照总的计划和在整个社会成员的参与下来共同处理。这样一来，资本主义社会历史中已经出现的生产资料私有制也将被废除，代替资本主义生产资料私有制的也将是共同使用全部生产劳动工具和按共同协议来分配产品的生产资料公有制。②

当无产阶级通过自身的努力，将全部社会生产及全部社会生产资料都集中在自己手中的时候，私有制也将自行消亡。到那时，在资本主义社会成为资本的货币也将失去其历史的功能，社会生产也将建立起与之相适应的生产资料公有制等各种共产主义社会的生产关系。恩格斯还发现，以生产资料公有制为基础的社会活动不仅是可能的，而且在当时美国的许多公社中以及在英国的一个地方已经真正实现，还颇有成效。根

---

① 参见《马克思恩格斯全集》第四十二卷，人民出版社，1979，第140页。
② 参见《马克思恩格斯全集》第四卷，人民出版社，1958，第365页。

据恩格斯的记述，在当时的美国，尤其是在纽约和波士顿等大城市，工人已经不再愿意给少数靠人民的生产劳动养活的富人当奴隶，他们创建了许多的移民区并成立了各种团体，新的公社不断产生。在英国，工人创建了各种共产主义的移民区，这些移民区的居民都变得非常富裕，他们想要得到的应有尽有，他们所得到的生活物资和生产资料比他们能够消费掉的东西还要多，因此，他们已经没有任何争吵的理由。[①]

如果我们再去看看马克思的政治经济学批判就会发现，马克思在这里同样已经认识到现代资本主义机器大生产既有资本主义成分，也有共产主义的基础，这两个时期都拥有同样的生产劳动工具和物质基础，即机器。如果从技术发展史的角度看，资本主义生产方式和资本主义生产资料私有制，不过是技术传播或者生产劳动工具历史发展的产物而已，这些机器技术开始于文艺复兴时期，并在17、18世纪得以兴盛。18世纪蒸汽机的发明就已经使资本主义产生了与共产主义所共同需要的生产劳动工具，它具有与人的生产劳动能力相一致的互换性。在马克思看来，从资本主义机器大生产已经开始的机器技术的不断发展和应用，是人类实现自我解放的必要条件，而机器技术及其广泛的社会公共化应用，则是实现共产主义的另一个充分条件。共产主义社会不是将机器技术纳入资本之下，而是实现机器技术的社会公共化，并以此利用机器技术及其公共化的社会应用，消除工人生产劳动在资本主义生产资料私有制下的异化。

共产主义革命既意味着机器生产方式的延续，也意味着机器生产方式的进一步变革和优化，这些变革和优化不是要退守到更为久远的手工工具或者更为原始的技术时代，而是要在资本主义机器生产的基础上让技术服务于人，消除资本主义机器大生产所带给人的异化。在共产主义的生产方式下，机器生产不但要继续下去，而且还要在资本主义机器生产所产生的社会财富积累的基础之上，进一步获得新的发展，进一步增加社会财富。在共产主义时代，生产资料已经实现全民共有，人们也将不再因为生产资料的私有制而成为雇佣工人，也不再因为生产资料的私有制而受到资本家的压制和剥削，机器终于回归减

---

① 参见《马克思恩格斯全集》第四十二卷，人民出版社，1979，第221~232页。

轻人类生产劳动强度的本质。人们则有了更多的自由时间来促进自身自由而全面发展，每一个人都将成为自己生产劳动的主人，而不是自己生产劳动的产品却被他人无偿占有。"人们将使交换、生产及其相互关系的方式重新受自己的支配。"①

恩格斯注意到，共产主义运动不是一个国家的革命，而是一种全人类的社会历史运动。从单个国家和地区的资本主义机器生产来看，每个国家和地区都可能因为自己的生产力发展进程和各种现实条件有着不同的共产主义历史进程。但从整个人类社会历史发展来看，不同国家和地区的资本主义机器生产，最终都将走向具有世界性的社会化大生产和世界市场。恩格斯说，单是机器大工业所建立的世界市场这一点，就会把世界各地的人民紧紧地联系起来，使每一个国家和地区的人民都必然受到另一个国家和地区的历史影响。资本主义机器大工业还使所有文明国家的社会发展水平不相上下，以至于无论是在什么地方，资产阶级和无产阶级都成为社会结构中具有重要决定意义的阶级，这两个阶级之间的矛盾也将成为整个人类社会的世界性矛盾。因此，共产主义革命是在一切文明国家和地区必然会经历的社会革命。

恩格斯预测，共产主义革命将会首先在英国、美国、法国和德国这样一些已经开始资本主义机器生产的国家同时发生。当然，这种同时只是相对的同时，这些国家也可能因为自身条件的不同，其共产主义的历史进程有所不同。至于这些国家的共产主义革命发展是相对较慢还是较快，要看这个国家机器大工业发展的历史程度，以及因此而积累社会财富的多少和生产力发展的水平。但终究，共产主义革命会随着生产力的发展而发展成世界性的历史进程，这主要是因为共产主义革命在部分国家和地区的率先出现，同样会影响世界上其他国家和地区的历史发展，并为这些还没有出现共产主义革命的国家和地区创造出新的历史条件，加速这些国家和地区的共产主义历史进程。② 对于整个人类社会历史而言，共产主义历史进程都是不可阻挡的。

温德林在分析了马克思关于资本主义机器生产的论述后认为，在资

---

① 《马克思恩格斯全集》第三卷，人民出版社，1960，第40页。
② 参见《马克思恩格斯全集》第四卷，人民出版社，1958，第368~369页。

本主义生产方式下，人类可以被雇佣来完成机器更高效率完成的任务，雇佣人力往往是因为更多的人力仍然比更少的机器劳动力便宜。为了节省电费，房主在用手洗碗而不是用洗碗机时，也会做出类似的行为决定，这种行为决定包括一种规范性判断，即房主的时间价值低于用一种更快、更有效的生产手段取代所需要的成本。组装电视机的女工被机器人取代，因为机器人可以更快、更准确地完成她们的工作。相反，女性工人习惯于表现出完成生产劳动所必需的最小机械运动量，这一过程会导致重复性应力损伤、休息时间不足以及一系列其他的恐惧。当劳动工人的价值远远低于能够替代他或她的机器时，这种不合时宜的旧的生产劳动形式就会再次出现。资本主义的出现迫使人类社会产生了这一时代性错误，即劳动工人做机器能做的事。雇佣工人而不是用机器代替，不仅更便宜，而且最终会产生更多的剩余价值。

在未来的共产主义社会，当科学和技术极大进步，以扩大社会的总体财富而不把它划归阶级时，这种不合时宜的旧的生产劳动形式就必须停止。在马克思看来，共产主义的未来不仅仅实现了物质财富的极大增长，物质财富在资本主义社会中已经具有强大的影响力，并且受到价值体系的压制。正如财富不能被降低为资本主义的价值，机器生产也不能被降低为历史上资本主义生产方式所具有的形式。马克思非但没有批评机器生产，反而认为资本主义生产还不够机械化。在资本主义和随后的共产主义时代，生产劳动资料都是机器，而人类的全面解放，也正在通过更多的机器生产逐渐成为人类社会历史发展的现实。①

在最新的研究中，巴斯坦尼（Aaron Bastani）根据现有人工智能机器的发展，预见了一种"豪华全自动的共产主义"社会生产模式。② 在这个新的社会生产模式中，人类社会迎来一个新的开始。通过人工智能机器的广泛应用，人类社会与人工智能机器实现了一种良性互动，尽管各自都可能存在着不同的发展困难和现实挑战，但人工智能机器依然能够促使整个世界最终把生产资料还给工人，从而使人类社会从资本的控制体系中摆脱出来，迎来一个新的共产主义世界。马克思在论述资本主

---

① 参见 A. Wendling, *Karl Marx on Technology and Alienation*, London：Palgrave Macmillan, 2009, p. 104。
② 参见 Aaron Bastani, *Fully Automated Luxury Communism*, London：Verso, 2019, p. 12。

义机器生产中绝对剩余价值和相对剩余价值的生产时就说，就生产劳动过程来说，工人的体力劳动和脑力劳动具有统一性，没有任何单个人的体力劳动完全不需要脑力劳动，也没有任何单个人的脑力劳动不需要一点点体力劳动。任何单个人的体力劳动和脑力劳动，都需要通过肌肉等自然力的运动，而对另一部分自然对象进行作用。①

今天的人工智能机器在许多的生产领域不仅能够替代人的体力劳动，而且能够替代人的部分脑力劳动，这似乎在一定程度上表明，人的脑力劳动与体力劳动在人工智能机器上得到了新的辩证统一。机器正在成为人类的新化身。马克思似乎已经意识到，即使是在资本主义机器生产中，工人依然能够通过机器生产获得必要的人类知识，并通往机器生产的未来，寻找到机器生产的乐趣。工人不仅可以通过这种生产实践，创造出各种用于生产劳动的机器，而且能够通过未来的机器生产，尽可能克服机器生产已经对人产生的各种痛苦。随着更多体现人的脑力劳动和体力劳动相融合的人工机器的出现，人类终究会从繁重的生产劳动中解脱出来，终究会从资本主义机器生产的异化中解脱出来。到那时，人与机器所共同进行的生产劳动，以及因此而创造的社会财富，已经足够满足人们的基本需求，资本主义机器生产方式也终将走进人类社会历史的坟墓。

---

① 参见《马克思恩格斯全集》第二十三卷，人民出版社，1972，第555页。

结语　走出人机共存的历史迷思

在 18 世纪，人类社会进入了一个机器无处不在的时代。在表现形式上，如今的机器正在成为具有几乎与自然人类相同竞争能力的超级主体。在不同的生产劳动领域，各种各样的机器在从事着几乎与自然人一样的工作，甚至在许多方面，今天的机器比自然人所具有的生产劳动技能更多。机器已经成为人类自我力量的另一种投射，成为人类的另一种物质性存在。这种自我投射不仅没有停止，反而还在加强。机器也因此似乎正在从影响人类社会历史的重要因素，转变为人类社会历史的创造者。正如克尔恺郭尔等人所预见的，现代机器生产技术通过编程压制个人，从而使他们成为自己创造的机器的历史延伸。智能变成了人工的，自编程的智能机器算法接管了"自我"与"主体性"对个人的控制，甚至控制了整个人类世界。[①]

海德格尔提醒人们，现代控制论表现出计算思维的可操作性和模型性，将语言转化为新闻交流，艺术成为受管制的信息的调节工具。[②] 海德格尔确信，智能机器的技术革命是主体性现代哲学的最终产物，这种"机器哲学"从笛卡尔（René Descartes）把真理还原为确定性开始，在黑格尔和胡塞尔（E. G. A. Husserl）的先验主体性中达到新的历史阶段，人与机器的这种现实关系远远不应该成为人类社会历史的最终形态和人类自由而全面发展的合理方式，而恰恰可能是人类的死亡和后人类的诞生。博斯特罗姆（Nick Bostrom）意识到，随着超级智能的出现，意识甚至自我意识将极有可能从人脑迁移到机器，而人类可能正在迎来一个超人类甚至是后人类的时代，[③] 这让许多哲学家和社会科学家感受到了某

---

① 参见 C. Taylor, *Abiding Grace Time, Modernity, Death*, Chicago: The University of Chicago Press, 2018, p.52。
② 参见 M. Heidegger, *On Time and Being*, New York: Harper and Row, 1972, p.58。
③ 参见 C. Taylor, *Abiding Grace Time, Modernity, Death*, Chicago: The University of Chicago Press, 2018, p.55。

种恐惧和不安。

格里金地在总结当代德国哲学家对机器的哲学研究时认为，安德斯在我们与凌驾于我们之上的机器的关系中引入了一种新的情感，那就是一种从未有过的羞耻感，这种羞耻感在某种程度上通过它的情感暗示表明，人的某些存在完全不如当代的人工机器。尤其是在飞速发展的人工智能机器领域，那些非常智能化的人工智能机器，呈现出一种完全客观和匿名的类人化超级实体的生产劳动状态。[1] 这种智能机器的存在，意味着人与机器的关系已经发生难以逆转的社会历史性改变。机器发挥着它的统治作用，并从人类社会结构的内部调节人类社会的各种生产劳动实践，加速人类社会历史的改变。在机器存在的人类社会历史中，人的一切社会生活生产实践，都越来越多地呈现出机器的自动化特征，甚至生命本身也倾向于被机械的完美所取代，现代机器的出现为人类命运带来了新的不可预测性。

恩斯特·荣格（Ernst Junger）认为，唤醒太阳神这个能够控制机器技术的巨人是可能的。海德格尔认为，机器的存在可能是人类社会历史发展中一个新的十字路口，科学技术揭开了面纱，将证明人类存在另一个可能的发展机会。人类不是要阻止机器，而是要接受并发展它，与它共同创造新的人类社会历史。格伦（Arnold Gehlen）的研究则告诉我们，在人类学的视角下，人也具有自身的弱点。无论是机器在人类社会历史中的诞生，还是机器的现当代发展历史都表明，机器在一定程度上的确弥补了人类身体上的某些弱点，使人类能够发展得更加充分。从这一点来看，机器成为人类社会历史发展中对人自身弱点的有益补充，成为人类被迫发展的第二天性的一个因素，成为人类获得更好发展、应对部分过于困难自然条件的历史基础。它确保了最初的、原始的、非专门化生产劳动技能的进一步发展，使人类的生存发展结构变得更加综合、强化和便利。机器并不是与人类绝对对立的客观存在。[2]

从马克思的论述来看，马克思已经揭示了机器的诞生及历史发展过程。在人类社会的早期，人们只是因为生产劳动实践的需要，制造了各种生产

---

[1] 参见赵泽林《机器与现代性：马克思及其之后的历史与逻辑启示》，《哲学研究》2020年第4期，第52页。

[2] 参见 Fabio Grigenti, *Existence and Machine*, Cham：Springer, 2016, p.66。

劳动工具，并运用这些生产劳动工具进行各种生产劳动。到了 17、18 世纪，人们在生产劳动实践中，逐渐发展出了机器的工具机部分。当这些工具机能够集合成一个具有整体性的机器时，机器也就取代了原来单一的生产工具。这种安装了工具机的机器的诞生，产生了持续推动这种机器工作的动力需求，就有了蒸汽机革命的历史需要。有了蒸汽机等新的动力来源，人作为工具机的动力也就成为历史。[1] 正是在这种人类社会生产劳动的历史嬗变之下，人类社会逐渐开启了人与机器共存的历史。在这个人与机器共存的社会历史中，人类社会的生产力得到了前所未有的发展，人类社会的生产关系也发生了历史性的改变，人类社会迅速分化为资产阶级和无产阶级两个对立的阶级。这种人类社会的历史性改变，既造就了新的人类社会历史发展机遇，也孕育了新的人类社会矛盾。

在马克思看来，机器出现之后的人类社会历史，既是人与机器相互竞争的历史，也应该是人与机器共同发展的历史。机器不仅为人类生产，满足人类的需求，也是人类专业知识的历史产物，它拥有某些人类技术与生产劳动技能。正是在这些生产劳动技能方面，机器才能与人类竞争，而且它经常获胜。马克思很好地把握了人与机器矛盾和冲突的实质，他再次将人与机器之间的矛盾和冲突，解释为工具与工具应用之间本质上产生认识混淆的时代产物。在资本增殖逻辑的作用下，机器抢走了工人的工作，它们成为资本主义创造财富方式的一部分。马克思将摧毁新机器的社会斗争定性为"愚蠢的"，认为工人的注意力应该集中在资本家身上，集中在改变资本主义的社会生产关系上，进而重构人与机器共存的人类社会历史。

在"机器论片段"等若干经典文献中，马克思已经展示了人与机器的共生关系是如何创造真正的社会财富的。马克思认为，在共产主义社会中，人与机器是和谐的生产劳动伙伴，他们共同参与整个社会的生产劳动，而不是对立地被迫合作，这种人与机器共同参与社会生产劳动的场景，是一幅不同寻常的社会图景。在已经出现的资本主义机器生产中，人与机器共生的可能性往往被忽视，而更多的现实是在资本主义生产资料私有制下人与机器变得对立起来。在一些关于人与机器的典型描述中，

---

[1] 参见《马克思恩格斯全集》第二十三卷，人民出版社，1972，第 412 页。

人与机器总是存在着各种不同的边界。人类在某些能力上超越了机器，而机器则在另外一些能力上超越了人的能力极限。机器似乎就是一个没有人的灵魂及其边界的物理系统。一个人与一个物共同参与社会生产，以及这种共同参与社会生产所体现的创造社会财富的潜力，往往并没有我们想象的那么常见，这种人与机器的现代耦合，是资本主义机器大生产之后人类社会历史发展中非常重要的基本组成部分，这种耦合也为共产主义运动提供了非常重要的社会历史基础。

在资本主义社会情境下，工人的生产劳动从属于资本增殖的历史发展过程，是人类生产劳动的社会形式、劳动生产率的发展过程，同时也是创造共产主义社会的物质前提的历史过程。已经出现的人与机器的共同社会生产表明，当人与机器之间生产劳动的自我调节功能比单独的人或机器更好、更微妙时，人与机器之间存在个体间的耦合。这种人与机器的历史实践告诉我们，马克思所说的在共产主义社会人与机器共同而和谐地生产劳动是有可能实现的，而且这种历史实践已经开始出现一些新的端倪。马克思已经想象到，"正如随着大工业的发展，大工业所依据的基础——占有他人的劳动时间——不再构成或创造财富一样，随着大工业的这种发展，直接劳动本身不再是生产的基础，一方面因为直接劳动主要变成看管和调节的活动，其次也是因为，产品不再是单个直接劳动的产品，相反地，作为生产者出现的，是社会活动的结合"①。

人机共存是否会彻底改变人类社会历史的发展逻辑？马克思认为："手工磨产生的是封建主为首的社会，蒸汽磨产生的是工业资本家为首的社会。"② 马克思的这些经典论述的思想阐发，在马克思之后人们对机器与人类社会历史的思考中得到了较为充分的延续。20世纪初，阿尔文·汉森（Alvin Hansen）等人认为，马克思主义的历史理论是对"历史的技术阐释"。20世纪中叶，罗伯特·海尔布罗纳（Robert Heilbroner）认为，机器创造历史表明的是，技术对人类社会历史具有直接的影响，这是显而易见的。③ 20世纪下半叶，许多研究者逐渐意识到，马克思并不

---

① 《马克思恩格斯全集》第四十六卷下册，人民出版社，1980，第222页。
② 《马克思恩格斯全集》第四卷，人民出版社，1958，第144页。
③ 参见 R. Heilbroner, "Do Machines Make History?" *Technology and Culture*, Vol. 8, No. 3, 1967, p. 335.

是一个技术决定论者。威廉·肖（William H. Shaw）提出，技术决定论的幽灵一直困扰着马克思主义，马克思的所有同道人似乎结成了一个神圣的同盟要祛除这个幽灵。许多马克思主义者以及一些非马克思主义者认为，把马克思的历史理论解释为一种技术决定论是错误的，一些马克思主义者甚至试图联合起来谴责这种对马克思历史理论的错误解读。①

兰登·温纳（Langdon Winner）认为，马克思的确发现了技术对人类社会历史的重要影响。但是我们不应该把技术对历史产生影响的这种自主性过分地归于马克思。就马克思的整个文献来看，认为马克思就是一个技术决定论者，这实际上是马克思思想研究中的一个插曲。② 在海尔布罗纳之后，我们可以把这些论点中的第一个观点描述为"技术创造历史"，把第二个观点称为技术变革的自主性，这些观点都是对人机共存的社会历史非常有价值的理论回应。

技术创造历史的观点，似乎在机器的历史发展中能得到某种程度的印证，似乎也能在马克思的基本文献中找到思想根源。也许对它明确的表述是在20世纪布哈林（Nikolai Bukharin）所理解的历史唯物主义中。在那里，我们可以找到如下的论断：历史的生产方式，即社会的形式，是由生产力的发展，即技术的发展所决定的。③ 布哈林对马克思关于技术对历史的影响的理解可能不准确，但也不是没有文献依据的。马克思在自己的著作中也有这样的段落和类似的表述。马克思认为，历史唯物主义理论可以简要地表述为，人们在自己生活的人类社会中，建立起了各种社会生产关系，而这种生产关系是同他们的物质生产力的一定发展阶段相适应的。

一定的经济基础产生一定社会历史时期的法律、政治等各种社会意识形态以及上层建筑。当生产力与生产关系、经济基础与上层建筑产生矛盾，生产关系制约了生产力的发展，上层建筑成为经济基础的桎梏的时候，社会就会爆发革命。"随着经济基础的变更，全部庞大的上层建筑

---

① 参见 W. H. Shaw, "The Handmill Gives You the Feudal Lord: Marx's Technological Determinism," *History and Theory*, Vol. 18, No. 2, 1979, p. 155.
② 参见 L. Winner, *Autonomous Technology: Technics-out-of-Control as a Theme in Political Thought*, Cambridge: The MIT Press, 1978, p. 39.
③ 参见 N. Bukharin, *Historical Materialism: A System of Sociology*, Cosmonaut Press, 2021, p. 148.

也或慢或快地发生变革。"①威廉·肖也曾引用马克思类似的段落，作为马克思阐述科学技术影响社会历史发展的证据，并把马克思关于技术与历史关系的观点视为技术决定论。威廉·肖的理解很明显缩短了"这种危机到来的时刻"与"技术所能达到的深度和广度"的历史进程和作用间距，而简单地把马克思语境中的社会生产力等同于技术。在很长一段时期内，马克思1859年的《〈政治经济学批判〉序言》都是研究者的关注焦点。而马克思自己早已经表明，结论一经得出就成为他研究的指导原则。②

如果依据马克思的机器技术相关论述把马克思视为技术决定论者，就必须满足两个基本条件：其一，把马克思所说的社会生产力等同于机器技术；其二，把机器技术超前地理解为一种独立于生产关系之外的自主性力量。然而，在马克思的文献中，机器技术不等于社会生产力，社会生产力也不只是包括机器技术这个要素。在马克思看来，社会生产力既包括作为生产工具的机器，也包括劳动者本身，还包括各种自然科学认识、技能、经验等内容。在《哲学的贫困》中，马克思就认为，"在一切生产工具中，最强大的一种生产力是革命阶级本身"③。在《资本论》中，马克思强调："劳动生产力是由多种情况决定的，其中包括：工人的平均熟练程度，科学的发展水平和它在工艺上应用的程度，生产过程的社会结合，生产资料的规模和效能，以及自然条件。"④

这些都表明，马克思并不是技术决定论者，而只不过是发现并强调了机器技术对于人类社会历史发展的重要影响。威廉·肖认为，根据马克思对机器生产的论述，就把马克思认定为技术决定论者，这至少是一种用词不当。马克思实际上讲的是生产力决定生产关系，从这个意义上看，我们可以把马克思理解为生产力决定论者，而不是技术决定论者。我们也不应该把马克思所说的生产力仅仅理解为机器或者技术，它实际上还包括了促进生产劳动的技能、知识、经验等。⑤ 如果要做一个简单

---

① 《马克思恩格斯全集》第十三卷，人民出版社，1962，第9页。
② 参见《马克思恩格斯全集》第十三卷，人民出版社，1962，第9页。
③ 《马克思恩格斯全集》第四卷，人民出版社，1958，第197页。
④ 《马克思恩格斯全集》第二十三卷，人民出版社，1972，第53页。
⑤ 参见 W. H. Shaw, "The Handmill Gives You the Feudal Lord: Marx's Technological Determinism," *History and Theory*, Vol. 18, No. 2, 1979, p. 158.

的理解，我们可以把马克思所说的生产力理解为人们从事某种社会生产的能力，而不只是机器或者技术。

马克思认为，即使是机器本身，也是社会生产力发展的历史产物。机器在不同的历史时期具有不同的表现形态，具有不同的社会生产能力。在原始阶段，机器只是比较有力的手工业工具。到了资本主义生产阶段，机器开始表现出跟工人类似的生产能力和社会功能，成为社会生产力的重要部分，成为整个社会生产的重要协作者。在越来越发达的机器工厂中，协作生产是整个社会生产的基本方式。随着机器生产的进一步发展，机器工厂已经可以开始生产机器，并逐渐显现出机器代替工人生产劳动的发展趋势。① 而机器本身不只是某种生产力要素，而是蒸汽、风、电等多种自然力和人的生产能力的结合，也不只是单纯地使用某一种自然力的结果，而是人们直接或者间接地应用机械或者化学等各种自然科学知识的历史产物。

马克思特别指出，18世纪的法国人更擅长利用水的水平运动所产生的水平力的作用进行生产劳动，而德国人更擅长利用水的落差所产生的垂直力的作用进行生产劳动。水轮就是人的劳动产品，而直接加工原料的机器本身也完全是这样的，② 都是人类不同生产生活实践的历史产物。在论述机器价值的转移时，马克思认为，伴随着机器自己的成长与形态的改变，越来越复杂的机器需要更多的生产劳动时间来生产它们自己，人类生产劳动积累在机器中的价值量也会增加，这就进一步提高了机器本身的绝对价值，也就提高了机器向生产劳动可能转移的价值。从单个产品的生产来看，使用机器能够提高生产劳动效率，促进社会生产力的发展，降低了单位产品的价值量。但从整个社会生产来看，机器成为人类生产劳动价值积累的物质载体，加速了整个社会财富的历史积累。

采用机器生产促进人类社会生产力发展的本质，实际上还是人的生产力的体现，是人的本质力量对象化的历史产物。人、机器等都是自然界的存在，作为自然界生命的表现形式的人，一方面具有主观能动性，是能动的自然存在物；另一方面是自然的、肉体的、感性的、对象性的

---

① 参见《马克思恩格斯全集》第四十七卷，人民出版社，1979，第362~363页。
② 参见《马克思恩格斯全集》第四十七卷，人民出版社，1979，第363~364页。

存在物，又和其他动物和植物一样，受制于自然界的各种现实条件。[①]因此，人具有了改造自然界的现实需要。正是这种需要，使得人既存在于自然界，又现实地改造着自然界。在人对自然界的改造过程中，人们既生产了机器这样一些物质财富，也生产了自己，生产了关于人类社会的历史。马克思说："工业的历史和工业的已经产生的对象性的存在，是一本打开了的关于人的本质力量的书，是感性地摆在我们面前的人的心理学。"[②]

对于这种人类社会的历史，我们需要从人的本质力量来理解，而不只是从机器、技术等这些人的本质力量的外在效用去理解。从机器的外在表现及其效用去理解，我们看到的是不同的客观存在物。从人的本质力量去理解，我们就可能发现人类社会存在与发展的根本在于人本身。在机器大工业中，我们已经看到通常的工业产品制造、社会运动无一不是人的生产劳动的历史产物，无一不是人的本质力量对象化的历史产物，无一不是人的本质力量对象化的现实存在物。马克思说，整个人类社会历史首先是一部自然发展史，而后才是一部人对自然界不断改造的历史，是自然界对人不断生成的历史。关于世界历史通过自身的生产而诞生、关于世界历史的产生历史过程，都有直观的无可辩驳的证明。人和自然界都已经是实践的、可以通过感觉直观的存在。[③]

不是机器创造历史，而是人们自己在创造着自己的历史。机器的历史、机器生产的历史、人的历史等，现有的一切自然历史和人类社会历史都已经表明，人和包括机器在内的自然界，不是任何神秘力量的历史产物，只不过是人的本质力量对象化、自我意识外化的历史产物。人按照自己的意愿从事着各种生产活动，因而作为人的生产活动本身就是一种有意识地扬弃自身的历史活动。人们改造并创造各种物质产品的过程都只不过是人的自我意识外化的过程。马克思认为，人与动物的根本不同，正是在于人在从事任何生产劳动之前，就已经在头脑中有了某种意象，生产劳动的结果就已经在生产劳动主体的头脑中观念地存在着。他不仅使自然物发生形式变化，同时他还使整个生产劳动过程服从于这个

[①] 参见《马克思恩格斯全集》第四十二卷，人民出版社，1979，第167页。
[②] 《马克思恩格斯全集》第四十二卷，人民出版社，1979，第127页。
[③] 参见《马克思恩格斯全集》第四十二卷，人民出版社，1979，第131页。

观念性的存在，并决定了整个生产劳动过程的方式和方法，朝着这种目的前进。① 但是，人们并不能任意根据某个主体的个人意志创造历史，历史是合力作用的结果。恩格斯指出，历史不是某个单一因素或者单个人主观意志的结果，而是处于历史运动之中各种客观因素和主观意志合力作用的结果。恩格斯在《致约·布洛赫》的信中说："历史是这样创造的：最终的结果总是从许多单个的意志的相互冲突中产生出来的，而其中每一个意志，又是由于许多特殊的生活条件，才成为它所成为的那样。这样就有无数互相交错的力量，有无数个力的平行四边形，而由此就产生出一个总的结果。"② 这种历史结果，既是过往人类社会生产劳动的历史产物，又是下一段历史的基础，从而开启一段新的人类社会历史。我们既不需要过度夸大机器对人类社会历史的影响，更不需要对机器的未来应用产生不必要的恐慌。

人与机器的和谐相处，关键在于人类对机器的善用。机器本身并没有任何政治倾向或者主观意志。即使是在人工智能机器迅猛发展的今天，我们也暂时无法看到人工智能机器具有人的主观意志。塞尔（J. R. Searle）曾将人工智能学科和功能主义的哲学理论聚合成一个基本观念，即心灵只不过是计算机程序。塞尔认为，"对强人工智能的常识性反驳是，心灵的计算模型遗漏了心灵的重要方面，如意识和意向性"③。图灵测试是不充分的，因为计算机编程可能会使它看起来理解语言，但不会产生真正的"有意识的理解"。思维必须来自生物过程，通过符号表征的计算机器充其量只能模拟这些生物过程，而并不能产生生物过程之后的"'结果'即意识"④，有意识的是人自己。

马克思已经揭示了机器的资本主义应用给工人所带来的劳动异化，并警告人们只有改变资本主义生产关系、善用机器，并使机器为人类服务，我们才能促进人与社会更加自由而全面发展。今天的机器相比马克思那个时代的机器已经有了更多的发展。不仅整个社会单台机器的数量

---

① 参见《马克思恩格斯全集》第二十三卷，人民出版社，1972，第202页。
② 《马克思恩格斯全集》第三十七卷，人民出版社，1971，第461~462页。
③ 约翰·R. 塞尔：《心灵的再发现》，王巍译，中国人民大学出版社，2012，第41页。
④ 参见赵泽林《内部区分：意识与机器意识的新进展及其哲学前瞻》，《哲学动态》2021年第8期，第126页。

和能力大大增加和增强，而且这些机器已经联结起来，正在生成一个功能更为强大的机器世界，这些大型机器的联结程度很深，以至于某个机器的损坏会使整个人类社会生产受到全面的损害。在人与机器共存的时代，人们更需要对文明与野蛮的文化达成有效的社会共识。人类需要对自己制造机器的预期目标，以及机器在人类社会中的历史地位、人们应用机器的行为规范等做出更多的研究和阐明，用以引导人们更加合理和科学地善用机器，并为人与社会自由而全面的发展做出新的历史贡献。文明不是一个僵化的事物或者历史，而是一个过程，是一个不断实现自我革新、不断实现自我进步的历史叙事。人类需要对自己所创造的历史负责，更需要对我们未来的历史负责。机器是人类生产劳动所创造的历史产物，我们必须负责任地开启人与机器共同的历史，创造更加美好的未来。

参考文献

《马克思恩格斯文集》第一卷，人民出版社，2009。
《马克思恩格斯文集》第二卷，人民出版社，2009。
《马克思恩格斯文集》第三卷，人民出版社，2009。
《马克思恩格斯文集》第五卷，人民出版社，2009。
《马克思恩格斯文集》第十卷，人民出版社，2009。
《马克思恩格斯全集》第一卷，人民出版社，1956。
《马克思恩格斯全集》第二卷，人民出版社，1957。
《马克思恩格斯全集》第三卷，人民出版社，1960。
《马克思恩格斯全集》第四卷，人民出版社，1958。
《马克思恩格斯全集》第十二卷，人民出版社，1962。
《马克思恩格斯全集》第十三卷，人民出版社，1962。
《马克思恩格斯全集》第十六卷，人民出版社，1964。
《马克思恩格斯全集》第十九卷，人民出版社，1963。
《马克思恩格斯全集》第二十卷，人民出版社，1971。
《马克思恩格斯全集》第二十三卷，人民出版社，1972。
《马克思恩格斯全集》第二十五卷，人民出版社，1974。
《马克思恩格斯全集》第三十卷，人民出版社，1975。
《马克思恩格斯全集》第三十一卷，人民出版社，1972。
《马克思恩格斯全集》第三十七卷，人民出版社，1971。
《马克思恩格斯全集》第四十二卷，人民出版社，1979。
《马克思恩格斯全集》第四十六卷上册，人民出版社，1979。
《马克思恩格斯全集》第四十六卷下册，人民出版社，1980。
《马克思恩格斯全集》第四十七卷，人民出版社，1979。
《马克思恩格斯全集》第四十八卷，人民出版社，1985。

安启念：《马克思关于"自动的机器体系"的思想及其当代意义——兼论马克思主义哲学时代化的文本依据问题》，《马克思主义与现实》2013年第3期。

付天睿：《马克思机器理论与人工智能的相遇及反思》，《现代哲学》2022年第1期。

黑格尔：《法哲学原理》，范扬、张企泰译，商务印书馆，2010。

黑格尔：《精神现象学》，贺麟、王玖兴译，上海人民出版社，2013。

黑格尔：《哲学史讲演录》第一卷，贺麟、王太庆等译，上海人民出版社，2013。

雷禹、蓝江：《马克思主义与加速主义——兼论马克思〈政治经济学批判大纲〉"机器论片段"的当代价值》，《国外理论动态》2019年第11期。

刘仁胜主编《〈马克思恩格斯全集〉历史考证版（MEGA）研究》，中央编译出版社，2015。

刘同舫：《马克思人类解放理论的叙事结构及实现方式》，《中国社会科学》2012年第8期。

刘同舫：《人类解放的进程与社会形态的嬗变》，《中国社会科学》2008年第3期。

刘永谋：《机器与统治——马克思科学技术论的权力之维》，《科学技术哲学研究》2012年第1期。

M. 利萨：《评介马克思1861—1863年手稿——"工具"与"机器"篇》，杨国顺译，《国外社会科学》1984年第8期。

尼克·迪尔-维斯福特：《马克思的机器观》，罗燕明译，《当代世界与社会主义》2001年第4期。

舍伍德：《马克思恩格斯论机器》，陆建申译，《现代外国哲学社会科学文摘》1987年第9期。

孙乐强：《马克思机器大生产理论的形成过程及其哲学效应》，《哲学研究》2014年第3期。

孙乐强：《马克思"机器论片断"语境中的"一般智力"问题》，《华东师范大学学报》（哲学社会科学版）2018年第4期。

孙妍豪：《马克思"机器论片段"的两种当代解读路径》，《江苏社会科学》2020 年第 1 期。

孙周兴、王庆节主编《海德格尔文集·形而上学的基本概念》，赵卫国译，商务印书馆，2017。

唐瑭：《超越马克思政治经济学的马克思如何出场？——"机器论片段"的当代反思》，《山东社会科学》2014 年第 1 期。

涂良川：《马克思"机器论片段"的机器技术哲学叙事》，《哲学研究》2022 年第 9 期。

王伯鲁：《马克思机器技术思想的梳理与解读》，《中国人民大学学报》2008 年第 4 期。

仰海峰：《机器与资本逻辑的结构化——基于〈资本论〉的哲学探讨》，《学习与探索》2016 年第 8 期。

仰海峰：《〈资本论〉的哲学》，北京师范大学出版社，2017。

约翰·R. 塞尔：《心灵的再发现》，王巍译，中国人民大学出版社，2012。

张福公：《马克思〈布鲁塞尔笔记〉中的机器问题研究及其思想逻辑嬗变》，《学术月刊》2022 年第 6 期。

张国胜：《马克思机器大生产理论在数字经济时代的实践与启示——基于 19 世纪英国与 1980 年以来美国的比较》，《马克思主义研究》2022 年第 4 期。

张梧：《创新发展的人学审视——马克思机器体系批判理论的当代解读》，《山东社会科学》2017 年第 4 期。

张一兵：《后福特制资本主义生产中的一般智力与活劳动——维尔诺的〈诸众的语法〉解读》，《国外理论动态》2018 年第 4 期。

张一兵：《诸众与后福特资本主义——维尔诺的〈诸众的语法〉解读》，《教学与研究》2019 年第 1 期。

张一兵：《资本帝国的生命政治存在论——奈格里、哈特的〈帝国〉解读》，《河北学刊》2019 年第 2 期。

赵泽林：《机器与现代性：马克思及其之后的历史与逻辑启示》，《哲学研究》2020 年第 4 期。

朱春艳、高琴：《马克思机器论的双重维度及当代回响》，《自然辩证法研究》2022 年第 6 期。

Adas, M., *Machines as the Measure of Men*, London: Cornell University Press, 1990.

Althusser, L., "Ideology and Ideological State Apparatuses (Notes Towards an Investigation)," in *Lenin and Philosophy and Other Essays*, trans. by B. Brewster, New York: Monthly Review Press, 1972.

Aronowitz, S., "Marx, Braverman, and the Logic of Capital," *Insurgent Sociologist*, Vol. 8, No. 2-3, 1978.

Bastani, A., *Fully Automated Luxury Communism*, London: Verso, 2019.

Berlin, I., *Karl Marx: His Life and Environment*, Oxford: Oxford University Press, 2002.

Bernal, J., *Marx and Science*, New York: International Publishers, 1952.

Braverman, H., *Labor and Monopoly Capital: The Degradation of Work in the Twentieth Century*, New York: Monthly Review Press, 1998.

Bukharin, N., *Historical Materialism: A System of Sociology*, London: Routledge, 2011.

Büchner, L., *Force and Matter or Principles of the Natural Order of the Universe: With a System of Morality Based Thereon*, trans. by J. Frederick, Collingwood, New York: P. Eckler, 1920.

Campbell, C., *The Romantic Ethic and the Spirit of Modern Consumerism*, Oxford: Basil Blackwell, 2018.

Cohen, G., "Review of Allen Wood's Karl Marx," *Mind*, Vol. 92, No. 367, 1983.

Day, L., and I. McNeil (eds.), *Biographical Dictionary of the History of Technology*, London: Routledge, 1998.

Elster, J., *Explaining Technical Change: A Case Study in the Philosophy of Science*, Cambridge: Cambridge University Press, 1983.

Enzensberger, M., and M. Roloff, *The Consciousness Industry: On Literature, Politics and the Media*, New York: Seabury, 1974.

Frayssé, O., *Digital Labour and Prosumer Capitalism*, Hampshire: Palgrave Macmillan, 2015.

Fuchs, C., *Digital Labour and Karl Marx*, New York: Routledge, 2014.

Gorz, A. , *Paths to Paradise: On the Liberation from Work*, London: Pluto Press, 1985.

Grigenti, F. , *Existence and Machine*, Cham: Springer, 2016.

Harari, Y. , *Homo Deus: A Brief History of Tomorrow*, New York: Harpercollins Publishers, 2018.

Hardt, M. , and A. Negri, *Multitude: War and Democracy in the Age of Empire*, London: Hamish Hamilton, 2005.

Hardt, M. and A. Negri, *Empire*, London: Harvard University Press, 2000.

Heaton, H. , "Industrial Revolution," in R. Hartwell (ed.), *The Causes of the Industrial Revolution*, New York: Routledge, 2017.

Heidegger, M. , *On Time and Being*, New York: Harper and Row, 1972.

Heidegger, M. , *The Question Concerning Technology and Other Essays*, New York: Harper & Row Publishers, 1977.

Heilbroner, R. , "Do Machines Make History?" *Technology and Culture*, Vol. 8, No. 3, 1967.

Heller, A. , "Paradigm of Production: Paradigm of Work," *Dialectical Anthropology*, Vol. 6, No. 1, 1981.

Horkheimer, M. , and T. Adorno, *Dialectic of Enlightenment*, Stanford: Stanford University Press, 2002.

Kelso, L. , "Karl Marx: The Almost Capitalist," *American Bar Association Journal*, Vol. 43, No. 3, 1957.

Kierkegaard, S. , *Two Ages: The Age of Revolution and the Present Age*, trans. by H. Hong, and E. Hong, Princeton: Princeton University Press, 2009.

Landes, D. , *The Unbound Prometheus*, Cambridge: Cambridge Books, 2003.

Lazonick, W. , "Production Relations, Labor Productivity, and Choice of Technique: British and US Cotton Spinning," *The Journal of Economic History*, Vol. 41, No. 3, 1981.

Lazzarato, M. , "Immaterial Labor," in P. Virno, and M. Hardt (eds.), *Radical Thought in Italy: A Potential Politics*, Minneapolis: University of Minnesota Press, 1996.

Lukács, G., *History and Class Consciousness*, Cambridge: The MIT Press, 1971.

MacKenzie, D., "Marx and the Machine," *Technology and Culture*, Vol. 25, No. 3, 1984.

Mainzer, K., *Artificial Intelligence—When do Machines Take Over?*, Berlin: Springer Nature, 2020.

Mandel, E., *Late Capitalism*, London: Suhrkamp Verlag, 1976.

Marcuse, H., "Contributions to a Phenomenology of Historical Materialism," *Telos*, No. 4, 1969.

Marcuse, P., *Marxism, Revolution and Utopia: Collected Papers of Herbert Marcuse*, New York: Routledge, 2014.

Mario, M., "Notes on the International Crisis," *Zerowork*, No. 1, 1957.

McLellan, D., *Karl Marx: His Life and Thought*, London: The Macmillan Press Ltd, 1985.

McLellan, D., "Marx and the Whole Man," in B. Parekh, *The Concept of Socialism*, Lodon: Routledge, 2017.

Negri, A., "Archaeology and Project: The Mass Worker and the Social Worker," in A. Negri, *Revolution Retrieved: Writings on Marx, Keynes, Capitalist Crisis and New Social Subjects (1967–83)*, London: Red Notes, 1988.

Negri, A., "The Appropriation of Fixed Capital: A Metaphor?" in D. Chandler, and C. Fuchs (eds.), *Digital Objects, Digital Subjects: Interdisciplinary Perspectives on Capitalism, Labour and Politics in the Age of Big Data*, London: University of Westminster Press, 2019.

Noble, D., *Forces of Production: A Social History of Industrial Automation*, London: Ransaction Publishers, 2011.

Panzieri, R., "Surplus Value and Planning: Notes on the Reading of Capital," CSE, *The Labour Process and Class Strategies*, CSE Pamphlet, No. 1, 1976, pp. 4–25. Originally in *Quaderni Rossi*, No. 4, 1964, pp. 257–288.

Paul, S., "Marx, Machines, and Skill," *Technology and Culture*, Vol. 31,

No. 4, 1990.

Postone, M., *Time, Labor, and Social Domination: A Reinterpretation of Marx's Critical Theory*, Cambridge: Cambridge University Press, 1993.

Rabinbach, A., *The Human Motor: Energy, Fatigue, and the Origins of Modernity*, New York: Basic Books, 1990.

Richterich, A., *The Big Data Agenda: Data Ethics and Critical Data Studies*, London: University of Westminster Press, 2018.

Rifkin, J., *The End of Work: The Decline of the Global Labor Force and the Dawn of the Post-market Era*, New York : G. P. Putnam's Son, 1995.

Sayers, S., "The Concept of Labor: Marx and His Critics," *Science & Society*, Vol. 71, No. 4, 2007.

Schaer, R., G. Claeys, and L. Sargent (eds.), *Utopia: The Search for the Ideal Society in the Western World*, New York: Oxford University Press, 2000.

Shaw, W., "The Handmill Gives You the Feudal Lord: Marx's Technological Determinism," *History and Theory*, Vol. 18, No. 2, 1979.

Smith, A., *An Inquiry into the Nature and Causes of the Wealth of Nations*, Hampshire : Harriman House Limited, 2010.

Stearns, P., *The Industrial Revolution in World History*, New York: Routledge, 2020.

Stiegler, B., *La Société automatique*, Paris: Fayard, 2015.

Taylor, C., *Abiding Grace Time, Modernity, Death*, Chicago : The University of Chicago Press, 2018.

Terranova, T., "Free Labor: Producing Culture for the Digital Economy," *Social Text*, Vol. 18, No. 2, 2000.

"The World's Most Valuable Resource," *The Economist*, Vol. 423, No. 9039, 2017.

Thoburn, N., *Deleuze, Marx and Politics*, London: Routledge, 2003.

Thomas, P., "Critical Reception: Marx Then and Now," in T. Carver (ed.), *The Cambridge Companion to Marx*, Cambridge: The Cambridge University Press, 1991.

Thomas, P., *Karl Marx and the Anarchists*, Vol. 60, New York: Routledge, 2010.

Tronti, M., *Work and Capital*, trans. by D. Broder, New York: Verso, 2019.

Turing, A., "Computing Machinery and Intelligence," *Mind*, Vol. 59, 1950.

Virno, P., "General Intellect," *Historical Materialism*, Vol. 15, No. 3, 2007.

Virno, P., "Notes on the General Intellect," in S. Makdisi, C. Casarino, and R. Karl (eds.), *Marxism beyond Marxism*, London: Routledge, 1996.

Wallace, A., *Rockdale: The Growth of an American Village in the Early Industrial Revolution*, Nebraska: University of Nebraska Press, 2005.

Wendling, A., *Karl Marx on Technology and Alienation*, London: Palgrave Macmillan, 2009.

Winner, L., *Autonomous Technology: Technics-out-of-Control as a Theme in Political Thought*, Cambridge: The MIT Press, 1978.

  本书还得益于《资本论》《经济学手稿（1861—1863年）》等相关研究文献的启发，在此向相关研究者表示感谢！

索 引

A

阿达斯 14, 16, 18, 19

阿尔都塞 58, 83, 109

阿诺维兹 57, 58, 60, 97

艾德勒 117

安德斯 166, 235

B

巴贝奇 3, 4, 33~35, 40, 41, 48

巴斯坦尼 233

拜物教 48, 57, 92

贝尔纳 1~5, 126, 148

必要劳动时间 45, 74, 94, 138, 187, 201, 205, 206

毕希纳 22, 23

辩证法 109, 227

波斯特 186

剥削 30, 31, 39, 45, 66, 67, 70, 81, 82, 86, 91, 93, 94, 99, 106~108, 124, 133, 140, 149, 158, 159, 162, 163, 174, 183, 185, 186, 191, 194, 195, 199, 204, 209, 216, 217, 219, 220, 224~226, 231

博斯特罗姆 234

不变资本 124, 207

布莱斯 16

布雷弗曼 58~60, 115, 116, 158

C

超额剩余价值 171

D

德勒兹 56, 57

杜布诺夫 120

对象化 30, 69, 70, 88, 229, 240, 241

F

非物质劳动 78, 102~105

费尔巴哈 13, 30

分配 9, 10, 49, 65, 77, 84, 116, 132, 141, 176, 183, 190, 191, 198, 209, 230

分析机 34, 35

弗雷塞 124, 161

福柯 56, 57

福克斯 124, 162

G

高兹 58, 137

格里金地 14, 15, 20~22, 98, 164, 165, 235

个体的人 129, 155

工厂制度 105, 116, 118, 146

工场手工业 40, 43, 47, 49, 50, 52~55, 59, 69, 80, 84, 91, 117~120, 131, 139~144, 154, 155, 167, 169, 172, 173, 175, 177~180, 182, 186, 187, 189, 191, 202, 205, 213, 214, 218, 220

工具机 47, 49~55, 84, 167, 177, 187, 189, 214, 236

工人阶级 9，10，12，18，30，37~39，55，58~60，66，79，82，84，86~89，93，101，106，114，122，123，129，136，138，147~149，157，184，186，187，193~196，198，199，209，220~222，229

工人运动 8，30，100，186，195，198

工业革命 14~20，27，28，33，40，42，44，45，47~51，98，111，129，160，165，167，177，184，197，200，210，229

工艺学 2，31，56，114，159

工资 26，29，30，37，41，63，64，81，82，84，99，147，187，191，215，216，219

公有制 10，99，100，163，184，196，227~230

固定资本 3，30，95，97，110，124，130，135，137，170~172，179，207，209

雇佣劳动 63，145，191，214，215

H

哈贝马斯 67，104，105

哈特 78，86，87，101~105，147，148

海德格尔 108，112，113，234，235

海尔布罗纳 6，237，238

海勒 77

赫拉利 148~150

黑格尔 13，20，28，30，36，38，48，67~71，73，74，77，90，101，112，151，152，178，188，234

华莱士 16，218

活劳动 26，38，57，59，60，62，67，76~78，85，92，93，108，114，134~136，171，172，184，206，207，221

J

机器大工业 50，114，169，173，176，177，179，180，194~196，199，214，220，222，231，241

机器论片段 9，32，133，134，138，236

机器体系 48，54，56，91，113，114，135，145，169，170，172，173，181，204

价值转移 11，51，74，77，169，207

教育 61，114，118，131，132，136，159，160，178

经济关系 71，96，115

局部的人 94，99，119，142，219

绝对剩余价值 45，82，216，233

K

卡普 20~22

凯尔索 7，27，130

坎贝尔 110

克尔恺郭尔 8，109，234

克罗斯 16

客体 62，68，95，122~124，178，192

L

拉宾巴赫 22~25，34，35

拉扎拉托 102

拉宗尼克 64，65

莱布尼茨 185

兰德斯 19，219

劳动技能 59，60，61，63，74，83，85，88，90，93，94，98，100，101，102，108，109，114~121，137，143，146，147，155，158，160，165，168，170~173，180，181，200，202，208，

索引

215, 217, 218, 234~236

劳动价值　43, 51, 55, 62, 63, 77, 133, 154, 168, 169, 171, 201, 207, 217, 240

劳动力　10, 11, 26, 34~37, 41, 45, 46, 50, 52, 60, 62~64, 66, 74, 76, 81, 82, 84, 86, 88, 93, 94, 98, 102, 106, 116, 118, 130, 131, 133, 134, 136, 137, 140, 141, 145, 146, 148, 149, 151, 153, 154, 160~162, 168, 169, 172, 173, 179, 183, 186, 189, 190, 201, 207, 208, 211, 214~219, 221, 223~226, 232

劳动效率　54, 55, 64, 74, 78, 82, 84, 93~95, 98, 118, 128, 138, 143, 153, 156, 168, 169, 172, 174~176, 178, 179, 184, 197, 201~203, 206, 207, 216, 219, 222, 223, 240

李嘉图　8, 72, 73, 207

里夫金　136

利润率　32, 45, 63, 64, 100, 106

梁赞诺夫　33

列斐伏尔　109, 110

流动资本　3, 41, 170

卢卡奇　121

鲁德运动　175

洛克　8, 31, 35, 36, 71~74

M

马尔库塞　121~123

迈因策尔　150

麦考利　16, 17

麦克莱伦　143

曼德尔　83

蒙塔尼奥　138

密尔　17, 45, 78, 166, 187

N

奈格里　9, 38, 78, 86, 87, 101~105, 137, 147, 148

诺布尔　160

O

欧文　18, 32, 118

P

潘谢里　133, 134

培根　39, 97

蒲鲁东　6, 140, 141, 145, 188, 203, 204

普殊同　38, 75, 76

R

人的本质　29, 30, 70, 71, 77, 108, 157, 192, 199, 226, 227, 229, 240, 241

人的自由全面发展　94, 121

人工智能　16, 133, 136~138, 148~150, 164, 165, 200, 233, 235, 242

S

塞尔　5, 20, 234, 242

赛耶斯　67, 78, 101, 103~105, 178

商品生产　62, 87, 140, 175

社会主义　2, 6, 13, 27~29, 31, 35, 37, 41, 59, 124, 158~160

生产主义　77

剩余价值　2, 4~6, 26, 36, 40, 41, 44~46, 60, 62~64, 66, 70, 73, 82, 84~86, 88, 92, 94, 95, 98, 102, 105, 106, 109, 124, 126, 127, 133, 134, 155, 168, 171, 174, 182~184, 187, 190, 197, 198, 210, 211, 216,

217，220，221，225，232，233
剩余价值率　64
剩余劳动　41，63，94，116，219，221
使用价值　11，26，37，38，65，66，73，74，92，151，152，169，170
手工业　40，43，47，49，50，52～55，59，69，80，84，89，91，92，98，117～120，131，139，140～144，154，155，167，169，172，173，175，177～180，182，186，187，189，191，202，205，208，213，214，218，220，222，240
数字机器　124
私有制　9，10，13，70，85，86，95，99，107，108，111，120，121，127～130，149，150，155～157，163，184，186，190～196，198，199，209，224～231，236
斯宾纳　120
斯蒂格勒　148，149
斯密　8，35，36，71～74，138～141
死劳动　57，61，62，67，76～78，92，93，108，114，169，171，172，179，206，207

T

特拉诺瓦　161
特隆蒂　190
图灵　132，133，242

W

瓦特　15，21，54，177
维尔诺　134，135
温德林　8，9，11，23～27，32，33，36，38，39，48，49，57，74，90，

92，96，110，146，175，232
文明　7，13，14，16，96，111，121，140，150，164，165，205，231，242
无产阶级　8～10，27，28，30，42，57，84，86，89，97～100，106～108，114，116，121，122，128，129，137，143，147，156，181～183，188，195，198，199，214，215，217，219，220～222，228，230，231，236
物化　9，25，26，31，38，39，41，43，58，61～63，66，67，70，71，77，85，88，100，118，129，131，134，135，151，152，155，158，170～173，177，184，193，224
物质变换　10，26，46，50，152，196

X

相对剩余价值　40，82，190，233
消费　19，46，51，58，65，91，92，102，110，111，117，124，129，162，173，176，180，190，210，223，230
协作　43，48，53，56，58，61，69，78，82，83，87，89，102，114，117，132，154，155，179，180，201，202，214，240

Y

亚里士多德　8，48，74
杨格　14
异化　2，6，9，10，28，31，36，38，39，61，66，67，69～71，73～75，77，79，84，85，87，89，92，94～99，108，109，111，112，116～118，121，127～130，142～144，155～157，163，164，172，174，178，183，185，186，190～

194，196，198，199，219，223～225，227～231，233，242

尤尔 32，67

Z

再生产 41，91，104，134，162，210，225

智能机器 124，133，136～138，148～150，165，233～235，242

主体 11，24，36，56，62，70，97，104，106～111，122～124，129，135，138，148，162，164，177，190，192，202，226，234，241

资本积累 39，43，62，63，100，108，111，115，124，141，142，147，150，156，158～160，162，170，172，173，184，210，211，221，222

资本逻辑 57～61，65～67，84，86，88，96，111，217

自动化 101，121～124，136～138，147，148，160，161，178，205，218，235

自动机器 66，113，200

自然科学 1，3，4，6，30，31，34～36，44，76，83，96，177，181，204，222，239，240

自然力 16，30，36，37，39，40，45，49，51，54，69，73，80，82，83，90，138，155，168，169，171，174，179，180，189，207，208，222，233，240

自由人 107

自由时间 38，144，150，181，184，199，209，231

总体的人 109，119，142